Caviola, Kyburz-Graber, Locher

Wege zum guten fächerübergreifenden Unterricht

Hugo Caviola, Regula Kyburz-Graber, Sibylle Locher

Wege zum guten fächerübergreifenden Unterricht

Ein Handbuch für Lehrpersonen

h
e
p der bildungsverlag

der bildungsverlag
www.hep-verlag.ch

Hugo Caviola, Regula Kyburz-Graber, Sibylle Locher
Wege zum guten fächerübergreifenden Unterricht
Ein Handbuch für Lehrpersonen
ISBN 978-3-03905-633-0

Bibliografische Information der Deutschen Nationalbibliothek:
Die Deutsche Nationalbibliothek verzeichnet diese Publikation
in der Deutschen Nationalbibliografie; detaillierte bibliografische Angaben
sind im Internet über http://dnb.d-nb.de abrufbar.

1. Auflage 2011

hep verlag ag
Brunngasse 36
CH-3011 Bern

www.hep-verlag.ch

Inhaltsverzeichnis

Vorwort

Im Laufe des letzten Jahrzehnts ist Qualität zu einer zentralen Kategorie in der Bildungsreformdiskussion geworden. Qualität muss entwickelt, gesichert und vor allem verbessert werden. Während der Fachunterricht in Qualitätsfragen auf etabliertes Wissen und bewährte Lehrtraditionen bauen kann, bewegt sich der fächerübergreifende Unterricht weitgehend auf unsicherem Boden.

Das vorliegende Handbuch versucht, in diesem Feld «zwischen den Fächern» Orientierung zu schaffen. Es geht von der Grundfrage aus, was fächerübergreifendes Lernen ist und welche Lernziele für den fächerübergreifenden Unterricht angemessen sind. Darauf aufbauend, entwirft es eine Didaktik, die einen Bogen von der fächerübergreifenden Leitfrage bis zum Leistungsnachweis spannt, aber auch Fragen der Methodik und der Unterrichtsorganisation aufnimmt. Das Buch gibt Lehrpersonen Qualitätskriterien für den fächerübergreifenden Unterricht in die Hand, die kognitive, didaktische, psychologische und institutionelle Aspekte umfassen. Es betritt didaktisches Neuland, indem es praxisgestützte Theorie mit einer wissenschaftlich abgestützten Wegleitung für die Unterrichtspraxis verbindet.

Das Buch richtet sich an Lehrpersonen aller Schulen der Sekundarstufe II (gymnasiale Maturitätsschulen, Fach- und Berufsmaturitätsschulen) und bleibt für verschiedene Organisationsformen dieses Unterrichts offen. Es vermittelt theoretische Grundlagen, die illustriert sind mit Beispielen aus der Praxis. In kontroversen Fragen lässt es Stimmen von Lernenden und Lehrpersonen Raum. Eine Praxishilfe bieten auch Materialien für die Planung und Arbeitsmaterial zum Einstieg in den Unterricht.

Das Handbuch verdankt sein Entstehen dem Forschungsprojekt *A Manual with Quality Criteria for Interdisciplinary Teaching,* das 2007 bis 2010 von der Jacobs Foundation finanziert wurde. Es hatte zum Ziel, in der vertieften Zusammenarbeit von Universität und Schule Erkenntnisse über guten fächerübergreifenden Unterricht zu gewinnen. Die vorgestellten Richtlinien zum «guten» fächerübergreifenden Unterricht bauen einerseits auf einem Forschungsvorhaben am Gymnasium Liestal auf und integrieren andererseits neuere Forschungsergebnisse aus Deutschland und den USA.

Wertvolle Anregungen für seine Arbeit gewann das Autorenteam im Austausch mit Lehrpersonen aus den Weiterbildungskursen, die es zum fächerübergreifenden Unterricht durchführte. Aus diesem Austausch erwuchs auch die wichtige Erkenntnis, dass in der förderalistischen Bildungslandschaft der Schweiz «guter» fächerübergreifender Unterricht in vielen unterschiedlichen Umsetzungsformen gedeihen kann.

Unser Dank gilt zuerst all jenen Personen, die uns in Interviews Einblick in ihre Erfahrungen mit dem fächerübergreifenden Unterricht gewährten: Neben mehreren Gruppen von Maturandinnen und Maturanden am Gymnasium Liestal sind dies die folgenden Lehrpersonen: Dr. Florence Buchmann, Lukas Bühler, Markus Fäs, Simon Furnivall, Reto Güdel, Barbara Hediger, Yvonne Kaspar, Dr. Johannes Hoffner, Urban Kessler, Martin Müller, Regula Nyffenegger, Dr. Heinz Ruesch, Peter Schocher und Daniel Zwygart. Für die kritische Durchsicht einzelner Kapitel und für wertvolle Kommentare danken wir Lukas Bühler, Dr. Johannes Hoffner, Martin Müller, Mario Sabatino und Dr. Antonia Schmidlin.
Ein grosser Dank gebührt Geraldine Blatter, Lektorin beim hep verlag, für ihre umsichtige Beratung und ihre sorgfältige Durchsicht des Manuskripts, sowie Peter Egger, Verlagsleiter, für seine wohlwollende Unterstützung unseres Vorhabens.
Dr. Thomas Rätz, Rektor des Gymnasiums Liestal, danken wir für seine umfassende Unterstützung unseres Vorhabens und der Jacobs Foundation für die finanzielle Förderung unseres Projekts.

Hugo Caviola, Regula Kyburz-Graber, Sibylle Locher
im August 2010

1 Einleitung

1.1 Zielsetzung

Dieses Buch verfolgt drei Ziele:

_ Es hilft Lehrpersonen beim Planen und Durchführen des fächerübergreifenden Unterrichts,
_ dient als Orientierung in der Lehreraus- und -weiterbildung und
_ leistet einen Beitrag zur schulinternen Fortbildung.

Die Schweizerische Maturitätskommission erhebt den Anspruch auf Qualitätssicherung und Promotionswirksamkeit des fächerübergreifenden Unterrichts. Sie stellt damit die Lehrpersonen vor die Herausforderung, die Didaktik des fächerübergreifenden Unterrichts auf klare Lernziele hin auszurichten. Auch in anderen Schultypen der Sekundarstufe II wird Interdisziplinariät entweder zu einem hohen Bildungsziel erklärt oder durch konkrete Vorgaben eingefordert. Dieses Handbuch will Antworten auf die dringendsten Fragen geben, die aus diesem Anspruch erwachsen:

_ Was ist fächerübergreifendes Wissen und Können?
_ Was ist fächerübergreifender Unterricht?
_ Wie lassen sich Fächer auf sinnvolle Weise verbinden?
_ Welches sind lohnende Lernziele?
_ Welche Themen und Methoden bieten sich an?
_ Wie kann man aus dem fächerübergreifenden Unterricht Leistungsnachweise ableiten?

1.2 Bildungspolitische Ausgangslage

Mit seinem Ziel zu beschreiben, was guten fächerübergreifenden Unterricht ausmacht, begibt sich dieses Handbuch auf Neuland. Das Unternehmen, Wege zu «gutem» Unterricht aufzuzeigen, folgt zunächst dem Wunsch der Lehrpersonen, ihren Unterricht weiterzuentwickeln. Es erwächst aber auch aus dem erhöhten Anspruch nach Qualitätssicherung, die der Ruf nach Bildungsstandards auch auf der Sekundarstufe II mit sich bringt (vgl. Labudde 2007). Bildungsstandards – auch in ihrem Verständnis als Kompetenzen – werden heute fast ausnahmslos als fachliche Standards verstanden (Oelkers 2007, 29). Ihre Umsetzung hat deshalb eine Stärkung des Fachprinzips zur Folge. Soll der fächerübergreifende Unterricht in diesem Umfeld nicht an den Rand gedrängt werden, sind die Schulen herausgefordert, auch für den fächerübergreifenden Unterricht Qualitätsstandards zu entwickeln. Vergegenwärtigt man sich die Kräfte, die das Fachprinzip in unserem Bildungssystem verankern, so wird deutlich, welcher Herausforderung der fächerübergreifende Unterricht gegenübersteht, will er seinen Platz neben dem Fachunterricht behaupten.

Fachunterricht besitzt	**Fächerübergreifender Unterricht braucht**
Fachlehrpersonen, d. h. Expertinnen und Experten mit ihrer fachlichen Sozialisierung	Expertinnen und Experten für fächerübergreifendes Wissen und Können samt der Ausbildung, die sie zu solchen macht
fachwissenschaftliche Studiengänge mit ihren tradierten Wissensbeständen, einschliesslich ihrer Fachbegriffe, Theorien und Methoden	Bestimmung des fächerübergreifenden Wissens und Könnens
Fachcurricula mit ihren fachspezifischen Inhalten und Lernzielen	Bestimmung überfachlicher Themen und ihrer Lernziele
Fachdidaktiken und -methodiken	fächerübergreifende Didaktik und Methodik
Fachlektionen im Stundenplan und in der Stundentafel	Unterrichtsgefässe für den fächerübergreifenden Unterricht
fachliche Lehrmittel	fächerübergreifende Lehrmittel
Tradition promotionswirksamer fachlicher Leistungsnachweise und Zeugnisrubriken	Kriterien für fächerübergreifende Leistungsnachweise und eine Zeugnisrubrik für promotionswirksame fächerübergreifende Leistungen
Formen der Arbeitszeitabgeltung nach Fachlektionen	Formen der Entschädigung für den fächerübergreifenden Unterricht

Die Gegenüberstellung macht deutlich, wie unterschiedlich die Voraussetzungen für die beiden Unterrichtsformen sind. Soll fächerübergreifender Unterricht im Bildungswesen verlässlich Fuss fassen, so setzt dies den Aufbau einer eigentlichen Kultur der Interdisziplinarität voraus, die wissenschaftstheoretische, bildungstheoretische, didaktische, bildungspolitische, schulorganisatorische und psychologische Faktoren umfasst. Es besteht kein Zweifel, dass der fächerübergreifende Unterricht in unserem Bildungswesen noch immer in einer Aufbauphase steckt.

Ganz bei null beginnen die Bemühungen um den fächerübergreifenden Unterricht aber nicht. Betrachtet man die Dominanz des Fachprinzips, das die obige

Gegenüberstellung zum Ausdruck bringt, so erstaunt es nicht wenig, dass Lehrpersonen an Mittelschulen fächerübergreifenden Unterricht ausdrücklich befürworten. Mehrere Studien in der Schweiz und in Deutschland stellen fest, dass Lehrpersonen aus diesem Unterricht einen vielfältigen Gewinn ziehen, sei dies im Didaktischen, Fachlichen, Überfachlichen oder Persönlichen (↗ *Kapitel* 4; Häsing 2009; EVAMAR 2005; Labudde 2005). Allerdings zeichnen sich auch Desiderate aufseiten der Lehrpersonen ab. Sie wünschen sich noch klarer definierte Zielvorstellungen (EVAMAR 2005, 262), verbesserte organisatorische Rahmenbedingungen, geeignete Unterrichtsmaterialien und Hilfestellungen im Beurteilen und Bewerten fächerübergreifenden Unterrichts (Stübig/Ludwig et al. 2006, 87; Labudde 2005, 64; EVAMAR 2005, 262). Ein im Ganzen positives Bild fächerübergreifenden Lernens zeigen auch die Reaktionen der Lernenden, die sich vor allem für die Lebensnähe fächerübergreifender Themen und die selbstständigen Arbeitsformen erwärmen (↗ *Kapitel* 4; EVAMAR 2004, 8; Stübig/Bosse et al. 2003).

1.3 Rechtliche Voraussetzungen

1.3.1 Gymnasien

Seit der Maturitätsreform von 2007 fordert das revidierte Maturitätsreglement den fächerübergreifenden Unterricht in der Schweiz explizit ein: «Jede Schule stellt sicher, dass die Schülerinnen und Schüler mit fächerübergreifenden Arbeitsweisen vertraut sind» (Artikel 11a). Angesichts der komplexen Bedingungen, die dieser Unterricht mit sich bringt, erstaunt es nicht, dass sich die Schulen mit der Umsetzung dieser Forderung schwertun. 2008 hat die Schweizerische Maturitätskommission (SMK) ihren Anspruch deshalb präzisiert und die Kantone aufgefordert, 1) die Organisationsformen und Unterrichtsgefässe, 2) die Promotionsrelevanz und 3) die Qualitätssicherung des fächerübergreifenden Unterrichts sicherzustellen.[1]

Das schweizerische Bildungswesen ist durch Föderalismus geprägt. Vieles deutet darauf hin, dass die Kultur des fächerübergreifenden Unterrichts in unterschiedlichen Formen und in unterschiedlichen Geschwindigkeiten Gestalt annehmen wird.[2] Auch in Deutschland und Österreich weisen reglementarische Richtlinien

1 In einem Schreiben vom 14. Dezember 2008 verlangt die Schweizerische Maturitätskommission (SMK) von den Kantonen bis zum Juni 2010 nähere Angaben zu den drei oben aufgeführten Punkten.

2 Eine Erhebung unter Teilnehmenden zweier Weiterbildungskurse zum fächerübergreifenden Unterricht an der Universität Zürich im September 2009 und Januar 2010 zeigte, dass von 14 Deutschschweizer Gymnasien erst sieben verbindliche Regelungen betreffend den Leistungsnachweis haben. Im Ganzen zeichnet sich auch ein sehr heterogenes Bild in Bezug auf die Organisationsformen und die Lehrerbesoldung im fächerübergreifenden Unterricht ab (Kyburz-Graber/Caviola et al. 2009). Ein ähnliches Bild zeigt die Studie von Rahel Vaterlaus zu den vier Gymnasien in der Stadt Bern (Vaterlaus 2010).

dem fächerübergreifenden Unterricht hohe Bedeutung zu, in seiner praktischen Umsetzung aber zeigen sich grosse regionale Unterschiede.[3]

1.3.2 Fachmittelschulen

Der Rahmenlehrplan für Fachmittelschulen von 2004 fordert fächerübergreifendes Lernen in allgemeiner Form ein: «Über das Fachwissen in den einzelnen Lernbereichen hinaus sind Bezüge zwischen den Lernbereichen herzustellen, die das Erkennen von Zusammenhängen und ein vernetzendes Denken fördern» (Art. 3.1). Da verbindliche Vorgaben fehlen, wie dieser Anspruch umgesetzt werden soll, bestehen in der Praxis von Kanton zu Kanton erhebliche Unterschiede.

1.3.3 Berufsmaturitätsschulen

Dieser Schultypus verankert Interdisziplinarität in der Interdisziplinären Projektarbeit (IPA). Der eidgenössische Rahmenlehrplan für die Berufsmaturität schreibt dazu Folgendes vor:

_ An der IPA müssen zwei oder mehr Fächer beteiligt sein.
_ Die Projektarbeit ist mit mindestens 40 Lektionen dotiert.
_ Themen aus verschiedenen Fachbereichen sollen durch sinnvolle interdisziplinäre Fragestellungen vernetzt und vor dem Hintergrund von berufsbezogenen Erfahrungen handlungsorientiert behandelt werden.

Während der Rahmenlehrplan die interdisziplinäre Ausrichtung der Projektarbeit genau regelt, bleibt er im Vagen in Bezug auf den fächerübergreifenden Unterricht, der auf diese Arbeit vorbereiten soll.

1.4 Aufbau und Umgang mit dem Buch

Das vorliegende Handbuch kann als Einführung in das Thema gelesen werden, dient aber auch als Nachschlagwerk. Die Grundlage der vorgestellten Didaktik – die Begriffsbestimmung fächerübergreifenden Lernens – ist an den Schluss dieser Einleitung gestellt. Kapitel 2 leuchtet die gesellschaftlichen und bildungspolitischen Bedingungen aus, die den fächerübergreifenden Unterricht begründen.

---

3 Für Deutschland führt der Abschlussbericht der Kultusministerkonferenz vom 1995 aus, dass «fachübergreifende und fächerverbindende Lernformen das fachliche Lernen» ergänzen und deshalb «unverzichtbarer Bestandteil des Unterrichts in der gymnasialen Oberstufe» sind (Pahde 2002). In einigen Bundesländern wie Baden-Württemberg und Hessen ist der fächerübergreifende Unterricht verbindlicher Bestandteil des Unterrichts, in anderen wie Berlin und Hamburg wird er empfohlen, und in einer dritten Kategorie fehlen eindeutige Angaben zu ihm (Pahde 2002, 4).
Die österreichische Verordnung des Bundesministeriums für Bildung, Wissenschaft und Kultur von 2004 erklärt den fächerübergreifenden Unterricht als Möglichkeit, Wissen in grösseren Zusammenhängen zu vermitteln, und verbindet ihn vor allem mit dem Projektunterricht. Dieser soll mit einer «Leistungsfeststellung» abgeschlossen werden. Weiter kennt das österreichische Schulgesetz an der Matura die Möglichkeit einer fächerübergreifenden Schwerpunktprüfung, die durch eine entsprechende Aufgabenstellung die Zusammenhänge zwischen zwei Prüfungsgebieten (Unterrichtsgegenständen) behandelt.

Ein Pfeiler des fächerübergreifenden Unterrichts bildet das Unterrichtsfach. In Kapitel 3: *Was ist ein Schulfach?* ist dem Buch deshalb ein Kapitel vorangestellt, das Lehrpersonen einlädt, sich die Eigenart ihres eigenen Faches in Erinnerung zu rufen, bevor sie ein fächerübergreifendes Vorhaben angehen.
Kapitel 4: *Fächerübergreifendes Wissen* vermittelt einen Einblick in das Forschungsprojekt, das wesentlichen Teilen dieses Handbuchs zugrunde liegt. Es lässt Lehrpersonen und Lernende zu Wort kommen, die über ihre Erfahrungen im fächerübergreifenden Unterricht Auskunft geben.
Kapitel 5: *Wege zum guten fächerübergreifenden Unterricht* sammelt die wichtigsten Qualitätskriterien in verdichteter Form. Es dient als Informationszentrum des Buches, das die Leserin, den Leser in die weiterführenden Kapitel verweist. So findet man etwa das Qualitätskriterium «Disziplinarität» in Kapitel 3 vertieft behandelt, die Themen «Fächer zusammenführen» und «Reflexion» werden in Kapitel 7: *Modelle der Fächervernetzung* vertieft. Verbindungen sind im Text über zahlreiche Querverweise (↗) angezeigt.
Der weitere Kapitelaufbau folgt den Arbeitsschritten, in denen ein fächerübergreifendes Unterrichtsvorhaben üblicherweise entsteht: Kapitel 6: *Themenwahl*, Kapitel 7: *Modelle der Fächervernetzung*, Kapitel 8: *Methoden und Arbeitsformen* bis hin zu Kapitel 9: *Leistungsnachweis*.
Kapitel 10: *Orgnisationsformen* behandelt jene Dimensionen des Unterrichts, die vor allem Schulleitungen und -behörden betreffen, aber auch Lehrpersonen interessieren dürften.

Über das detaillierte Inhaltsverzeichnis bietet sich das Handbuch aber auch als Nachschlagwerk an. Am Ende der längeren Kapitel, die eine Zusammenfassung zulassen, findet man eine Übersicht des Kapitelinhalts «auf einen Blick». Konkrete Planungshilfen und Material zum Unterrichtseinstieg in Kapitel 11: *Planungshilfen* runden das Buch ab.

1.5 Grundlagen aus Praxis und Forschung

Das vorliegende Handbuch ist aus einem Forschungsprojekt am Gymnasium Liestal entstanden, es nimmt aber auch Forschungsergebnisse aus anderen Studien auf. Bereits 1999 bis 2002 wurden im *project i*, einem Schulentwicklungsvorhaben am Gymnasium Liestal, Erfahrungen mit fächerübergreifendem Unterricht gesammelt. Die Schulleitung betraute damals Regula Kyburz-Graber (Universität Zürich) mit der Evaluation dieses Projekts, die erste Umrisse einer Didaktik des fächerübergreifenden Unterrichts einbrachte und die Zusammenarbeit mit Hugo Caviola, dem Leiter der schulischen Arbeitsgruppe *Interdisziplinarität*, begründete (Caviola/Kyburz-Graber 2006). 2004 bis 2008 lancierte das Gymnasium Liestal das gross angelegte Schulentwicklungsprojekt *Zusammenarbeit* mit dem Ziel, die Didaktik des fächerübergreifenden Unterrichts weiterzuentwickeln. Damit war

auch die Grundlage für das Forschungsprojekt geschaffen, auf dem dieses Handbuch aufbaut, *A Manual with Quality Criteria for Interdisciplinary Teaching.* In den folgenden vier Jahren wurden am Gymnasium Liestal in unterschiedlichen Organisationsformen über 40 fächerübergreifende Vorhaben verwirklicht und dokumentiert. Für das Forschungsteam Kyburz-Graber/Caviola/Locher und das Liestaler Lehrerkollegium boten sich in den vier Jahren laborähnliche Bedingungen, unter denen Erfahrungen ausgetauscht, ausgewertet und in neue Unterrichtspraxis übertragen werden konnten. Die empirische Basis der Studie bilden einerseits dokumentierte Unterrichtsvorhaben aus der Liestaler Praxis. Aus ihnen wurden vor allem Erkenntnisse zur Methodik, zur Modellbildung von Lernzielen und Fragen der schulischen Organisation des fächerübergreifenden Unterrichts gewonnen. Das Kernstück der Forschung bildeten andererseits Leitfadeninterviews mit Lernenden und Lehrpersonen, die der anspruchsvollen Frage nachspürten, was fächerübergreifendes Wissen sei und welchen Mehrwert diesen Unterricht auszeichne. Wichtige Erkenntnisse über die Modelle der Fächervernetzung – etwa das Prisma- und das Puzzle-Modell – ebenso wie über die Bedeutung der Leitfrage und des Teamteachings verdanken wir diesen Leitfadeninterviews. Auch sind manche der angeführten Unterrichtsbeispiele der Liestaler Praxis entnommen.
Neben den Ergebnissen aus dem Liestaler Forschungsprojekt nimmt das Handbuch Forschungsergebnisse aus Deutschland, der Schweiz und den USA auf. In den letzten Jahren wurde an der Harvard Graduate School of Education ein Modell des fächerübergreifenden Wissens entwickelt, das auch für den Leistungsnachweis operationalisiert werden kann. Es liegt den von uns vorgeschlagenen Modellen der Fächervernetzung und ihren Lernzielen zugrunde.

1.6 Was ist fächerübergreifendes Lernen?

Voraussetzung erfolgreichen fächerübergreifenden Unterrichts ist die begriffliche Klärung. Sowohl in der Theorie als auch in der Schulpraxis besteht ein Wildwuchs der Begriffe: inter-, trans-, multi-, pluri- oder intradisziplinär, fächerübergreifend, -koordinierend, -verbindend oder verknüpfend.[4] Es ist unbestritten, dass es unterschiedliche Formen des fächerübergreifenden Unterrichts gibt. Doch welche Kriterien soll man zu ihrer Unterscheidung verwenden?
Grundsätzlich gilt es die Ebenen der *schulischen Organisation* und der *Fachdisziplinen* zu unterscheiden. Handelt es sich bei der ersten um Fragen der Stundentafel, des Stundenplans, der Einbettung des Unterrichts in den Schulalltag (↗ *Kapitel 10*), so geht es bei der zweiten um die inhaltliche Begegnung der Fächer. In diesem Einleitungskapitel wenden wir uns der grundsätzlichen Frage zu, wie wir

4 Für eine Übersicht siehe Labudde 2003. Den mehrdimensionalen Charakter des fächerübergreifenden Unterrichts beleuchten anschaulich Labudde/Heitzmann et al. 2005.

fächerübergreifendes Wissen und Können allgemein definieren können. In Kapitel 7 werden wir diese Frage konkretisieren und fragen, auf welche Weise Fächer miteinander inhaltlich «ins Gespräch kommen» können und welche Lernziele dabei erstrebenswert sind.

Wir orientieren uns in diesem Handbuch an einem Verständnis fächerübergreifenden Lernens, das an der Harvard Graduate School of Education entwickelt wurde und durch die Ergebnisse unserer Studie ergänzt und konkretisiert wird. Fächerübergreifendes Verstehen *(interdisciplinary understanding)* wird darin als ein zielgerichteter Vorgang beschrieben, der unter dem Einbezug mehrerer Fächer einen Erkenntnisfortschritt *(cognitive advancement)* anstrebt: «Fächerübergreifendes Verstehen ist die Fähigkeit, Wissen oder Denkweisen aus zwei oder mehreren Fächern bzw. Wissensgebieten so zusammenführen, dass daraus ein Erkenntnisfortschritt resultiert, der die Möglichkeiten eines Einzelfachs übersteigt. Dieser Erkenntnisfortschritt kann darin bestehen, dass ein Phänomen erklärt, ein Problem gelöst, ein Produkt geschaffen oder eine neue Frage aufgeworfen wird» (übersetzt nach Boix Mansilla 2005).[5]

Nach dieser Definition umfasst fächerübergreifendes Verstehen die Fähigkeit, mit etwas Bekanntem, dem Fachwissen aus mehreren Fächern, eine überfachliche Fragestellung zu erschliessen.
Im fächerübergreifenden Unterricht lernen junge Menschen, Wissen anzuwenden, mit ihm umzugehen, statt es bloss anzuhäufen oder abzurufen. Dieses pragmatische Wissensverständnis entspricht weitgehend demjenigen, an dem sich heute die Diskussion um Bildungsstandards in den deutschsprachigen Ländern orientiert: Wissenserwerb und Wissensbesitz werden hier um den Aspekt der Wissensanwendung erweitert (KMK 2007). Auf den fächerübergreifenden Unterricht bezogen, bedeutet dies, dass dieser eine **Kompetenz** ausbilden soll, die sich in der Verbindung von Wissen, Können und Wollen konkretisiert. Stefan Hahn vom Bielefelder Oberstufenkolleg hat den umfassenden Anspruch dieses Bildungsziels pointiert als «‹kompetenten› Umgang mit Fachperspektiven» beschrieben (Hahn 2008).
Dieser «kompetente» Umgang mit den Fachperspektiven umfasst sowohl die Anwendung von Fachwissen auf ein Phänomen oder Problem als auch die Reflexion dieses Vorgangs selbst.
Zu den Stärken des Harvarder Modells gehört, dass es den angestrebten Erkenntnisfortschritt in drei Teilkompetenzen ausdifferenziert, die im Leistungsnachweis ermittelt werden können (*↗ Kapitel 9*). Diese umfassen 1) Fachkompetenz,

5 «We have defined interdisciplinary understanding as the capacity to integrate knowledge and modes of thinking in two or more disciplines to produce a cognitive advancement – e.g., explaining a phenomenon, solving a problem, creating a product, raising a new question – in ways that would have been unlikely through single disciplinary means» (Boix Mansilla 2005, 21).

2) die Fähigkeit, die Fachperspektiven zusammenzuführen und 3) diesen Vorgang als Ganzes zu reflektieren. Die Autoren des Harvarder Modells erachten diese «meta-disciplinary awareness» als unverzichtbaren Teil des fächerübergreifenden Erkenntnisfortschritts (Boix Mansilla 2005). Diese Reflexionsfähigkeit ist weitgehend identisch mit den Zielen, die im europäischen Kontext als Wissenschaftspropädeutik beschrieben werden (z.B. KMK 1977; MAR 1995, 5.2). Gemeint ist damit ein Lernen über die Fächer selbst und – in stufengerechter Form – ein Lernen über das Wesen der Spezialisierung und damit über «moderne Wissenschaftlichkeit in ihrer Massgeblichkeit, Zuständigkeit, aber auch Bedenklichkeit» (Fischer 1983, 704).

Erweitern wir die im Harvarder Modell umschriebene pragmatische Ausrichtung fächerübergreifender Kompetenz um die im Leistungsnachweis vorgesehene Reflexion, so gelangen wir zur folgenden Bestimmung fächerübergreifenden Lernens:

> Fächerübergreifendes Lernen ist ein Vorgang, bei dem Einzelne oder Gruppen Erkenntnisse, Denkweisen und Fertigkeiten aus zwei oder mehreren Fächern so zusammenführen, dass daraus ein Erkenntnisfortschritt resultiert, der die Möglichkeiten eines Einzelfachs übersteigt.
>
> Dieser Erkenntnisfortschritt kann darin bestehen, dass ein Phänomen erklärt, ein Problem gelöst, ein Produkt geschaffen oder eine neue Frage aufgeworfen wird.
>
> Fächerübergreifendes Lernen schliesst den bewussten Umgang mit den Fachperspektiven ein. Es fördert die Fähigkeit der Lernenden, die Möglichkeiten und Grenzen einzelner Fächer zu erkennen (Wissenschaftspropädeutik).

Vereinfacht lässt sich sagen, dass fächerübergreifendes Lernen seinen Ausgang von einem Phänomen oder Problem nimmt, das sich einfachen, disziplinären Erklärungen verschliesst. Dies kann ein verhältnismässig «kleines», persönliches Thema wie *Abnehmen durch Walking* sein oder ein globales wie *Ursachen und Folgen der Brandrodungen auf Borneo.*

Fächerübergreifendes Lernen ist entdeckendes Lernen insofern, als es von einem Spannungsverhältnis zwischen dem Fach und dem Phänomen ausgeht. Das Phänomen ist dabei einerseits Wegweiser in die Fächer hinein, umgekehrt erfahren Lernende das Fach aber auch als Erkenntnismittel, das ihnen das Phänomen zu erschliessen hilft. Auf diese Weise schult fächerübergreifender Unterricht die arbeitsteilige Bewältigung überfachlicher Probleme. Er bemüht sich aber auch um Distanznahme und will jene Erkenntnisse über die Fächer und ihr Zusammenwirken festhalten, die über den Einzelfall hinaus gültig sind. Ein fächerübergreifendes Unterrichtsvorhaben wird schliesslich auf drei Kompetenz-Standbeinen stehen, deren Gewicht von Fall zu Fall festgelegt wird.

Disziplinäre Grundlagen: Die Lernenden zeigen Anwendung disziplinären Wissens bzw. Könnens, disziplinärer Begriffe, Methoden und Theorien.

Interdisziplinäres Lernen schliesst diese Kompetenzen ein

Integration: Die Lernenden können unter Einbezug unterschiedlicher Fachbeiträge etwas erklären, beschreiben, illustrieren, herstellen, lösen, was durch den Einbezug nur eines Faches nicht möglich wäre.

Reflexion: Die Lernenden erkennen, welche Funktion die Fächer in ihrem Zugang zum Thema einnehmen, in welchem Verhältnis sie zueinander und zum Alltagswissen stehen, was sie leisten können und wo ihre Grenzen sind.

Übersetzt und leicht angepasst aus: Boix Mansilla/Dawes Duraisingh (2007, 223).

Wie stark die einzelnen Standbeine gewichtet werden, hängt von den angestrebten Lernzielen und der Schulstufe ab. So wird man der Reflexion in gymnasialen und oberen Klassen mehr Gewicht geben als in unteren bzw. auf Praxis ausgerichteten. Umgekehrt wird man in einem produktorientierten Vorhaben (etwa beim Erarbeiten eines Musicals) die Integration stärker gewichten als die Reflexion. Die drei Standbeine dienen den Lehrpersonen als Orientierungsgrössen beim Entwickeln eines fächerübergreifenden Vorhabens – vom Festlegen der Lernziele bis hin zum Bewerten der Leistungsnachweise. In diesem Sinn erweisen sie sich auch als Qualitätsstützen des fächerübergreifenden Unterrichts.

Literaturhinweise

_ Boix Mansilla 2005
_ Boix Mansilla/Dawes Duraisingh 2007
_ Caviola/Kyburz-Graber 2006
_ Evaluation der Maturitätsreform 1995 (EVAMAR) 2005
_ Evaluation der Maturitätsreform 1995 (EVAMAR) 2004
_ Fischer 1983
_ Hahn 2008
_ Häsing 2009
_ KMK 1977
_ KMK 2007
_ Labudde 2007
_ Labudde 2005
_ Labudde 2003
_ Labudde/Heitzmann et al. 2005
_ MAR 1995

_ Oelkers 2007
_ Pahde 2002
_ Stübig/Bosse et al. 2003
_ Stübig/Ludwig et al. 2006
_ Vaterlaus 2010

2 Begründungen für den fächerübergreifenden Unterricht

2.1 Gesellschaft: Schlüsselprobleme der Menschheit

Unsere moderne, technisierte Gesellschaft ist ohne **Spezialisierung** nicht vorstellbar. Spezialisierung schafft nicht nur grössere Effizienz in der Arbeitswelt, sie bringt auch eine fortschreitende Differenzierung des Fachwissens innerhalb der Wissenschaften hervor (Weingart 2010).
Die historisch gewachsene, arbeitsteilige Gesellschaft finden wir in der Schule gespiegelt: Das schulische Lehren und Lernen ist grundsätzlich nach Fächern eingeteilt und organisiert. Schulfächer bringen einen Wissenskanon zum Ausdruck, der eine erstaunliche Beharrungskraft besitzt (Huber 2001; Künzli 2001). Auf der Sekundarstufe II setzt sich diese Spezialisierung innerhalb der tradierten Fächer fort. Sie erreicht mittlerweile eine Vertiefung, von der aus sich das Fachwissen nicht mehr selbstverständlich an die allgemeine Bildung und das Alltagswissen anbinden lässt (↗ *Kapitel 3*).

Seit den 1970er-Jahren mehren sich Zweifel, ob die Ausbildung in Fächern allein genügt, um die Probleme zu bewältigten, denen sich Schulabgängerinnen und -abgänger gegenübersehen. Wolfgang Klafki zählte zu diesen weltumspannenden epochalen Schlüsselproblemen der Menschheit die Friedenssicherung, die Umweltzerstörung, die gesellschaftlich produzierte Ungleichheit und die Informations- und Kommunikationsmedien (Klafki 1991, 56). Dreissig Jahre später zeigen sich diese Probleme mit verändertem Gesicht, und neue sind dazugetreten. Man denke etwa an Klimawandel, Globalisierung, Biodiversitätsverlust, nachhaltige Energienutzung, Pandemien, Datenschutz, Terrorismus, Wirtschafts- und Finanzkrise und die Migrationsfrage. Gemeinsam ist den Problemen ihre fächerübergreifende Dimension: Jürgen Mittelstrass hat festgestellt, dass die «Probleme, die die modernen Industriegesellschaften heute im überreichen Masse haben, uns nicht den Gefallen (tun), sich als Probleme für disziplinäre Spezialisten zu definieren». Stimmt dieser Befund, so bedeutet er, dass Schule und Wissenschaft durch ihre Spezialisierung zunehmend wirklichkeitsfremd werden (Mittelstrass 1987, 154–155).
Umweltwissenschaftler und Soziologinnen argumentieren, dass nicht wenige der Schlüsselprobleme Folgen technischer Spezialisierung seien. Ulrich Beck (1986) hat auf die **Unabsehbarkeit von Nebenfolgen** hingewiesen, die technische Spezialisierung mit sich bringt. Als Beispiel unserer Tage sei die Belastung der

Gewässer durch hormonaktive Substanzen und Arzneimittel genannt. Diese geraten über Kläranlagen in den Nahrungskreislauf und können auf diesem Weg die Fortpflanzungsfähigkeit von Mensch und Tier gefährden. Dass Problembewältigung neue Probleme erzeugen kann, zeigt das Beispiel des Ersatzes fossiler durch erneuerbare Energieträger: In Europa wird heute neben heimischem Rapsöl auch aus Indonesien importiertes Palmöl als Biotreibstoff eingesetzt. Palmöl findet aber auch Anwendung in der Kosmetik, in Reinigungsmitteln und in Nahrungsmitteln wie Margarine und Süsswaren. Für den Plantagenbau werden, teils durch Brandrodungen, Urwälder abgeholzt. Die $C0_2$-Bilanz von Palmöl ist deshalb ernüchternd: Für die Produktion einer Tonne Biokraftstoff aus Palmöl werden zwei- bis achtmal mehr CO_2 freigesetzt als bei der Verbrennung der gleichen Menge von Erdöl, schätzt die Umweltorganisation «Rettet den Regenwald» (Paczian 2007, 12). Die Beispiele zeigen, dass eindimensionale Wahrnehmung zu eindimensionalem Handeln führen kann – mit unabsehbaren Nebenfolgen. Auch kann das Lösen von Problemen neue Probleme hervorbringen und so «Problem-Lösungs-Problem-Erzeugungsketten» bilden (Popp 1997, 138).
Zum Aufbrechen solcher Ketten und zum Ausleuchten blinder Flecke einer eindimensionalen Problemwahrnehmung schlägt Ulrich Beck eine «Spezialisierung auf den Zusammenhang» vor (Beck 1986, 295).

Zwar ist die Schule nicht der Ort, um die grossen Menschheitsprobleme zu lösen. Sie kann aber ein Bewusstsein dafür schaffen, dass manche Phänomene sich erst im Miteinander der Fächer erschliessen. Soll ein Denken in Zusammenhängen später selbstverständlicher Teil des beruflichen und wissenschaftlichen Lebens werden, gilt es, dieses im Sinne einer **«Interdisziplinarität von unten»** (Mittelstrass 1987, 157) schon in der Schule einzuführen. Dies würde bedeuten, dass schulisches Lernen nicht nur von den Fächern, sondern auch von multifaktoriellen Phänomenen und Problemen ausgeht.
Zweifellos stellen sich Schlüsselprobleme für jede Generation neu. So war etwa in den Anfängen der Raumfahrt in den 1950er- und 60er-Jahren die Besiedlung des Weltalls ein grosses Thema im Wettlauf zwischen den Supermächten. In den 1970er-Jahren zählte die Bevölkerungsexplosion zu den drängenden Fragen. Heute haben sie Fragen der Verteilung der Güter und der Ernährung abgelöst bzw. überlagert. Jede Generation von Lehrenden wird sich davor hüten müssen, für die nachfolgende Schülergeneration unreflektiert ihre eigenen Schlüsselprobleme zu definieren (Golecki 1999, 23).

2.2 Berufliche Praxis

In der beruflichen Praxis können heute Arbeitsfelder nicht mehr einem strikt eingegrenzten Fach zugeordnet werden. Neben den allseits geforderten und umworbenen Allround-Managerinnen und -manager, die als Koordinatorinnen und

Kommunikatoren wirken sollen, finden auch moderne Facharbeiterinnen und Facharbeiter heute nicht mehr einfach ihre Fachgebiete, sondern Bereiche wie «Produktion» oder «Marketing», die selbst durch vielfältige Abhängigkeiten miteinander verbunden sind.

Als Voraussetzung für die berufliche Praxis werden oft die sogenannten überfachlichen Kompetenzen genannt (Gudjons 1997; Golecki 1999; Labudde 2009). Gemeint sind Fähigkeiten, als Spezialistin oder Spezialist mit Spezialistinnen und Spezialisten anderer Richtungen zusammenzuarbeiten. Dazu gehört eine Verständigungskompetenz, die Fähigkeit nämlich, eigenes Fachwissen anderen Fachleuten oder auch Laien verständlich zu machen. Voraussetzung dafür ist, Fachwissen bewusst als solches wahrzunehmen und es zu anderen Zugängen zur Weltdeutung in Beziehung zu setzen. Fächerübergreifender Unterricht kann diese Reflexionskompetenz gezielt fördern. Zu den überfachlichen Kompetenzen gehören aber auch methodische, personale und soziale Fähigkeiten wie Ausdauer und Toleranz, Flexibilität, Kreativität, Kooperations- und Kommunikationsfähigkeit in Teams mit flachen Hierarchien. Zweifellos werden überfachliche Kompetenzen nicht nur im fächerübergreifenden Unterricht geschult. Da dieser neben Formen der Zusammenarbeit auch kreative Lernwege zulässt, können sie im vernetzenden Unterricht aber besonders gefördert werden.

2.3 Wissenschaft und Fachunterricht

An den Universitäten beobachten wir seit zirka 200 Jahren eine exponentielle Wissenszunahme, verbunden mit einer zunehmenden Fragmentierung des Wissens (Weingart 2010, 10). Der Fächerkatalog des deutschen Hochschulverbandes umfasste bereits vor 20 Jahren mehr als 4000 Fächer (Mittelstrass 1987, 152). Allein im Bereich der Biologie gibt es mehr als 15 000 Fachzeitschriften (Golecki 1999, 27). Die Medizin kennt schon für fast jedes menschliche Organ einen eigenen Studiengang, eigene Fachjournale und Berufsverbände. Die wissenschaftlichen Disziplinen bearbeiten je eigene Gegenstände und folgen ihren eigenen Begriffen, Theorien und Methoden. Damit geht eine Blickverengung einher, die den Blick auf die grösseren Zusammenhänge verstellt: «Weil der Wissenschaftler nur noch ganz wenig ganz genau weiss, ruft er nach denjenigen, die auf dieselbe Weise anderes wissen», beobachtet Jürgen Mittelstrass (1987, 152).

Umkehrt bilden sich an den Universitäten mehr und mehr Fachverbünde heraus. Aus Fächern werden Fachbereiche, es entstehen integrierte Studiengänge wie Geschlechterstudien, Kulturanalyse, Umweltwissenschaften, Materialwissenschaften oder Wirtschaftsinformatik. Interdisziplinäre Forschungsgebiete wie Schmerzmedizin, Gentechnik oder Stadtplanung verlangen nach fächerübergreifender Zusammenarbeit (Golecki 1999, 27; Klein 1996, 87 ff.). Hybride Wissenschaften wie Neuroökonomie, Neurotheologie oder Bioinformatik zeigen, wie Wissensgebiete miteinander verschmelzen (Klein 2010, 21–22).

Das Schulsystem hat auf die Ansprüche der Universität bisher wenig reagiert und am Prinzip der disziplinären Ordnung festgehalten. Dies erstaunt nicht, wenn man sich vergegenwärtigt, welche historisch gewachsenen, in der Schulkultur verankerten Kräfte der Umsetzung fächerübergreifenden Unterrichts entgegenstehen. Dazu gehören u.a.

- das isolierte Nebeneinander der Schulfächer im Lehr- und Stundenplan,
- fachliche Ausbildung und Sozialisierung der Lehrkräfte,
- fachbezogene Lehrmittel,
- fachbezogene Beurteilung und Benotung. Bildungsstandards werden als disziplinäre Normen behandelt *(↗ Kapitel 1.2)*.

Das **«Beharrungsvermögen» des Fachsystems** widerspiegelt zweifellos ein Bedürfnis nach Sicherheit und Tradition. Die folgende Aussage eines Maturanden aus dem fächerübergreifenden Kurs «Genussmittel» beleuchtet exemplarisch, dass das isolierte Nebeneinander der Schulfächer im Lehr- und Stundenplan auf die Lernenden lebensfern und sinnlos wirken kann:

> *«Wenn man in die Schule kommt, von einer Stunde in die nächste geht (...) und einen anderen Lehrer vor sich hat, kann man die Verbindung eigentlich gar nicht wirklich machen zwischen den verschiedenen Sachen. Das sind dann einfach Schulfächer, aber nicht wirklich etwas, was Bedeutung hat in der wirklichen Welt (...). Wenn man aber so etwas wie die Genussmittel nimmt und das dann in zwei Fächern wie Wirtschaft und Geschichte platziert, dann merkt man, diese zwei haben eine Relevanz, die auch übergreifend ist. (...) Das bringt es irgendwie näher zur Welt.»*

In der Wahrnehmung des Schülers erscheint die Schule als Institution, die unbegründetes, zusammenhangloses Wissen vermittelt, das ohne Bedeutung bleibt für seine Lebenswelt. Dagegen erscheint ihm der fächerübergreifende Unterricht als Mittel gegen eine «verkehrte Welt». Er enthebt das Schulfach seiner Alleinbegründung durch die Institution Schule und verbindet das Fachwissen mit der Wirklichkeit.

Die Aussage des Schülers lässt sich bestimmt nicht nur durch das Fehlen fächerübergreifenden Unterrichts begründen. Es gehört zu den Aufgaben jeder Fachdidaktik, den Lernenden fremdes Wissen nahezubringen, Lernen für sie zu einem Vorgang zu machen, der von wirksamen, authentischen Erfahrungen ausgeht. Tatsache aber ist, dass der Aufbau von Fachwissen curricularen Ansprüchen und einer fachlichen Logik folgt, die von den Lernenden nicht immer selbstverständlich nachvollzogen wird und so an «Sinn» einbüssen kann.

Da fächerübergreifender Unterricht weniger von fachlichen als von überfachlichen Themen ausgeht, gelingt es ihm idealerweise, Kenntnisinseln untereinander zu verknüpfen und den Fachbezügen einen von der Institution Schule gelösten Sinn zu verleihen. Unsere Interviews mit Lernenden haben gezeigt, dass er

– kompensatorisch für das oft als «fremd» erlebte Fachwissen – durch multifaktorielle Sichtweisen den Blick weiten und auf diese Weise mehr Lebensnähe und Sinn schaffen kann. Im besten Fall bringt der fächerübergreifende Unterricht, wie der Schüler N. sagt, das Wissen «näher zur Welt» (↗ *Kapitel* 4.1).

Durch das Zusammenführen unterschiedlicher Fachperspektiven führt der fächerübergreifende Unterricht jungen Menschen auch die Denk- und Arbeitsweisen der Fächer vor Augen: Der Eintritt in die Welt der Disziplinen gibt ihnen zum einen ein Mittel zur Orientierung in der Lebenswelt in die Hand. Er verspricht Befreiung von Vorurteilen, Befangenheiten und überkommenen Meinungen durch ein «Sich-disziplinieren-Lassen in den Disziplinen» (Hügli 2003, 6). Andererseits lädt der fächerübergreifende Unterricht immer auch zum reflektierenden Umgang mit den Fächern ein. Er erlaubt Lernenden, Distanz von den Disziplinen zu nehmen, ihre Voraussetzungen und Grenzen zu erkennen und so Wissenschaft auch als Kulturleistung zu erfahren.

Literaturhinweise

_ Beck 1986
_ Golecki 1999
_ Gudjons 1997
_ Huber 2001
_ Hügli 2003
_ Klafki 1991
_ Klein 2010
_ Klein 1996
_ Künzli 2001
_ Labudde 2009
_ Mittelstrass 1987
_ Paczian 2007
_ Popp 1997
_ Weingart 2010

3 Was ist ein Schulfach?

Eine Schlüsselgrösse im fächerübergreifenden Unterricht bildet das Schulfach. Neben der Bereitschaft zur Zusammenarbeit setzt fächerübergreifendes Arbeiten die Fähigkeit voraus, sich vom eigenen Fach zu distanzieren, um es in seiner Eigenart zu erkennen. Im Folgenden beleuchten wir das Schulfach unter sozialen, organisatorischen und erkenntnistheoretischen Gesichtspunkten. Mit diesem Kapitel laden wir Lehrpersonen dazu ein, sich die Eigenart ihres Faches – seine Erkenntnisinteressen, seine Methoden und Untersuchungsgegenstände – in Erinnerung zu rufen, bevor sie ein fächerübergreifendes Unterrichtsvorhaben angehen.

3.1 Schulfächer als gesellschaftliche Konstrukte

Ein Vormittag einer Gymnasiastin sieht zum Beispiel so aus: 1. Lektion: «Die Mayas» (Geschichte), 2. Lektion: «Federgesetz» (Physik), 3. Lektion: «Tierarten» (Biologie), 4. Lektion: «Passé simple» (Französisch). Die Selbstverständlichkeit, mit der Schulfächer ihre Inhalte durchsetzen und ein Zeitregime in das Leben der Heranwachsenden einführen, verleiht ihnen beinahe mythische Kraft. Man «hat» eben Geschichte, Physik, Biologie und Französisch. Und nicht etwa Sternenkunde, Ernährung, Religion, Finanzwesen oder Ackerbau.
Was aber macht diese schulischen Disziplinen genau aus, die es im interdisziplinären Unterricht zu verknüpfen gilt?

Das althochdeutsche Wort *fah* verweist auf den Teil oder die Abteilung eines Raumes. Die indogermanische Wurzel *pak- oder *pag- lässt sich mit «festmachen» übersetzen (vgl. Oelkers 2004). Der Begriff macht leicht den konstruktiven Charakter, das «Menschengemachte» erkennbar, das in Schulfächern zum Ausdruck kommt. Schulfächer sind keine naturhaften Gegebenheiten, sondern «Zugriffsformen auf das in der Gesellschaft produzierte und in Umlauf gesetzte Wissen» (Giel 1997, 33). Sie widerspiegeln nicht eine objektive Welt, sondern wirken als sinnstiftende (und sinnausblendende) Instanzen, die sich zwischen das Individuum und die Welt schieben, Wichtiges von Unwichtigem trennen und Hierarchien festlegen. Welche Inhalte die Schule vermittelt und auf welches Alter diese bezogen sind, unterliegt einem historisch gewachsenen und nicht immer reflektierten Auswahlprozess, der im **Kanon** Gestalt erhält (Tenorth 1999).

Man kann Schulfächer auch als Orte des kulturellen Gedächtnisses verstehen, die wie **Sammlungen** geordnet sind (Duncker 1997). In Schulfächern legt eine Kultur die Abteilungen ihres Gedächtnisses fest – in der Absicht, sie so leichter durch Lehre verfügbar zu machen und von Generation zu Generation zu tradieren. Kennzeichnend für die Sammlung ist, dass manche ihrer Stücke streng geordnet und aufeinander bezogen sind, andere aber in keiner systematischen Beziehung zu anderen Teilen der Sammlung stehen. Inhaltlich bilden Schulfächer nicht wissenschaftliche Disziplinen ab, obwohl sie ihr Selbstverständnis aus den universitären Disziplinen beziehen, sondern sie sind eher Ausdruck des Konsenses der Fachvertreter und der Bildungstradition. Heute wird der Bestand dieser Sammlungen auch durch eine Vielzahl von **Lehrmitteln** geprägt (Oelkers 2004).

In der Unterrichtspraxis begegnen uns Fächer im **Raster des Stundenplans.** Die Grundform der zeitlichen Ordnung des Stundenplans ist der Zeitabschnitt, genauer die Lektion. Mit ihrem Lektionentakt schafft die Schule ihre eigene Zeitordnung, ein «Chronotop» (Giel 1997, 37), das sich vom blossen Sichverströmen der ausserschulischen Zeit abhebt. Das schulische Chronotop bedeutet einerseits Freiraum – vom Druck des Erwerbslebens und seiner Probleme –, andererseits aber auch Einbindung und Struktur: Der Stundenplan reiht Zeitgefässe mit scharf isolierten Fachinhalten in einen Parcours auf, den es zu durchlaufen gilt. Psychologisch parzelliert er Interesse und Aufmerksamkeit, Bewusstseinszustände, die schwer zu kontrollieren sind. In seinem ritualisierten «Zurückkommen-auf» und «Anknüpfen-an» versucht der Unterricht, isolierte Zeitgefässe zu verbinden. Gelingt es nicht, diese mit Sinn und gelebter Präsenz zu füllen und sie gegeneinander abzudichten – oder sinnvoll aufeinander zu beziehen –, reagieren die Lernenden mit Zerstreutheit oder Langeweile, natürliche Reaktionen auf Monotonie, Rituale und fehlenden Zusammenhang (Fichten 1993, 136 ff.).

«Wenn's ernst wird in der Schule, wird's disziplinär» (Künzli 2001, S. 410). Die Unterscheidung von Haupt-, Pflicht- oder Wahlpflichtfach, von «zählenden» und «nichtzählenden» Fächern macht augenfällig, dass sich im Fach ein gesellschaftlicher Zugriff auf die Schule artikuliert. Der Wert eines Faches lässt sich am Gewicht seiner Note ablesen. Auch die Lektionentafel, d.h. die Zahl der Wochenlektionen, die einem Fach in den einzelnen Semestern zusteht, drückt den gesellschaftlichen Rang eines Faches aus. Noten und das «Zeitbudget», über das ein Fach verfügt, sind die «Währungen» im System Schule. Die Fachlektion bildet die Grundeinheit, über die die staatliche Verwaltung Lehrpläne festlegt und die Löhne der Lehrpersonen bemisst.

Schulfächer bieten **Sicherheit** aus mehreren Gründen: Sie definieren die Form, in der Phänomene der ausserschulischen Welt zu Inhalten schulischen Lernens werden, sie bieten Systematik und Graduierung im Wissensaufbau, haben ihren Ort innerhalb bildungspolitischer Strukturen und verfügen nicht zuletzt über mehr oder weniger gesicherte Massstäbe für die Bewertung von Lernleistungen. Der fächerübergreifende Unterricht ist herausgefordert, für seine Belange – didaktisch und bildungspolitisch – eine vergleichbare Sicherheit aufzubauen.

Fächer kann man passiv erdulden, man kann sie aber auch hassen oder lieben; sie laden zu **Identifikation oder Ablehnung** ein. In Fächern wird Lernenden ein Profil geboten, in dem sie Begabungen erfahren und entwickeln, aber auch Misserfolge erleben. Fächer eröffnen jungen Menschen Formen der Entfaltung vielseitiger Interessen, die sie später in Studium und Beruf ausbauen können.
In den Augen der Schülerinnen und Schüler verkörpern Lehrpersonen nicht selten Fächer und die Weltsichten, die mit diesen Fächern verbunden sind. Gerade am Gymnasium verstehen sich Lehrpersonen stark als Fachvertreter, die sich auch in einer Gruppe gleichgesinnter Fachleute sozialisieren.

3.2 Das Schulfach zwischen Lebenswelt und Wissenschaft

Nach der auf Aristoteles zurückgehenden Tradition der *artes* sind die Schulfächer zwischen lebensweltlichem Erfahrungswissen *(experientia)* und der Wissenschaft *(scientia)* festgemacht (Giel 1997, 40). Das Gymnasium vermittelt zum einen ein breites Allgemeinwissen, es will aber auch gezielt auf das universitäre Studium vorbereiten. Letzteres bedeutet Stärkung der Disziplinen. Im Aufstieg von der Grundschule zur Universität wird der durch Bildung vermittelte Blick auf die Welt zunehmend in Perspektiven «gefächert». Damit geht auch eine Disziplinierung des Denkens einher. In seinem lateinischen Doppelsinn meint *disciplina* sowohl Verhaltensdisziplin – man denke etwa an die Begrenzung der Bewegungsfreiheit, die Sitzordnung und die Anwesenheitspflicht, die junge Menschen in der Schule erfahren – als auch eine Ordnung des Denkens und Wissens. Diese trägt zwei Gesichter: Die Einführung in die Welt der Fächer bietet jungen Menschen im mehrfachen Sinn eine **Erweiterung ihres Horizonts:** Sie lernen, sich eine grobe Landkarte des Wiss- und Verstehbaren zurechtzulegen, und erfahren, wie man über die einzelnen Gebiete mehr lernen kann. Das Fachlernen gibt ihnen logische und begriffliche Denkmittel in die Hand, die ihnen helfen, Scheinwissen zu durchschauen und sich von Vorurteilen zu befreien.
Umgekehrt bedeutet Fachlernen aber auch Einschränkung: Fachbegriffe und wissenschaftliche Methoden verlangen eine gedankliche Strenge, die für junge Menschen anfangs «kalt» wirken mag. Fachliche Inhalte verbinden sich weder selbstverständlich untereinander, noch schaffen sie einen direkten Zugang zur Lebenswelt. Die Aspekthaftigkeit des Fachwissens und die damit verbundenen **«Sichtblenden»** sind der Preis für die Genauigkeit und Verbindlichkeit, die Lernende mit dem Expertenwissen gewinnen. Die Begrenztheit der Disziplinen ist es aber auch, die es gerade in der Sekundarstufe II so dringlich macht, das Gesichtsfeld der Lernenden durch den interdisziplinären Unterricht zu erweitern.

Schulfächer und wissenschaftliche Disziplinen sind eng verschwistert. Dennoch unterscheiden sie sich in wichtigen Punkten:

_ An der universitären «Forschungsfront» ist das Wissen oft erst in Hypothesen und Modellen gefasst, auf der Sekundarstufe II dagegen regieren die mehr oder weniger gesicherten Fakten. Wohl lernen auch Gymnasiasten, dass Modelle existieren (Atommodelle, Kommunikationsmodelle usw.), diese sind aber in der Fachgemeinschaft anerkannt und in die Systematik der Lehrbücher eingebunden. Erste Gehversuche im Forschen vermitteln den Lernenden in der Schweiz die Maturaarbeiten.

_ Mit ihren unterschiedlichen Zuständigkeiten und Kompetenzen bündeln manche Schulfächer mehrere universitäre Fächer. Beispiele sind das Fach Wirtschaft und Recht, die Sprachfächer, die Sprach- und Literaturwissenschaft, Medien- und Landeskunde vereinen, weiter Geografie, ein Schulfach, das Disziplinen wie die Meteorologie, Geologie, Ozeanologie und Soziologie umfasst, die Biologie, die Zoologie, Medizin, Pflanzenkunde und Mikrobiologie unter einem Dach aufnimmt.

_ Manche Schulfächer vermitteln sowohl **Wissen** als auch **Fertigkeiten.** So umfasst das Fach Deutsch einerseits Wissen über Sprach- und Literaturgeschichte, schult anderseits aber auch Fertigkeiten wie Rhetorik oder Schreiben. Naturwissenschaften wie Physik, Chemie und Biologie vermitteln auch praktische Fertigkeiten wie Mikroskopieren und Protokollieren. Auch Bildnerisches Gestalten, Musik und Sport sind Fächer, die wissenschaftlich-theoretisches Wissen und praktische Fertigkeiten vereinen. Anders als in der universitären Wissenschaft hat im gymnasialen Fachunterricht das Üben von Fertigkeiten eine nicht zu unterschätzende Bedeutung.

_ In der fächerübergreifenden Zusammenarbeit erhebt sich nicht selten die Frage, ob ein Fach aus seinem wissenschaftlichen «Kern» heraus oder über eine mit ihm verbundene Fertigkeit eingebunden wird. Fachliche Fertigkeiten (etwa das Sprechen einer Fremdsprache, das Malen und Zeichnen im Bildnerischen Gestalten, das Messen und Wägen in den Naturwissenschaften, das Verfassen oder Verstehen von Texten in den Sprachfächern) erinnern daran, dass viele wissenschaftliche Disziplinen aus einer Hochstilisierung handwerklicher Praxis erwachsen sind. In den mit ihnen verbundenen Fertigkeiten tragen Schulfächer Spuren einer arbeitsteiligen Gesellschaft (Janich 1997). Zum harten «Kern» eines Schulfaches neigen wir dasjenige Wissen zu zählen, das durch Fachbegriffe und Theorien erschlossen ist. Wenden wir dieses Wissen an, so nützen wir ein Fach in jenen Kompetenzen, die seine Stärken ausmachen. In Mathematik wäre dies etwa das Lösen eines Problems durch die Anwendung eines Theorems (und nicht das Durchführen der vier Grundoperationen in einer Buchhaltung), im Fach Deutsch die Flurnamenforschung als Beitrag zum Erstellen eines Waldlehrpfads (statt das Beschriften seiner Tafeln). Bindet man ein Fach allein über die zu ihm gehörigen Fertigkeiten in den fächerübergreifenden Unterricht ein, besteht die Gefahr, dass sein Beitrag zum Alibibeitrag verkommt.

3.3 Worin sich wissenschaftliche Fächer gleichen und unterscheiden

In der fächerübergreifenden Arbeit hält das eine Fach dem anderen nicht selten einen Spiegel vor, führt ihm vor Augen, was es leisten kann und wo seine Grenzen liegen. Das Zusammentreffen mit dem anderen Fach offenbart aber auch, dass Fächer weit mehr als leblose und willenlose Objekte einer Sammlung sind, als welche wir sie eingangs vorgestellt haben (vgl. Duncker 1997). Fächer sind in erster Linie Denkweisen und nicht schon deren Ergebnisse (Pandel 2001, 16). Hinter den vermeintlich leblosen «Wissensbeständen» verbergen sich nämlich immer auch Menschen, genauer: Fachpersonen. Sie werden getragen von wissenschaftlichen Gemeinschaften, die ihre eigenen bildungspolitischen Standesinteressen wahrnehmen und fachlichen Erkenntnisinteressen folgen. In den Augen der Lernenden sind Fächer personifiziert in den Fachlehrpersonen.

3.3.1 Unterschiedliche Sprachen

In Kommentaren zur fächerübergreifenden Zusammenarbeit – sei dies in der wissenschaftlichen Praxis oder der Schule – findet man nicht selten die Feststellung, dass die Herausforderung erfolgreicher Interdisziplinarität darin bestehe, eine «gemeinsame Sprache» zwischen den Fächern zu finden. Was heisst das genau?

Die Unterscheidung von Alltags- und Fachbegriffen

Der gemeinsame «Boden» aller Wissenschaft bildet die Alltagswelt, die Welt, in der wir uns über die unterschiedlichsten Themen wie Wetter, Freundschaft oder Strassenverkehr verständigen. Dies ist möglich, weil die Begriffe, mit denen wir diese Brücken schlagen, elastisch und kontextabhängig sind. So kann das Wort «Arbeit» einmal Anstrengung («Nach acht Stunden Arbeit war er bettreif»), einmal Erwerbsmöglichkeit («Peter hat Arbeit gefunden»), einmal geistiges, einmal körperliches Tätigsein bedeuten. Gerade diese Dehnbarkeit macht Alltagsbegriffe aber auch unpräzis, sie tragen eine vage, weitgespannte Bedeutung mit fliessenden Grenzen.

Anders der Fachbegriff: Im Unterschied zum ganzheitlichen Alltagsbegriff ist dieser von Spezialistinnen und Spezialisten explizit definiert, intersubjektiv normiert und eingefügt in ein Begriffssystem. In der Physik etwa bedeutet «Arbeit» Kraft × Weg, in der Ökonomie «Leistung, die einen Preis hat». Nicht selten leitet die Wissenschaft ihre Fachbegriffe aus Alltagsbegriffen ab, prägt diese in ihrer Bedeutung aber um. Die äussere Ähnlichkeit von Alltags- und Fachbegriff schafft für Lernende (und nicht nur für sie) die Gefahr, Letzteren als «falschen Freund» misszuverstehen. «Falsche Freunde» behindern auch das fächerübergreifende Gespräch. Der äusserlich gemeinsame Begriff schafft die Illusion des gegenseitigen Verstehens, indem er sich auf unterschiedliche Fachgegenstände bezieht.

Eine andere fächerübergreifende Verständnisbarriere ist leichter erkennbar, was sie aber keineswegs leichter überwindbar macht: Fächer erschliessen ihre Gegenstandsbereiche durch Feinunterscheidungen, welche die Bedürfnisse des Alltags weit übersteigen. Spricht man im Alltag etwa von einem Buch, wird daraus im Deutschunterricht eine Novelle, eine Biografie, ein Sachbuch oder ein Roman. Die Literaturwissenschaft geht noch weiter und unterscheidet den Entwicklungs-, Pikaro-, Räuber-, Ritter-, Schäfer- oder Grossstadtroman. Welches wären gemeinsame Konzepte, die eine Verständigung zwischen derart spezialisierten Fächern möglich machen?

In ihrem Bestreben nach Objektivität löst die Wissenschaft ihre Begriffe von der sinnlich und moralisch erfahrenen Alltagswelt ab. Der Schriftsteller und Kabarettist Franz Hohler hat diesen Vorgang wie folgt illustriert: «Wenn ich von einer Person sage, ‹Sie muss oft weinen›, dann fordert dieser Satz gleichzeitig mit der Information über sie zum Mitleid mit ihr auf. Wenn ich sage, ‹Sie verfällt oft in affektlabile Zustände›, dann betrachte ich sie durch eine kugel- und gefühlssichere Scheibe, dann habe ich dafür gesorgt, dass das Individuum aus meiner Beschreibung verschwindet» (Hohler in Gerling/Gierlich 2000, 64). Hier begegnen wir einem mit der «Disziplinierung» der Sprache unvermeidlichen Effekt: Die Wissenschaft löst die Begriffe aus dem gefühlten Alltag heraus und macht sie so für emotionale und moralisch-ethische Urteile unerreichbar und «kalt». Der fächerübergreifende Unterricht kann hier Gegensteuer geben: Indem er das Wissen aus seiner fachlichen Erstarrung löst, kann er die Fachgegenstände wieder näher an die Lebenswelt führen.

3.3.2 Unterschiedliche Zeichenwelten

Geht man von einem weitgefassten Verständnis von Sprache aus, so zeigt sich, dass manche Schulfächer noch in einem anderen Sinn «verschiedene Sprachen» sprechen: Sie drücken sich in unterschiedlichen Zeichensystemen aus. So gibt es neben den natürlichen Sprachen auch sogenannte formale Sprachen wie die Sprachen der Arithmetik, der Chemie oder musikalische Notierungen. Grafische Darstellungen in der Mathematik (z.B. Parabeln), der Kartografie (Höhenkurven) oder der Meteorologie (Isobaren) nähern sich bildlichen, ikonischen Darstellungsweisen an. Wie die Fachbegriffe dienen diese formalen Sprachen dem Informationsaustausch unter Fachleuten und müssen beim «Eintritt» in ein Fach gelernt werden. Sie können also das fächerübergreifende Verständnis erschweren.

Schulfächer lassen sich weiter nach Zeichensystemen unterscheiden, die unterschiedliche Sinne ansprechen. So bedient sich Musik klanglicher Zeichen, Bildnerisches Gestalten ikonischer (d.h. optischer Zeichen, die dem Dargestellten ähneln) und Schauspiel und Tanz analoger Zeichen (Gestik, Mimik, Körpersprache). Eine reizvolle Herausforderung fächerübergreifender Arbeit kann darin bestehen, diese unterschiedlichen «Sprachen» miteinander «ins Gespräch» zu bringen.

3.3.3 Untersuchungsgegenstände und ihre Fächer

Fächer haben mit Untersuchungsgegenständen zu tun, die sie beschreiben und erforschen. «Gegenstand» ist hier nicht im Alltagsverständnis gemeint – nicht im Sinne eines physischen Gegenstandes. Gemeint ist ein Ausschnitt der Wirklichkeit, der ein belebtes oder unbelebtes, ein menschengemachtes oder naturgegebenes, ein sichtbares oder ein unsichtbares Phänomen umfasst. Dieses weite Verständnis macht möglich, dass verschiedene Fächer sich mit demselben Gegenstand befassen können, ohne aber denselben «Gegenstand» zu haben. Für jedes Fach sind nur einzelne Eigenschaften eines Gegenstandes interessant, andere werden ausgeblendet und übersehen. So bedeutet der Gegenstand «Sonne» für die Hautmedizin nur jene Strahlen, die für die Haut gesundheitsfördernd oder -schädigend sind, die Astrophysik hingegen interessiert sich für Masse, Temperatur und Umlaufzeiten des Sterns. Die Linguistik befasst sich z.B. mit der Benennung der Sonne in verschiedenen Sprachen, die Psychologie mit den Auswirkungen der Sonne auf das seelische Befinden des Menschen. Das Beispiel zeigt, dass die Fächer sich nur im Sinne eines Alltagsverständnisses auf dieselbe Sonne beziehen. Im wissenschaftlichen Sinn konstruiert jedes Fach seine eigene Sonne. Die Redeweise, wonach Fächer unterschiedliche Perspektiven auf denselben Gegenstand werfen, muss man also präzisieren. Fächer bringen ihren Untersuchungsgegenstand durch ihre Begriffe, Methoden und Erkenntnisinteressen erst hervor. Am deutlichsten wird dies bei Gegenständen abstrakter Natur wie Gesellschaft, Globalisierung, Wirtschaft oder Zeit.
Zum Wesen der Spezialisierung gehört weiter, dass Fächer dazu neigen, bestimmte Gegenstände fest in Besitz zu nehmen und als «zuständig» für sie gelten zu wollen. Ihre Vertreter sind «Experten» für einen bestimmten Gegenstand. So sind Gesundheit und Körper «im Besitz» der Medizin, einschliesslich ihrer Spezialzweige für fast jedes Organ, die Zahn-, Augen-, Herz- oder Hautmedizin. Bauwerke «gehören» der Architektur oder Kunstgeschichte, Bäume der Biologie. Im fächerübergreifenden Unterricht werden solche Besitzstände und Zuständigkeiten nicht selten infrage gestellt.

3.3.4 Erkenntnisinteresse

Das Erkenntnisinteresse eines Faches gibt an, worauf seine Aufmerksamkeit gerichtet ist, welche Fragestellungen von ihm als wichtig erachtet werden und welche nicht. Oftmals sind die erkenntnisleitenden Interessen den Forscherinnen und Forschern gar nicht bewusst, weil sie «selbstverständlich» sind. Eine der Herausforderungen der Didaktik besteht darin, mit den Lernenden das möglicherweise unbewusste Erkenntnisinteresse eines Faches aufzudecken, zu begründen und so Interesse für das Fach zu wecken. Warum müssen wir die Bestandteile einer Zelle kennen? Warum die Entwicklungsschritte der indoeuropäischen Sprachen? Fragestellungen, die über den Horizont eines einzelnen Faches hinausgreifen, sind im besonderen Mass geeignet, das Erkenntnisinteresse (und die blinden Flecke) der einzelnen Fächer sichtbar zu machen.

3.3.5 Methoden

Der Begriff «Methode» steht für ein folgerichtiges Verfahren, das zur Gewinnung wissenschaftlicher Erkenntnis dient. Gustav Droysen hat die wissenschaftlichen Methoden mit den Organen unserer sinnlichen Wahrnehmung verglichen, sie gleichsam als wissenschaftliches Hören, Sehen, Tasten, Riechen oder Schmecken verstanden (Droysen 1971, 18). Manche Disziplinen bilden Wahrnehmungsverwandtschaften, indem sie dieselben Methoden benutzen, z. B. die Naturwissenschaften das Experiment, die Geschichts-, Rechts-, Religions- oder Literaturwissenschaft die Hermeneutik und die Dialektik. Methoden widerspiegeln auch Erkenntnisinteressen. So sind die Naturwissenschaften auf Erklären und Handeln ausgerichtet, die Geisteswissenschaften wollen durch Interpretieren verstehen. Natürlich entscheidet die Wahl der Methode auch über die Art der Ergebnisse: Auf die Fragen in den standardisierten Fragebögen folgen andere Arten von Antworten als auf mündliche Interviews, auf Freilandversuche andere als auf Laborexperimente. Innerhalb der einzelnen Fachgemeinschaften gelten die eigenen Methoden oft als selbstverständlich und bleiben deshalb unreflektiert. Der fächerübergreifende Unterricht kann hier Aufklärung leisten und Möglichkeiten und Grenzen unterschiedlicher Methoden ins Bewusstsein rufen.

Literaturhinweise

_ Droysen 1971
_ Duncker 1997
_ Gerling/Gierlich 2000
_ Fichten 1993
_ Giel 1997
_ Huber 2001
_ Janich 1997
_ Künzli 2001
_ Oelkers 2004
_ Pandel 2001
_ Tenorth 1999
_ Stübig/Bosse et al. 2002

4 Fächerübergreifendes Wissen und der Mehrwert des fächerübergreifenden Unterrichts aus der Sicht der Lehrpersonen und Lernenden: Ein Einblick in die Forschung

Um der Frage nachzugehen, was Lehrpersonen und Lernende unter fächerübergreifendem Wissen verstehen und welchen Mehrwert sie im fächerübergreifenden Unterricht sehen, haben wir ihre Erfahrungen in Interviews festgehalten. Im Folgenden stellen wir die Ergebnisse dieser Interviews im Überblick vor.

4.1 Untersuchungsdesign

Im Forschungsprojekt *A Manual with Quality Criteria for Interdisciplinary Teaching* wurden über 40 fächerübergreifende Vorhaben untersucht, die von 2004 bis 2008 am Gymnasium Liestal verwirklicht wurden. Die empirische Basis der Studie bildeten einerseits dokumentierte Unterrichtsvorhaben, andererseits Leitfadeninterviews mit Lernenden und Lehrpersonen. Aus den schriftlichen Dokumenten konnten wir vor allem wertvolle Erkenntnisse zur Methodik und zu den Erfahrungen mit den unterschiedlichen Organisationsformen des fächerübergreifenden Unterrichts gewinnen.

Um zu erfassen, was Lehrpersonen und Lernende unter fächerübergreifendem Wissen verstehen und was für sie den Mehrwert des fächerübergreifenden Unterrichts ausmacht, diente uns das Forschungsinstrument des Leitfadeninterviews.[6] Die folgenden Ergebnisse stammen aus des datenbasierten Analyse der Leitfadeninterviews mit 14 Lehrpersonen sowie fünf Gruppen von vier bis sechs Lernenden. Die Mitglieder von vier der fünf Schülergruppen waren Absolventinnen und Absolventen fächerübergreifender Wahl- und Ergänzungskurse zu drei Wochenstunden im Abschlussjahr vor der Matura. Eine Gruppe von Schülerinnen aus einer FMS-Klasse nahm auf eine fächerübergreifende Unterrichtseinheit Bezug, die aus dem normalen Fachunterricht heraus gestaltet worden war. Sechs Lehrpersonen hatten Erfahrungen in einem ganzjährigen fächerübergreifenden Wahlkurs gesammelt, acht weitere blickten auf längere fächerübergreifende Unterrichtsvorhaben zurück, die sie aus dem Normalunterricht heraus oder im Blockunterricht verwirklicht hatten.

---

6 Die Methode ermöglichte uns einerseits, die Grundlagen der Qualitätskriterien (↗ *Kapitel 5*) empirisch zu sichern, andererseits konnten wir das Havarder Modell (↗ *Kapitel 1 und 7*) im Hinblick auf fächerübergreifende Lernziele differenzieren.

Die Interviews wurden im Zeitraum von November 2008 bis 2009 durchgeführt und dauerten jeweils rund eine Stunde. Für die Auswertung lagen uns transkribierte Aufzeichnungen der Originalaussagen vor.
Um die persönliche Erfahrung der Interviewten mit dem fächerübergreifenden Unterricht einzufangen, folgten wir dem methodologischen Ansatz des *Narrative Inquiry* (Chase 2005). Dieser qualitative Forschungsansatz macht «Erzählungen» der interviewten Personen zu seinem Gegenstand. Ausgehend von einem Gerüst offener Fragen (vgl. Flick 2004, 143 ff; Lamnek 1995, 65 ff.), wurden die Interviewten gebeten, ihre Erfahrungen und Vorstellungen zu beschreiben und diese, wo es um abstrakte Sachverhalte wie die Beschreibung fächerübergreifenden Wissens ging, in Bilder zu fassen und durch konkrete Unterrichtsbeispiele zu illustrieren. Auch war es ihnen möglich, neue Gesichtspunkte einzubringen.

Für die Lehrpersonen lauteten die Fragen:

- Was ist aus Ihrer Sicht das fächerübergreifende Wissen? Wie würden Sie dieses spontan beschreiben? Kommen Ihnen Bilder in den Sinn?
- Können Sie uns konkrete Beispiele nennen?
- Wie würden Sie den Mehrwert des fächerübergreifenden Unterrichts beschreiben: a.) für Lehrpersonen, b.) für Schülerinnen und Schüler? Wo wird er sichtbar?
- Wie beschreiben Sie die Lehrerzusammenarbeit?

Für die Lernenden lauteten die Fragen:
- Gibt es einen Mehrwert des fächerübergreifenden Unterrichts? Wo wird er sichtbar?
- Worin sehen Sie den hauptsächlichen Unterschied zwischen Fachunterricht und fächerübergreifendem Unterricht?
- Versuchen Sie, möglichst genau zu beschreiben, was für Sie das fächerübergreifende Wissen ist. Welche Bilder kommen Ihnen in den Sinn? Wo ist das Fächerübergreifende besonders deutlich zum Ausdruck gekommen?

4.2 Fächerübergreifendes Wissen aus der Sicht der Lehrpersonen

Wo sich Fächer treffen: Schnittstellen und Prismen

In den Aussagen der Lehrpersonen wurde deutlich, dass sich das fächerübergreifende Wissen insofern vom Fachwissen unterscheidet, als es sich an «Schnittstellen» oder in «Schnittmengen» zeigt, wo sich die beteiligten Fächer treffen. Ein Beispiel: Im Wahlkurs «Medikamente/Gifte/Drogen» (Chemie und Biologie) zeigt sich eine solche Schnittstelle besonders eindrucksvoll bei der Frage, warum Antibiotika auf Bakterien wirken. Die Biologie befasst sich, vereinfacht gesagt, mit der Frage, welche Bakterien in welchem Gewebe wachsen, wie eine Entzündung entsteht und wie sie sich auswirkt; die Chemie hingegen untersucht, wie ein Bakterium bekämpft werden kann. Im Lichte der Biologie hat das Bakterium eine andere Bedeutung als in der Chemie. Der Chemielehrer erklärt, es brauche, um «die Komplexität der Materie adäquat zu beschreiben, mindestens die zwei Sichtweisen der Chemie und der Biologie», und bezeichnet den Ort der Begegnung der beiden Fächer als «Schnittstelle». An ihr kristallisiere sich das fächerübergreifende Wissen heraus. Was heisst dies nun für das fächerübergreifende Wissen, das junge Menschen gewinnen können? Der Biologielehrer erklärt:

> *«Diese Schnittebene oder -stelle, wo sich die Fächer treffen, ist spannend auch für die Schüler, wenn sie merken, dass das eine Fach nur weiterkommt mit Erkenntnissen des anderen Faches.»*

Es brauche dazu, fährt er fort, den «Kristallisationspunkt» an einem gemeinsamen Gegenstand, an dem sich das Fachwissen festmache und im Aufeinandertreffen einen fächerübergreifenden Erkenntnisfortschritt hervorbringen könne.
Will man im Unterricht die unterschiedlichen Sichtweisen der Fächer bewusst machen, so eignet sich ein Thema wie Antibiotika und Bakterien besonders gut, da es an einem gemeinsamen Gegenstand, an dem sich die Sichtweisen der beiden Fächer brechen, einen Prisma-Effekt auszulösen vermag. Ein ähnliches Bild wird auch in einem anderen Interview gebraucht, in dem ein englischsprachiger Geschichtslehrer den gemeinsamen Gegenstand mit einem glitzernden Diamanten vergleicht: «Depending on the way we look at things, we can see the diamond from different angles» (↗ *Kapitel 5 und 7*).
Zusammenfassend lässt sich sagen, dass das Schnittstellen-Bild auf unterschiedliche Zuständigkeiten der Fächer hinweist. In der Vorstellung der Lehrpersonen hat jedes der Fächer ein Zuständigkeitsgebiet, das sich durch eine Schnittstelle von einem Nachbargebiet abgrenzt. Will man Lernenden diese Schnittstellen bewusst machen, so bieten sich exemplarische Gegenstände an, an denen sich die unterschiedlichen Sichtweisen der Fächer wie an den Schnittflächen eines Prismas brechen.
Diese Beobachtung schliesst an die Erklärung von Bastian/Combe et al. (2000, 141) an, dass der fächerübergreifende Unterricht einen Perspektivenwechsel sowohl für Lernende als auch Lehrende zulässt, wenn über Fragen diskutiert und reflektiert wird, die nur aus verschiedenen Blickwinkeln bzw. aus der Sicht verschiedener Fächer erörtert werden können. Das Bild der Schnittstellen korrespondiert mit der Vorstellung der Grenzüberschreitungen, die Bastian/Combe et al. vorschlagen. Diese Grenzen der fachlichen Zuständigkeitsgebiete müssen Lernenden bewusst gemacht werden, damit ein fächerübergreifender Erkenntnisgewinn erreicht werden kann.

Künstliche Fachgrenzen überwinden

Die Begegnung mit Schnittstellen birgt eine weitere Form fächerübergreifenden Wissens: die Erkenntnis für Lernende, dass Fächergrenzen nicht naturgegeben sind. Der Geschichtslehrer des Wahlkurses «Historische und ökonomische Streifzüge durch die Welt des Genusses» betont die Wichtigkeit der Aufhebung der künstlichen Fachgrenzen folgendermassen:

> *«Was wir dann in den Wahlkursen versuchen, ist, diese künstliche Trennung, die für die Spezialisierung des Faches notwendig ist, wieder ein bisschen aufzuheben, quasi, da sind zwei Fachspezialisten, die das wieder rekonstruieren und eine Wirklichkeit darzustellen versuchen, die sie alleine nicht so darstellen können.»*

Die Darstellung dieser Wirklichkeit durch zwei sich ergänzende Fachperspektiven wird im erwähnten Wahlkurs am Beispiel des Währungssystems deutlich. Die Konstruktion fächerübergreifenden Wissens umfasst hier ökonomische sowie historische Fragestellungen, nämlich (historisch), was eine Währung im kulturellen Gesamtkontext ausmacht, und (ökonomisch), was eine Silbermünze, eine Papiernote und ein Bier als Währungen verbindet. Der Geschichtslehrer stellt einige Beispiele zeitgebundener Währungen vor wie Bier im alten Babylon oder die Silbermünze im antiken Rom. Der Wirtschaftslehrer präsentiert eine ökonomische Währungstheorie zum Thema. Damit eine Sache sich zur Währung eignet, muss sie austauschbar, dauerhaft, teilbar und knapp sein. Nun wird versucht, mithilfe der wirtschaftlichen Theorie das Phänomen der historisch wechselnden Währungen zu erklären. In anderen Worten: Das Fach Geschichte rollt ein historisches Panorama, einen «Teppich» (unzusammenhängender) Währungsformen aus, und das Fach Wirtschaft schafft, indem es eine Theorie der Währung bereithält, einen Zusammenhang unter diesen. Das fächerübergreifende Wissen kann schliesslich in folgender Prüfungsfrage konkret sichtbar gemacht werden:

> *Nennen und beschreiben Sie vier Qualitäten von modernen Währungen, die Sie auch bei der Bierwährung im alten Babylon feststellen können.*

Es handelt sich hier um eine sowohl historische als auch ökonomische Fragestellung. Beide Fächer sind nötig, damit die Lernenden diese Prüfungsfrage beantworten können.

Zwei Erkenntnisse über das Wesen fächerübergreifenden Wissens lassen sich aus dieser Beobachtung ziehen. Die vom Geschichtslehrer festgestellte «Künstlichkeit» der Fächer wird aufgehoben. Die fächerübergreifende Fragestellung hebt die künstliche Vereinzelung in historisches Wissen (Beschreibung unterschiedlicher Währungen zu unterschiedlichen Zeiten) und ökonomisches Wissen (Währungstheorie) auf und bezieht beide in natürlicher Weise aufeinander.

Das Beispiel veranschaulicht die Definition von fächerübergreifendem Wissen und Können, die die Harvarder Forschungsgruppe um Veronica Boix Mansilla vorschlägt. Sie beschreiben fächerübergreifendes Wissen als Erkenntnisfortschritt, der die Möglichkeiten eines Einzelfaches übersteigt (↗ *Kapitel 1.6*).

4.3 Fächerübergreifendes Wissen aus der Sicht der Lernenden

Das Puzzle-Bild als Darstellung fächerübergreifenden Wissens
Ebenso wie die Lehrenden ringen auch die Lernenden mit der Aufgabe, das fächerübergreifende Wissen präzise zu fassen. Ein Schüler aus dem Wahlkurs «Medikamente/Gifte/Drogen» (Chemie und Biologie) erklärt, was fächerübergreifendes Wissen aus seiner Erfahrung sei:

> *«Ich weiss auch nicht, es ist so wie ein Puzzle. Wenn man ein Teil nicht hat, dann kann man das Puzzle nicht fertig machen, und dazu braucht man auch verschiedene Teile, und vielleicht steht für jedes Teilchen eine Disziplin.»*

Das Ziel eines Puzzlespiels besteht darin, aus Einzelteilen, die für sich keinen Sinn ergeben, ein Ganzes zusammenzustellen, das einen Sinn ergibt. Auf fächerübergreifendes Arbeiten bezogen, heisst, ein Puzzle fertig zu machen, ein Problem in seiner «Gesamtheit» zu verstehen bzw. es zu lösen. Das Puzzle-Bild veranschaulicht treffend das Ziel eines Vorgangs, in dem das angestrebte Ganze mehr als die Summe seiner Einzelteile ist. Das Puzzle-Bild scheint gerade zu der Fächerkombination von Chemie und Biologie gut zu passen, da beide Fächer unterschiedliche Zuständigkeiten für einen Gegenstand haben und daher zusammen ein umfassenderes Bild von ihm schaffen können. Es suggeriert, dass die einzelnen Fachanteile klare Schnittstellen besitzen, an denen sie fugenlos zusammenpassen.
Weiter erlaubt das Bild der Schnittstelle, eine Verbindung zwischen dem Puzzle- und dem Prisma-Bild fächerübergreifenden Wissens herzustellen. Im Puzzle-Bild bezeichnet die Schnittstelle die Fuge zwischen zwei Fächern, an der diese zu einem Gesamtbild **konvergieren.** Für eine Bestimmung fächerübergreifenden Wissens zeigt sich der Nutzen des Puzzle-Bildes vor allem darin, fächerübergreifendes Wissen im Sinne eines Problemlösens zu beschreiben. Im Prisma-Bild bezeichnet die Schnittstelle jenen Ort, an dem die Unterschiede zwischen den Fächern, ihre **Divergenz,** sichtbar wird. Es eignet sich vor allem, die Unterschiede zwischen den Fächern zu beschreiben. Welche Implikationen diese Erkenntnisse für die Formulierung fächerübergreifender Lernziele haben, stellen wir in Kapitel 7: *Modelle der Fächervernetzung und ihre Lernziele* vor.

Anknüpfung an Lebensfragen und Alltagsnähe
Die Unterscheidung von Künstlichkeit und Natürlichkeit scheint auch für die Lernenden ein Kriterium für den Unterschied zwischen Fachwissen und fächerübergreifendem Wissen zu sein. Auf die Frage, warum fächerübergreifender Unterricht angeboten werden soll, fragt ein Schüler zurück, ob nicht eher die Frage gestellt werden müsse, warum überhaupt erst fächergetrennt unterrichtet werde. Die Reaktion des Schülers lässt erkennen, dass er die Fachlichkeit als eher künstlich empfindet.

Zur Natürlichkeit fächerübergreifenden Wissens gehört offensichtlich auch, dass es besser **in Erinnerung bleibt** als Fachwissen, wie ein anderer Schüler betont. Zu vermuten ist, dass fächerübergreifendes Wissen besser haften bleibt, weil es ein Denken in Zusammenhängen mit Anknüpfungspunkten in unterschiedlichen Gebieten ist. Auch sei fächerübergreifendes Wissen mit einem **Gewinn an Interesse** für den Lerngegenstand verbunden. Es motiviere, wenn dieser in seiner ganzen Komplexität erscheinen kann, erwähnt eine andere Schülerin.
Natürlichkeit und Verankerung in der Erinnerung verbinden sich leicht mit einem weiteren Merkmal fächerübergreifenden Wissens: seiner Nähe zur persönlichen Alltagswelt. Aus der Sicht der Lernenden lässt sich erkennen, dass der fächerübergreifende Unterricht geschätzt wird, weil er direkt an konkrete Lebensfragen anknüpft (↗ *Kapitel 6.4*). Entscheidend für ihre Wertschätzung des fächerübergreifenden Unterrichts ist, wie einige Lernende in den Interviews bemerken, seine Anknüpfung an Themenbereiche, die nahe an ihrer Person sind und in ihren Augen Sinn ergeben. Ein Schüler des Wahlkurses «Genussmittel» drückt den Kontrast zwischen Fachunterricht und fächerübergreifendem Unterricht so aus:

> *«Wenn man in die Schule kommt, von einer Stunde in die nächste geht (...) und einen anderen Lehrer vor sich hat, kann man die Verbindung eigentlich gar nicht wirklich machen zwischen den verschiedenen Sachen. Das sind dann einfach Schulfächer, aber nicht wirklich etwas, was Bedeutung hat in der wirklichen Welt (...). Wenn man aber so etwas wie die Genussmittel nimmt und das dann in zwei Fächern wie Wirtschaft und Geschichte platziert, dann merkt man, diese zwei haben eine Relevanz, die auch übergreifend ist. (...) Das bringt es irgendwie näher zur Welt.»*

Alltagsnähe und die Anknüpfung des Stoffes an Lebensfragen sind nicht nur an den fächerübergreifenden Unterricht gebunden. Sie bedeuten auch eine Herausforderung für den Fachunterricht. Fächerübergreifender Unterricht eignet sich aber in besonderem Masse, diese Nähe zu schaffen. Themenbereiche, die diesen Bezug zum Alltag herstellen können, werden von den Lernenden positiv bewertet.[7] Wenn sie Zusammenhänge sehen, die für ihr Leben von Bedeutung sein können, dann erhält das Wissen einen höheren Wert und wird als sinnvoll empfunden.
Zum Sinn fächerübergreifenden Wissens kann offensichtlich auch seine praktische Nützlichkeit beitragen: Der fächerübergreifende Unterricht wird vor allem dort bedeutungsvoll, wo die Lernenden konkret erfahren, dass ihr erarbeitetes Wissen anwendbar ist. Eine Schülerin des Wahlkurses «Reisen» sagt: «Es ist Wissen, das man immer wieder anwenden kann oder das man immer wieder an-

7 Eine Liste fächerübergreifender Themen und der beteiligten Fächer ist in Stübig/Ludwig et al. 2006, S. 115–123 aufgeführt.

trifft.» Ein Merkmal fächerübergreifenden Wissens aus der Sicht der Lernenden ist demnach, dass dieses leichter als Fachwissen im praktischen Leben Anwendung findet und in die Erfahrungswelt der Lernenden übertragbar ist.

4.4 Der Mehrwert des fächerübergreifenden Unterrichts aus der Sicht der Lehrpersonen

Teamteaching im fächerübergreifenden Unterricht

Eine Lehrerin beschreibt, dass ein grosser Mehrwert des fächerübergreifenden Unterrichts für sie das Teamteaching sei. Die Möglichkeit, dass die Klasse einmal aus einer anderen Perspektive beobachtbar ist, sei sehr wertvoll. So zeige sich zum Beispiel, dass Lernende, die sich im eigenen Fach selten melden, im fächerübergreifenden Unterricht plötzlich vermehrt aktiv werden:

> *«[Teamteaching] ist – gut für mich, weil ich dann die Schüler nicht so eindimensional wahrnehme, und dann gibt es nicht einfach schlechte Schüler (…). Man hat einfach gewisse Bilder [von Schülern], und es kommt vor, dass ein Schüler einfach mit der Schule Mühe hat. [Im Teamteaching kann ich dann erkennen]: Es handelt sich um einen Schüler, der einfach in meinem Fach Mühe hat und nicht in der Schule. Man generalisiert halt … [Diese Erkenntnis] finde ich einen ganz grossen Mehrwert.»*

Das Teamteaching ermöglicht Lehrpersonen also eine breitere, objektivere Wahrnehmung der Lernenden.
In den Augen der Lehrpersonen liegt ein weiterer Gewinn des Teamteachings darin, sich von der Expertenrolle distanzieren zu können und auch einmal die Laienrolle einzunehmen, ohne aber das eigene Fachgesicht zu verlieren. Die Möglichkeit, genauso wie die Lernenden einer Kollegin oder einem Kollegen als Laie Fragen stellen zu können, sehen die Lehrpersonen als Bereicherung.
Beiläufig resultiert aus dieser Rollenverteilung auch ein Gewinn für das Lehrer-Schüler-Verhältnis: Gibt eine Lehrperson sich nämlich auch als Laie zu erkennen und macht dies gegenüber den Lernenden explizit, so reagieren diese positiv auf diese Situation. Der Geschichtslehrer drückt dies wie folgt aus:

> *«Es sind zwei Lehrer dabei. Das darf man nicht vergessen, d.h., [meinem Kollegen] macht es keine Mühe, mich zu unterbrechen, wenn ich am Reden bin, sondern er sagt dann etwas, und dann ist die Position dieses Lehrers, der diese Stunde gestaltet, schwächer, als wenn er allein da drin ist und klar der Chef ist. [Der Lehrer] ist wie ein Co-Präsident, und wenn die Schüler merken, dass das an sich geht, dass man sich unterbricht und sich in die Diskussion einbringt, weil diese dominante Figur ein bisschen abgeschwächt auftritt, dann vermindert das auch das Hierarchiegefälle zu den Schülern ein bisschen.»*

Der Wechsel von der Experten- zur Laienrolle ist möglich, wenn zwei oder mehrere Fachexperten gemeinsam den fächerübergreifenden Unterricht bestreiten. In diesem Wechsel können die Lernenden auch erkennen, dass mehr als nur ein Fach zum fächerübergreifenden Unterricht gehört. Die Vertretung aller Fachgesichter, zumindest im Teamteaching, ist daher erstrebenswert (↗ *Kapitel* 5.2.4).

Schärfung des Fachverständnisses und gegenseitige Einblicke ins andere Fach
Die Offenheit gegenüber dem anderen Fach, betonen Lehrpersonen, erlaube nicht nur wertvolle Einblicke in einen anderen Wissensbereich, sie führe umgekehrt auch zu einer Schärfung des eigenen Fachverständnisses.
Eine Herausforderung der fächerübergreifenden Zusammenarbeit sei deshalb, nicht in vorschnelles Dilettieren abzufallen und so in Unprofessionalität zu gleiten, sondern die Chance dieser Unterrichtsform zu nutzen und die Bewusstheit des fachlichen Zugangs durch Einblicke in andere Fächer zu stärken. Ein Lehrer drückt dies so aus:

> *«Es ist ein Blick, der eigentlich gleichzeitig in die [zwei] Disziplinen hineinschaut, und das fordert mich heraus, noch einmal zu überlegen, mit welchem Blick ich auf meine Disziplin schaue, also es schärft nochmals den Blick für die Disziplin.»*

Der Austausch mit einer anderen Fachperson könne auch zu einer Art persönlichen Weiterbildung führen. Auch die Einsicht, dass das eigene Fach Grenzen hat, könne eine wertvolle Erkenntnis sein, streichen einige Lehrpersonen heraus. Eine Bereicherung stelle weiter die Tatsache dar, dass andere methodische Möglichkeiten kennengelernt werden können.
Die Schärfung des eigenen Fachverständnisses und die Bereicherung durch Einblicke in andere Fächer stellen sich als wichtige Mehrwerte und als Qualitätsmerkmale fächerübergreifender Zusammenarbeit heraus (↗ *Kapitel* 5.1.1 *und* 5.1.3).

Vertrauensgewinn
Als wichtiges Qualitätsmerkmal des fächerübergreifenden Unterrichts wird aus der Sicht der Lehrpersonen die vertrauensvolle Zusammenarbeit hervorgehoben. Ein Biologielehrer sagt, dass es «auf der persönlichen Ebene stimmen muss». Der fächerübergreifende Unterricht führe auch zu «einer Art charakterlichen Qualifikation», da diese Art des Unterrichtens nur gelingen könne, wenn auch ein Vertrauensgewinn zwischen den Lehrpersonen entstünde. Dieser Vertrauensgewinn, betonen manche Lehrende ausdrücklich, könne nur entstehen, wenn die Zusammenarbeit auf freiwilliger Basis beruhe (↗ *Kapitel* 5.3.1).

Entprivatisierung des Unterrichts
Bedeutsam wird das fächerübergreifende Lehren für die Lehrpersonen in jenen Augenblicken des Unterrichts, in denen sie klar durch den Austausch mit einer

anderen Fachperson profitieren können. Den gegenseitigen Einblick ins andere Fach beschreiben die Lehrenden als grosse Bereicherung, wenn sie merken, dass die andere Lehrperson sich mit ähnlichen Schwierigkeiten des Unterrichts befassen muss. Ein zentraler Mehrwert des fächerübergreifenden Unterrichts ist daher die Entprivatisierung des Unterrichts, die besonders deutlich im Teamteaching sichtbar wird. Die Deutschlehrerin im fächerübergreifenden Vorhaben «Debattieren» drückt dies wie folgt aus:

> *«Teamteaching ist das, was wir als Entprivatisierung des Unterrichts formuliert haben. Sich selber [wahrzunehmen] vor einer Klasse und von einer anderen Lehrperson eine Reaktion zu bekommen oder selber nachfragen zu können: ‹Wie hast Du das gefunden?› Und umgekehrt auch eine andere Lehrperson wahrzunehmen, deren Qualitäten und vielleicht auch die kleinen Defizite selber für sich zunutze zu machen: Das finde ich einen grossen Mehrwert.»*

Eine andere Lehrerin hebt deutlich hervor, dass die Zusammenarbeit mit einer Kollegin auch «ein Stück weit Psychohygiene» sein kann, wenn durch gemeinsame Gespräche über den Unterricht und über persönliche Eindrücke nachgedacht und gemeinsam nach Optimierungsmöglichkeiten gesucht werden kann (↗ *Kapitel* 5.2.4).

4.5 Der Mehrwert aus der Sicht der Lernenden

Teamteaching

Positive Erfahrungen mit dem Teamteaching machen auch die Lernenden. Durch die besondere Art des gemeinsamen Unterrichtens erfahren sie, wie sich der Unterricht vom gewohnten Schüler-Lehrer-Prinzip lösen kann. So erzählt eine Schülerin, der fächerübergreifende Unterricht schaffe ein völlig neues Schüler-Lehrer-Verhältnis; es sei eher «ein Mitreden als ein Fragenstellen und Zuhören». Von den Lernenden wird beobachtet, dass die Lehrpersonen von der anderen Lehrperson im Klassenzimmer selber etwas lernen können. Ein Schüler beschreibt dies folgendermassen:

> *«Die Tatsache, dass sich die beiden Lehrer akzeptieren, einander Freiraum lassen, dass keiner recht haben will, das war eindrücklich. (…) Auch eindrücklich war, dass die Lehrer voneinander gelernt haben.»*

Die Lernenden schätzen es zu sehen, dass auch die Lehrperson nicht allwissend ist und bei der anderen Lehrperson nachfragen kann, wenn sie etwas nicht weiss. Für sie ist es ein grosser Mehrwert, die Lehrpersonen auch einmal in der Rolle des Laien kennenzulernen. Dieser Rollenwechsel wird auch von den Lehrpersonen als Mehrwert des Teamteachings erwähnt (↗ *Kapitel* 5.2.4). Die Lernenden werten es als positiv, wenn sich die Lehrpersonen gut verstehen und im Teamteaching gut zusammenarbeiten können. So bemerkt ein Schüler des Wahlkurses «Reisen»:

> *«Es kommt mehr auf die Lehrerkombination an, dass sie sich untereinander verstehen und zusammenarbeiten können, und nicht so sehr aufs Fach.»*

Aus Sicht der Lernenden wird die gemeinsame Präsenz durch die Begeisterung der Lehrpersonen an der Sache verstärkt. Das Teamteaching eignet sich daher gut, das Gefälle zwischen Lehrenden und Lernenden zu verringern.

Selbstständiges Lernen

Von den Lernenden wird explizit das längerfristige und selbstständige Lernen als Mehrwert genannt. Gerade die Mitsprache in der Themenfindung innerhalb eines fächerübergreifenden Vorhabens, die eigenständige Informationsbeschaffung und die selbstständige Herangehensweise an eine Fragestellung eröffnet den Lernenden Horizonte, die sie nicht missen möchten. Eine Schülerin aus dem Wahlkurs «Medikamente/Gifte/Drogen» schätzt die Möglichkeit der selbstständigen Arbeit so ein:

> *«Mir hat sehr gut gefallen, als wir Präsentationen machen konnten und das Thema auswählen konnten, das uns auch selber wirklich interessiert hat, und zu diesem dann auch arbeiten konnten. Wir haben ein paar Stunden [zur Verfügung] bekommen und konnten dann selber schauen, wie wir das machen und von welcher Seite wir das Thema angehen wollen. (...) Man konnte wirklich ins Detail gehen und so und durch die Präsentation den anderen dann zeigen, was man da gefunden hat. Das habe ich eigentlich am besten gefunden.»*

Die Ausführungen der Schülerin zeigen, dass die Lernenden durch selbstständige Lernphasen eine höhere Motivation erlangen können. Weiter beschreibt eine Schülerin des Wahlkurses «Reisen», es sei bei der Behandlung eines fächerübergreifenden Themas besonders wichtig, dass die Lernenden die Verbindungen zwischen den Fächern selber erkennen:

> *«Ich finde es schon gut, wenn Lehrer uns nicht sagen, schauen Sie, da ist der Vergleich und so... Es ist schon wichtig, dass wir es selber erkennen.»*

Stübig/Bosse et al. (2002, 96) bestätigen in ihrer empirischen Untersuchung, dass selbstständige Arbeitsphasen die Motivation der Lernenden steigern und dass sie als Folge auch mehr lernen. «Es bleibt mehr hängen», meinen auch die Lernenden in Liestal (↗ *Kapitel* 5.2.5).

Fachschaften Chemie und Biologie

Wahlkurs: Medikamente/Gifte/Drogen

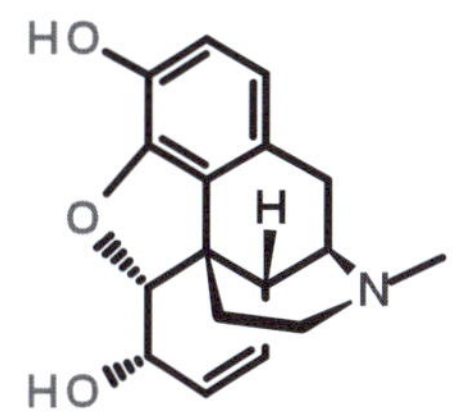

1. Was sind Medikamente/Gifte/Drogen?

2. Wie wirken sie?
   Bsp: Antibiotika, Blausäure, Morphium,
   Medikamente gegen Krebs usw.

3. Wo kommen diese Stoffe vor?
   Wie werden sie gefunden?
   Wie werden sie getestet?
   Wie entsteht ein Medikament?

4. Spezielle Themen – Ihre Vorschläge:
   z. B. Pharmaindustrie, Naturvölker, Giftmorde,
   Sucht, Medikamente für die Dritte Welt, Patentschutz usw.

Morphium wird aus Schlafmohn gewonnen. Schlafmohntee war ein beliebtes Beruhigungsmittel.

Aspirin ist eines der erfolgreichsten Medikamente überhaupt. Es wurde vor 100 Jahren gegen Rheumaschmerzen entwickelt.

Tödliche Vergiftung durch Kegelschnecke

Beim Speerfischen fand ein 29 Jahre alter Mann gegen Mitternacht eine grosse Kegelschnecke (*Conus geographus*). Er steckte sie unter den Hemdärmel des linken Armes. Nach einer Stunde klagte er über eine Gefühllosigkeit am ganzen Körper und über eine allgemeine Schwäche. Einen Stich hatte er nicht bemerkt. Er wurde sofort in eine Klinik verbracht, in der er bewusstlos ankam. Die linke Schulter war geschwollen. Der Patient starb nach 3 Stunden, obwohl eine Beatmung sofort durchgeführt wurde.

Dieser Kurs verbindet Biologie und Chemie. Sie lernen die Grundbegriffe der Pharmakologie (Arzneimittelkunde) und Toxikologie (Giftkunde) kennen. Der Kurs ist allgemeinbildend und hilft Ihnen sicherlich bei einem Studium der Medizin oder Naturwissenschaften.

Sie können diesen Kurs als Wahlkurs oder Ergänzungsfach Biologie oder Chemie belegen. Er eignet sich für Schüler/innen aller Profile.

Weitere Informationen erhalten Sie von: Johannes Hoffner (Chemie, Johannes.Hoffner@gymliestal.ch), Peter Schocher (Biologie, Peter.Schocher@gymliestal.ch).

Beispiel einer Kursausschreibung

4.6 Bedeutung des fächerübergreifenden Unterrichts aus der Sicht der Lehrpersonen und Lernenden im Überblick

Gemäss den Aussagen der Lehrpersonen stellt der fächerübergreifende Unterricht für sie eine Bereicherung dar, weil er ihnen die Möglichkeit gibt, über ihr eigenes Fach hinauszugehen. Er zeigt aber auch Grenzen des eigenen Fachs auf, was umgekehrt ihr Fachbewusstsein schärft. In Bezug auf das Unterrichtsgeschehen lässt sich festhalten, dass das Teamteaching – sowohl aus der Sicht der Lehrenden wie auch der Lernenden – einen grossen Stellenwert einnimmt und dem fächerübergreifenden Unterricht ein «Kleid» verpasst, in dem die Lehrenden nicht mehr nur als Fachpersonen, sondern auch als Laien wahrgenommen werden können. Der fächerübergreifende Unterricht, so erklären einige Lehrpersonen, sei besonders geeignet, um aus der Privatisierung auszubrechen, die der Fachunterricht schaffe. Der gegenseitige Austausch, die gemeinsame Planung und Durchführung eines fächerübergreifenden Vorhabens kann in ihren Augen zu einem gegenseitigen Vertrauensgewinn führen. Aufbauend auf freiwilliger Partizipation, gelingt kollegiale Zusammenarbeit im fächerübergreifenden Unterricht offensichtlich am besten.
In der Wahrnehmung der Lernenden ist der fächerübergreifende Unterricht besonders bedeutsam, wo er Zusammenhänge konkret erkennen lässt, wo Neues entdeckt werden kann und wo ihre Neugierde geweckt wird. Das Zusammentreffen der unterschiedlichen «Fachgesichter» der Lehrpersonen wird in den Augen der Lernenden vor allem im Teamteaching ersichtlich. Das Gelernte wird besser im Gedächtnis gefestigt, wenn das Wissen in unterschiedlichen Wissensgebieten verankert und im praktischen Leben verwendbar ist.

Literaturhinweise

_ Bastian/Combe et al. 2000
_ Boix Mansilla 2005
_ Chase 2005
_ Denzin/Lincoln 2005
_ Flick 2004
_ Lamnek 1995
_ Stübig/Ludwig et al. 2006
_ Stübig/Bosse et al. 2002

5 Wege zum guten fächerübergreifenden Unterricht: Qualitätskriterien

Im Folgenden halten wir Qualitätsmerkmale des fächerübergreifenden Unterrichts fest. Theoretische Überlegungen und Ergebnisse aus Schüler- und Lehrerinterviews am Gymnasium Liestal (2007 bis 2010) fliessen darin ebenso ein wie solche aus anderen Studien. Die Qualitätsmerkmale umfassen Überlegungen aus kognitiver, didaktischer, organisatorischer und psychologischer Sicht. Um ihren z.T. kontroversen Charakter festzuhalten, differenzieren wir einige von ihnen mit Pro- und Kontra-Thesen. Stimmen aus den Interviews veranschaulichen Einzelaspekte oder bieten zusätzliche Begründungen. Hinzu kommen Hinweise zur methodischen Umsetzung einzelner Kriterien.

5.1 Kognitive Qualitätskriterien

5.1.1 Disziplinarität

Fächerübergreifender Unterricht schliesst Disziplinarität mit ein.

Auf der Suche nach übergreifenden Sinnzusammenhängen soll der Anspruch auf fachliche Präzision und Differenzierung nicht verloren gehen. Dieser Anspruch bedingt, dass sich die Fachlehrpersonen an den Kernkompetenzen ihrer Fächer orientieren und neben den fächerübergreifenden Lernzielen auch fachliche Lernziele verfolgen (↗ in diesem Kapitel: 5.2.3 *Themenwahl*). Diese sind u. a. gesichert durch Fachbegriffe, fachspezifische Theorien, Erkenntnisinteressen, Methoden, Untersuchungsgegenstände und Fertigkeiten (*↗ Kapitel 3*).
In den Augen der Lernenden ist fächerübergreifender Unterricht besonders wirkungsvoll, wenn Fachperspektiven durch Fachlehrpersonen vertreten werden. Die Einnahme einer fremden Fachsicht (Dilettieren) ist dabei möglich, sollte von der Lehrperson aber bewusst als solche hervorgehoben und explizit gemacht werden. «Fächerimmanente Interdisziplinarität» (Oelkers 2008), d.h. das Bemühen einer Fachlehrperson, aus dem Fachunterricht heraus fachüberschreitende Zusammenhänge herzustellen, erfüllt nach unserem Verständnis den Anspruch guten fächerübergreifenden Unterrichts nicht.

Pro Fachbezüge wahren	**Kontra** Fachbezüge wahren
Das Hinführen der Lernenden zur Hochschulreife setzt den Umgang mit Expertenwissen, d. h. mit Fachbegriffen und fachspezifischen Methoden voraus. Disziplinarität stellt sicher, dass das Wissen rational und begründbar bleibt. Sie bewahrt uns vor vorschnellem Dilettieren im Sinne eines Ausweichens auf vages Alltagswissen und vor vorschnellem Herstellen von «Ganzheitlichkeit». Die Anwendung von Fachwissen in ausserfachlichem Zusammenhang macht Reichweite und Grenzen des Fachdenkens sichtbar. «Man muss zuerst etwas wissen, um es beurteilen zu können» (Künzli 2001, 412).	Fächerübergreifender Unterricht bietet die Möglichkeit, sich vorübergehend vom Fachdenken zu lösen und dabei zu dilettieren. Der Bezug auf Alltagswissen stellt sicher, dass die Lernenden das gewählte Thema mit ihren eigenen Erfahrungen verbinden können. Der fächerübergreifende Unterricht wird somit überraschender und spontaner. Die Motivation wird in diesem Freiraum erhöht, und fächerübergreifende Fragestellungen finden ihren Platz.

Lehrerstimme

«Interdisziplinäres Wissen befasst sich mit Unterrichtsgegenständen, welche in mehrperspektivischem Kontext stehen. Dabei bringen zwei oder mehr Fächer ihre Methoden und Wissensbestände zusammen.» (O. B.)[8]

Methodische Hinweise

Das Bewusstsein der Fachlichkeit im fächerübergreifenden Unterricht lässt sich durch folgende methodische Massnahmen stärken:

- Die Lehrpersonen stellen fachspezifisches Material zur Verfügung bzw. bieten fachspezifische Einführungen ins Thema.
- Die Lehrpersonen liefern den Lernenden Glossare mit den zur Erschliessung des fächerübergreifenden Themas nötigen Fachbegriffen (im Sinne eines Repetitoriums), oder die Lernenden stellen diese im Laufe ihrer Arbeit selbst zusammen.
- Lernende übernehmen in arbeitsteiligen Phasen Fachperspektiven, interagieren als Experten und Laien für verschiedene Sachaspekte im Sinne kooperativen Lernens.

Weitere Hinweise ↗ *Kapitel 8*

8 Aus Diskretionsgründen wurden die Initialen der zitierten Personen im Folgenden verändert.

5.1.2 Fächer zusammenführen

Durch das Zusammenführen der Fachperspektiven stellt der fächerübergreifende Unterricht einen Mehrwert sicher, der durch die beteiligten Fächer allein nicht erreicht werden kann.

Fächerübergreifender Unterricht erreicht einen Mehrwert nur dann, wenn er die unterschiedlichen Fachbeiträge direkt zusammenführt, also nicht nur additiv und nacheinander aufführt (vgl. Boix Mansilla/Dawes Duraisingh et al. 2008; Stübig/Ludwig et al. 2006, 54). Der angestrebte Erkenntnisfortschritt bedingt, dass die Lernenden erfahren, wie unterschiedliche Fachperspektiven sich ergänzen können. Dies ist nur möglich, wenn die Fachbeiträge gut fokussiert sind und Kernkompetenzen der beteiligten Fächer aufnehmen.

Beispiele unterschiedlicher Arten von Fächerintegration bzw. -kontrastierung
↗ *Kapitel 7*

Pro Direktes Aufeinandertreffen der Fächer	**Kontra** Direktes Aufeinandertreffen der Fächer
Durch das direkte Aufeinandertreffen der Fachbeiträge ist es möglich, den Mehrwert des fächerübergreifenden Zugangs festzuhalten und diesen etwa auch im Leistungsnachweis einzufordern.	Auch das lose Nebeneinanderstellen unterschiedlicher Fachbeiträge (etwa in Ringvorlesungen) kann Lernenden eine fächerübergreifende Erkenntnis einbringen.

Schülerstimmen

«Ich weiss auch nicht, es ist so wie ein Puzzle. Wenn man ein Teil nicht hat, kann man das Puzzle nicht fertig machen. Vielleicht steht für jedes Teilchen eine Disziplin.» (K. H.)

«[Fächerübergreifendes Wissen entsteht], wenn man auch die Hintergründe einer Sache erfährt. Dadurch werden Begründungen geliefert, wenn beide Perspektiven gleichzeitig zusammengeführt werden. Die Lehrpersonen können sich so ergänzen.» (P. A.)

Lehrerstimme

«Depending on the way we look at things, we can see the diamond from different angles.» (E. L.)

Methodischer Hinweis

_ Damit die Fachperspektiven aufeinandertreffen, muss die Leitfrage so weit gefasst sein, dass sie das ganze Thema und das Fachspezifische zugleich umfasst (↗ in diesem Kapitel 5.2.1 *Leitfrage und* 5.2.3 *Themenwahl*). Umgekehrt darf die Leitfrage nicht zu allgemein gefasst sein, sodass die Fachbeiträge aneinander vorbeischiessen (↗ in diesem Kapitel: 5.2.3 *Themenwahl*).

5.1.3 Reflexion (Wissenschaftspropädeutik)

Die Reflexion der Fachbeiträge kann die Denkweisen der Fächer, ihre Möglichkeiten und Grenzen sichtbar machen (Wissenschaftspropädeutik).

Zielsetzungen des fächerübergreifenden Unterrichts wie vernetzendes Denken und Perspektivenwechsel setzen voraus, dass Lernende auch Distanz gewinnen von der einzelnen Disziplin.

Will der fächerübergreifende Unterricht Erkenntnisse festhalten, die über die einzelne Unterrichtseinheit hinaus gültig sind, so ist es unverzichtbar, Lernenden die Möglichkeiten und Grenzen der einzelnen Fächer vor Augen zu führen.

Diese Distanz kann geschaffen werden, indem man zwei oder mehrere Fachperspektiven einander gegenüberstellt oder eine Fachperspektive mit einer Laienperspektive (Alltagswissen) kontrastiert. Der damit verbundene Wechsel vom Blick durch die «Fachbrille» *auf* die «Fachbrille» ergibt sich für Lernende meist nicht von selbst. Er setzt eine besondere Hervorhebung des Zusammenwirkens der unterschiedlichen Fachbeiträge voraus.

Pro Reflexion

- Distanz von der Einzeldisziplin führt Lernenden vor Augen, dass Erkenntnis an fachliche Perspektiven gebunden und damit relativ und ergänzungsbedürftig ist. Das Fach wird als spezifische Konstruktion von Wirklichkeit durchsichtig gemacht. Auf diese Weise wird den Lernenden das Spannungsverhältnis zwischen dem Thema bzw. Problem und dem Fach bewusst.
- Wissenschaftspropädeutik dieser Art schafft Grundlagen für eine Verständigung zwischen den Fächern, gerade dort, wo sie aufgrund unterschiedlicher Begriffe, Methoden und Erkenntnisinteressen «aneinander vorbeireden».

Kontra Reflexion

- Reflektierendes Distanznehmen von den Fächern ist oft schwierig zu erreichen. Das natürliche Interesse ist zunächst auf den Gegenstand gerichtet, der Perspektivenwechsel zur Reflexion im Sinne eines Blickes auf die «Fachbrille» deshalb anspruchsvoll. Dies gilt vor allem im fächerübergreifenden Projektunterricht, der in einem Produkt gipfelt. Das Produkt nimmt die Fachbeiträge in sich auf und verbirgt sie dem reflektierenden Blick. Sie nachträglich zu rekonstruieren, ist didaktisch oft schwierig.

Lehrerstimme

«Den Schülern muss bewusst gemacht werden, was sie tun und warum. Es braucht eine reflexive Begleitung, die auch integrativ ist. Das Methodenbewusstsein unter den Lehrpersonen muss geschärft werden. (Warum z. B. steht ein Fach eher im Vordergrund als das andere?). Es braucht eine vertiefte Reflexion unter den Lehrern.» (O. B.)

Schülerstimme

«Man lernt im fächerübergreifenden Unterricht ja nicht nur Inhalte (wie z. B. Ökologie), sondern auch, dass man diese von verschiedenen Seiten anschauen kann, dass ein Biologe anders ans Problem herangeht als ein Chemiker und ein Wirtschaftler das noch einmal anders ansehen würde.» (K. H.)

Methodische Hinweise

Verschiedene Studien haben gezeigt, dass es der methodischen Unterstützung durch die Lehrpersonen bedarf, um das Zusammenwirken der Fachbeiträge sichtbar zu machen (vgl. Stübig/Ludwig et al. 2006, 91; Stübig/Bosse et al. 2002, 83; Rabenstein 2007; Bastian/Combe et al. 2000, 141).

Die nötige Distanz von den Fachperspektiven lässt sich erreichen, indem man das Zusammenwirken der Fachperspektiven an einer markanten Stelle im Unterrichtsverlauf thematisiert. Dies ist sowohl in der Planung, der Erarbeitungsphase als auch in der Ergebnissicherung möglich (Rabenstein 2007, 274; Stübig/Bosse et al. 2002, 83).

Weitere Hinweise ↗ *Kapitel 7.1* und *Kapitel 8.3*

5.2 Didaktische Qualitätskriterien

5.2.1 Leitfrage

Die Leitfrage hilft, den fächerübergreifenden Unterricht so zu gestalten, dass fächerübergreifende Lernziele erreicht werden.

Die gut gewählte Leitfrage gestaltet den Unterricht als Suche. Sie schliesst die beteiligten Fachperspektiven ein und hilft, diese in ihrer Bedeutung zu werten, den Unterricht zu fokussieren und seine Zielsetzungen zu operationalisieren. Sie zeichnet ferner den Weg zu Inhalten des Leistungsnachweises vor. Die Leitfrage zu formulieren, setzt eine erste Vertrautheit mit dem Thema voraus. Vorhaben, die mehrere Lernziele anstreben, können mehrere Leitfragen aufnehmen.

Pro Leitfrage	Kontra Leitfrage
_ Die gut gewählte Leitfrage gibt das fächerübergreifende Lernziel vor. In der Planung kann sie den Lehrpersonen Klarheit darüber geben, welche Beiträge von welchem Fach kommen. _ Sie bietet weiter eine Absicherung, um Unausgewogenheit unter den Fachbeiträgen zu vermeiden. Sie kann helfen, die Fragestellung einzugrenzen, sodass sie in nützlicher Frist bearbeitet werden kann. _ Die Leitfrage gewinnt an Bedeutung, wenn der Unterricht mit einer Lernkontrolle abschliesst. Sie kann dann zur Zielformulierung werden: Abschliessende Prüfungsfragen können Antworten oder Teilantworten auf die eingangs formulierte Leitfrage einfordern.	_ Eine Leitfrage kann als Denkkorsett wirken, den freien Umgang mit dem Thema behindern. Ein Revidieren der Leitfrage im Verlauf eines interdisziplinären Vorhabens ist schwer möglich, und neue Fragestellungen lassen sich nicht integrieren.

Lehrerstimmen

Die Leitfrage wird von den meisten Lehrpersonen, die mit einer solchen gearbeitet haben, positiv bewertet. So wird gesagt, sie «*halte das ganze Vorhaben zusammen*» (O. B.), gewähre auch den Schülerinnen und Schülern Überblick und könne deshalb auch motivierend wirken.

«Ich denke, es braucht eine Leitfrage, um zunächst einmal etwas Handfestes zu haben, mit dem man konkret zu arbeiten beginnen kann. Alle Fächer können dann eine Auslegeordnung machen, was sie sich zu dieser Leitfrage vorstellen könnten. Aber dann habe ich das Gefühl, dass sich in der Interaktion der Fächer die Unterrichtseinheit von der Leitfrage entfernen kann, weil da ja jemand ein Zugeständnis an sein Fach macht, und da übernimmt das andere Fach etwas.» (J. M.)

Methodische Hinweise

_ Die Leitfrage sollte so offen formuliert sein, dass die beteiligten Fächer in ihr Platz finden. Sie kann in Teilfragen bzw. Teilziele unterteilt werden, die mit der Gesamtfrage zusammenhängen.

_ Im Unterricht, der fächerintegrierend eng dem Lehrplan folgt, ist es nahe liegend, dass die Leitfrage von den Lehrpersonen vorgegeben wird. Denkbar ist, dass Schülergruppen dann selbst gewählten Rechercheaufgaben folgen, welche die Leitfrage differenzieren. Im projektartigen Arbeiten ist auch die gemeinsame Entwicklung einer Leitfrage zusammen mit den Lernenden möglich.

Weitere Hinweise ↗ *Kapitel* 8.2 und *Kapitel* 11.4

5.2.2 Leistungsnachweis

Fächerübergreifender Unterricht erhält durch einen promotionswirksamen Leistungsnachweis einen eigenen Wert.

Die Beurteilung in einer Lernkontrolle fördert eine klare Ausrichtung der Planung und eine zielgerichtete Durchführung des fächerübergreifenden Unterrichts. Der Leistungsnachweis sollte die fächerübergreifenden Kompetenzen aufnehmen und nicht aus fachspezifischen Einzelprüfungen bestehen. Wie im Fachunterricht ist die Notengebung an klar kommunizierten Leistungskriterien orientiert.
Wo keine Notenrubrik für den fächerübergreifenden Unterricht besteht (wie in der aktuellen Maturitätsverordnung), kann fächerübergreifender Unterricht nur indirekt promotionswirksam sein, indem dessen Noten in die beteiligten promotionswirksamen Fächer einfliessen (Vaterlaus 2010, 36).
Wird bewusst auf eine Notengebung verzichtet, so sollte die Erstellung eines Produkts inkl. Präsentation, sei dies im Klassenverband, vor Eltern und anderen Klassen, eingefordert werden (Vaterlaus 2010, 35).

Pro Leistungsnachweis	**Kontra** Leistungsnachweis
In einem Schulsystem, in dem Notengebung den Status eines Faches bestimmt, bedeutet Benotung eine Gleichstellung des fächerübergreifenden Unterrichts mit dem Fachunterricht, auch in den Augen der Schülerinnen und Schüler. Die Qualität des fächerübergreifenden Unterrichts wird deutlicher.	Dies setzt einen hohen Grad an gemeinsamer Unterrichtsplanung voraus, den man nicht in jedem Fall leisten kann und will. Mit einer Lernkontrolle mit Noten wird die Chance aufs Spiel gesetzt, unabhängig von Noten den fächerübergreifenden Unterricht aufzuwerten.

Lehrerstimmen

«Unterrichtsinhalte sollten geprüft werden können, was auch den Schülerinnen und Schülern zeigt, wo sie stehen. Haltungen und Kompetenzen können gefördert werden, aber es herrscht auch Unsicherheit darüber, wie dies genau geschieht. Kriterien müssten entwickelt werden, bevor beurteilt wird. Offene Fragestellungen wären geeignet, obwohl diese auch anfälliger für Rekurse sind.» (O. B.)

«Ich könnte mir bei diesen Leistungskontrollen halt eher vorstellen, dass das nicht in Richtung Frage oder Prüfung geht, sondern eher in Richtung Arbeitsauftrag mit Produkt.» (J. M.)

«Etwas, das keine Note hat, hat keinen Wert, (...) dies kommt bei den Schülern stark zum Zug. [Was die Aufgabenstellung betrifft, sollte man etwas fragen], das nicht aufgepfropft ist, (...) sondern etwas, das wirklich harmonisch aus der Leitfrage folgt.» (F. N.)

Schülerstimmen

«Wenn es nur eine Note [für beide Fächer gibt], wäre ein Test gut, in dem man viel schreiben kann, um die Zusammenhänge darzustellen.» (P. L.)

«Es wäre sicher nicht einfach, das zu prüfen, denn jeder setzt die Sachen ein bisschen verschieden zusammen. Vor allem das dann zu korrigieren, ist sicher schwierig, weil dann die Antwortmöglichkeiten extrem breit sind. Daher ist es einfacher, fachspezifische Tests zu machen, auch im fächerübergreifenden Unterricht.» (K. L.)

Zu einer nach Fächern getrennten Prüfung: *«Wir hatten einfach ein Dossier für Chemie und eines für Bio. So wurde gerade wieder auseinandergenommen, (...) was man im Unterricht zusammengefügt hatte.» (M. L.)*

Methodische Hinweise

- Die fächerübergreifende Leitfrage kann als Aufgabengenerator für den Leistungsnachweis dienen.
- Je nach Lernziel bzw. Modell der Fächervernetzung kann man folgende Kriterien unterschiedlich gewichten: a) disziplinäre Grundlagen, b) Integrieren der Fächer, c) Reflexion;
- mögliche Prüfungsformen: Arbeitsauftrag mit Produkt, z.B. mit Plakat, Kunstwerk, Concept-Map, kommentierte Kunstwerke, schriftliche Prüfung mit Fragen, mündliche Prüfung.

Weitere Hinweise ↗ *Kapitel 9*

5.2.3 Themenwahl

Fächerübergreifender Unterricht ist im besonderen Masse geeignet, Wissen in Bezug auf Praxis- und Lebensnähe zu generieren. Er orientiert sich aber auch an den Vorgaben des Lehrplans.

Bei der Wahl eines Themas ist es sinnvoll, die folgenden Fragen im Auge zu behalten: 1) Wird das Thema von den Lernenden als relevant, als aktuell wahrgenommen? 2) Ist das Thema facettenreich, und bietet es sinnvolle Zugänge für die beteiligten Fächer? 3) Führt das fächerübergreifende Lernarrangement das Thema an die Erfahrungswelt der Lernenden heran? 4) In welchem Bezug steht es zu den Fachlehrplänen (↗ *Kapitel 6*)?

In der Frage des Lehrplanbezugs ist zu unterscheiden, ob der fächerübergreifende Unterricht im Rahmen des normalen Fachunterrichts eher curriculumintegrierend erfolgt oder, den Fachunterricht ergänzend, in einem separaten Zeitgefäss (↗ *Kapitel 10*).

Pro Lehrplanbezug	**Kontra Lehrplanbezug**
_ Der fächerübergreifende Unterricht, der aus dem normalen Fachunterricht heraus erfolgt, soll sich an den Vorgaben des Lehrplans orientieren und dem Normalunterricht nicht Konkurrenz machen. Weicht der behandelte Stoff stark von den Lehrplanvorgaben ab, so entstehen u. U. Stofflücken oder – bei ihrem Füllen – Zeitdruck. _ Lernende reagieren empfindlich, wenn sie erkennen, dass Parallelklassen dem Lehrplan folgen, während sie einen (vielleicht wenig geliebten) interdisziplinären Stoff behandeln müssen.	_ Lehrplanbezug gilt vor allem für den fächerübergreifenden Unterricht, der aus dem normalen Fachunterricht heraus erfolgt. Stehen für den fächerübergreifenden Unterricht gesonderte Unterrichtsgefässe wie Blockunterricht, Semester- oder Jahreskurse zur Verfügung, kann er leicht auch Themen aufnehmen, die nicht explizit im Lehrplan vorkommen, ihn aber vertiefen. _ Die typischen fächerübergreifenden Themen wie Umwelt, Gesundheit, politische Bildung usw. stehen quer zu allen Fachcurricula. Gerade dies macht ihre Behandlung im fächerübergreifenden Unterricht notwendig.

Schülerstimme

Interessant war, *«dass man lebensnahe oder aktuelle Themen behandelte, die wir vielleicht auch gebrauchen können. Zum Beispiel, wir wissen jetzt, was mit giftigen Tieren oder Pflanzen passieren kann, oder kennen die Wirkung von Medikamenten, z. B., dass Aspirin die Blutgerinnung behindert». (L. N.)*

5.2.4 Teamteaching

Fächerübergreifender Unterricht setzt Teamteaching voraus.

In den Augen der Lernenden signalisiert Teamteaching einen klaren Bruch mit dem gewohnten Fachunterricht. Stärker, als dies Lehrpersonen vermuten, nehmen Lernende ihre Lehrpersonen als Vertreter ihrer Fächer wahr. Das Bemühen, den Anspruch fächerübergreifenden Unterrichts im Rahmen einer «fächerimmanenten Interdisziplinarität» (Oelkers 2008, 97) von einer Lehrperson fachüberschreitend zu erfüllen, reicht deshalb nicht aus. Zumindest Eröffnung und Abschluss einer fächerübergreifenden Unterrichtssequenz sollten deshalb im Teamteaching erfolgen. Mit Teamteaching ist nicht ein paralleles Unterrichten von Fachinhalten gemeint, sondern das Bemühen der Lehrpersonen, ihr Fachwissen miteinander zu verknüpfen bzw. bewusst zu kontrastieren (vgl. Vaterlaus 2010, 34). Angesichts der komplexen Anforderungen, die der fächerübergreifende Unterricht an die Lehrpersonen stellt, empfiehlt es sich, erste Erfahrungen in dieser Unterrichtsform im **Zweierteam** anzugehen.

Pro Teamteaching

- Jede der beteiligten Lehrpersonen kann ihre methodisch-didaktischen Stärken einbringen.
- Durch die gleichzeitige Präsenz zweier Fachexperten wird die Wissensvermittlung breiter.
- Die Lehrpersonen entlasten sich von der Rolle des «Einzelkämpfers»: Die Reaktion der Klasse bzw. einzelner Lernender wird von der eigenen Person abgelöst und objektiver wahrgenommen.
- Jede Fachlehrperson ist in Bezug auf das Wissen der anderen Fachlehrperson auch Laie. Diese Laienrollen bringt sie näher an die Welt der Lernenden heran.

Kontra Teamteaching

- Fächerübergreifende Erkenntnis findet im Kopf statt. Äusserliche Unterrichtsorganisation wie Teamteaching kann diesen Vorgang unterstützen, ist aber keine zwingende Voraussetzung für fächerübergreifendes Denken.
- Im Teamteaching «offenbaren» sich Lehrpersonen in ihrer Rolle als Lehrpersonen und treten mit anderen stärker in Konkurrenz, was zu Schwierigkeiten in der Zusammenarbeit und im Unterricht führen kann.

Lehrerstimmen

«Teamteaching ist das, was wir als Entprivatisierung des Unterrichts formuliert haben. Sich selber [wahrzunehmen] vor einer Klasse und von einer anderen Lehrperson eine Reaktion zu bekommen oder selber nachfragen zu können: ‹Wie hast du das gefunden?› Und umgekehrt auch eine andere Lehrperson wahrzunehmen, deren Qualitäten und vielleicht auch die kleinen Defizite selber für sich zunutze zu machen: Das finde ich einen grossen Mehrwert.» (J. M.)

«Wenn dieser Groove mit dem Mathematiklehrer nicht da ist, (...), dann möchte ich es lieber nicht machen.» (F. N.)

«Man darf die Leute nicht dazu verdonnern zusammenzuarbeiten.» (I. Z.)

Schülerstimmen

«Die Lehrer ergänzten einander v. a. auch gut: Wenn der eine etwas nicht wusste, fragte er einfach den andern.» (I. K.)

«Wichtig ist, dass beide Lehrpersonen anwesend sind, dass beide auf das eingehen können, was der andere sagt.» (Z. H.)

«Man könnte Stoff schon separat behandeln, aber es ist halt schon praktischer, wenn beide Lehrer da sind: Wenn der eine etwas nicht weiss, kann der andere ergänzen. Im getrennten Unterricht geht das dann vergessen, und dann bleibt es unbehandelt.» (T. K.)

«Ein Lehrer allein könnte die beiden Positionen vielleicht auch vertreten, aber es kommt mit zwei Lehrern einfach viel besser rüber. Ich habe gefunden, in den Stunden, in denen beide da waren, kam das Fächerübergreifende besonders gut zum Ausdruck.» (W. K.)

«Teamteaching schafft eine gute Abwechslung, es macht den Unterricht einfach spannender und rundet ihn ab.» (N. T.)

Psychologische und organisatorische Hinweise

_ Unterricht im Teamteaching setzt voraus, dass sich die beiden Lehrpersonen gut verstehen. Die Wahl der Kooperationspartner sollte deshalb freiwillig sein.
_ Zur Empfehlung «Zweierteam»: Von der Themenfindung, dem Festlegen der Fachbeiträge, der Planung des Unterrichtsablaufs bis hin zum Ausarbeiten der Prüfungen stellen sich Aufgaben, die leichter zu zweit als in grösseren Gruppen bewältigt werden können. Sind im Stundenplan keine festen Planungszeiten für den fächerübergreifenden Unterricht vorgesehen, kann allein das Finden von Zeitfenstern für die Teamtreffen zu einem ernsten Problem werden. In der Praxis zeigt sich denn auch, dass sich meist zwei Lehrpersonen mit je einem Unterrichtsfach zusammentun (vgl. auch Stübig/Ludwig et al. 2006, 40; Häsing 2009, 77) (↗ *Kapitel 4.4*).

5.2.5 Schülerinnen- und Schülerpartizipation

Fächerübergreifender Unterricht setzt Schülerinnen- und Schülerpartizipation voraus.

Lernende sollen an der Planung und Akzentuierung einer fächerübergreifenden Unterrichtseinheit beteiligt sein. Auf diese Weise wird Transparenz geschaffen und ihre Mitverantwortung und Selbstständigkeit erhöht.

Pro Schülerpartizipation	**Kontra** Schülerpartizipation
_ Vor allem der auf Problemlösen ausgerichtete fächerübergreifende Projektunterricht legt den Akzent des Lernens auf gestaltendes Tätigsein, in dessen Mittelpunkt die Auseinandersetzung mit der persönlichen Erfahrung der Lernenden steht. Der fächerübergreifende Unterricht soll an diese Erfahrung anknüpfen. _ Fächerübergreifendes Wissen ist (noch) nicht kodifiziert und in Lehrbüchern festgeschrieben. Es erwächst aus einer offenen Konstruktionleistung im Zusammenwirken von Disziplinarität, Integration und Reflexion und steht daher Lernenden und Lehrenden gleichermassen offen. _ In den bildungspolitischen Diskussionen nach PISA geniesst selbstständiges Lernen als Voraussetzung zur Hochschulreife einen hohen Stellenwert.	_ Da die Lernenden den Lernstoff noch nicht kennen, können Sie nur im beschränken Mass mitbeteiligt werden. _ Fächerübergreifende Probleme zeichnen sich durch hohe Komplexität aus, die auch Ungewissheit und Unsicherheit und nicht vorhersehbare Schwierigkeiten mit sich bringen. Niedrige Komplexitätsgrade lassen daher ein grösseres Mass an Selbsttätigkeit der Lernenden zu als komplexe.

Schülerstimmen

«Für mich war das ein völlig neues Lehrer-Schüler-Verhältnis, mehr ein Mitreden als ein Fragestellen und Zuhören.» (M. K.)

«Wichtig war, dass wir Schüler aus Interesse [in den Kurs] gekommen sind und nicht aus Notenüberlegungen.» (L. G.)

«Wir hatten eine beschränkte Möglichkeit zur Mitbestimmung, mehr wäre gut gewesen, z. B. die Wahl der Stadt, in die man reiste. (...) Ja, wenn man etwas selber machen kann, ist es halt immer toll.» (Z. K.)

«Um Zusammenhänge zu erkennen, ist es wichtig, dass man mehr als eine Person ist. Deshalb ist Gruppenarbeit gut. Auch Diskussion in der ganzen Klasse kann gut sein.» (S. V.)

«Wir wurden auch miteinbezogen in die Themenwahl am Anfang. Darauf wurde dann auch eingegangen. Es gab auch einmal die Möglichkeit, eine Minimaturaarbeit zu schreiben, die mit einem Vortrag zusammen auch benotet wurde.» (C. R.)

Methodische Hinweise

_ Die breit angelegte Studie von Stübig/Ludwig et al. (2006) benennt Schülerpartizipation bzw. Schüleraktivierung als ein Grundmerkmal des fächerübergreifenden Unterrichts (S. 65 ff.). Die Autoren begründen Schülerpartizipation mit der Offenheit des fächerübergreifenden Wissens. Als wichtigste Form der Schüleraktivität erweist sich die Gestaltung von Recherchearbeit an einem überfachlichen Thema bzw. Problem, verbunden mit der selbstständigen Wahl der Arbeitspartnerinnen und -partner, der Art der Informationsbeschaffung und der zu bearbeitenden inhaltlichen Aspekte.

_ Am Gymnasium Liestal erhielten Lernende vor allem in längeren fächerübergreifenden Vorhaben Raum für selbstständiges Arbeiten. Die am meisten genutzte Form der Schülerpartizipation war auch hier der Rechercheauftrag, den Lernende zu einem selbst gewählten Teilaspekt des Unterrichtsthemas einzeln oder in Gruppen übernahmen. Im Jahreskurs *«öko?logisch!»* zum Beispiel, gab es die sogenannte Presseschau: Zwei Lernende stellten der Klasse einen Artikel aus der Zeitung vor, erarbeiteten dazu das Hintergrundwissen in Bezug auf den Kurs und gaben eine persönliche Stellungnahme dazu ab. Eine weitere Form der Schülerpartizipation boten die sogenannten Minimaturaarbeiten, in denen Lernende ein eingeschränktes fächerübergreifendes Thema selbst erarbeiteten (↗ *Kapitel* 8.4.3, 8.4.4, 8.4.5, 8.7.2 und 8.7.3).

Öko?-logisch!

Wahlkurs resp. Ergänzungsfach der Fächer Biologie und Chemie 2010

Die Medien liefern uns tagtäglich Schlagzeilen zu ökologischen Problemen:

Klimawandel – schwindende Erdölvorräte – Luftverschmutzung – Ozonloch – Hormone im Wasser – Artensterben – Waldrodungen – Korallensterben – Landschaftswandel ...

Die Lösung der Probleme gestaltet sich weit schwieriger. Doch auf einige Probleme gibt es schon erfolgreiche Antworten:

Katalysator – Biolandwirtschaft – Minergiehäuser – Hybridautos – Biogasanlagen – Sonnenkollektoren – Naturparks ...

Wir helfen Ihnen, die von Ihnen ausgewählten Themen differenziert zu verstehen und aus der oft verwirrenden Informationsflut die ökologisch sinnvollen Lösungsansätze zu finden.

Arbeitsmethoden: Neben «normalem» Unterricht wird projektartig gearbeitet: Literaturstudium/Praktische Arbeiten im Labor und in der Natur/Befragungen von Fachpersonen/Exkursionen

Teilnahme: Dieser Wahlkurs ist für alle Profile offen. Spezialkenntnisse werden nicht vorausgesetzt. Besonders empfohlen wird der Kurs zukünftigen Naturwissenschaftlerinnen, Medizinern, Politikerinnen etc.

Sie entscheiden bei der Anmeldung selbst, ob Sie den Kurs dem Fach Chemie oder dem Fach Biologie anrechnen lassen wollen.

Wichtig: Profil B kann diesen Kurs nur als Wahlkurs belegen!

Daniel Zwygart, Biologie **+ Heinz Ruesch**, Chemie

Beispiel einer Kursausschreibung

5.3 Psychologische und institutionelle Qualitätskriterien

5.3.1 Offenheit

Fächerübergreifender Unterricht setzt voraus, dass Lehrpersonen offen sind für andere Fächer.

Erfolgreicher fächerübergreifender Unterricht bedingt, dass sich die beteiligten Lehrpersonen gut verstehen und sich für das andere Fach öffnen wollen und können. Die Teilnahme am fächerübergreifenden Unterricht sollte deshalb freiwillig sein (Vaterlaus 2010, 35). Wichtig in der Zusammenarbeit sind eine gute gemeinsame Planung und gegenseitiger Austausch und Informationsfluss (↗ *Kapitel* 4.4).

Schülerstimmen

«Die Tatsache, dass sich die beiden Lehrer akzeptieren, einander Freiraum lassen, dass keiner recht haben will, das war eindrücklich. (...) Auch eindrücklich war, dass die Lehrer voneinander gelernt haben.» (L. U.)

«Sehr viel Begeisterung von der Lehrern. Man spürte, dass ihnen die Zusammenarbeit Spass machte.» (B. J.)

«Im Wahlkurs ‹Reisen› hat man einfach auch gemerkt, dass sich die vier Lehrer mochten und gut zusammenarbeiteten.» (W. I.)

«Jeder der beiden hat sein Fach ein bisschen aufgeopfert, also nicht nur sein eigenes, sondern auch das andere akzeptiert.» (R. U.)

«Mehrwert entstand auch, weil man merkte, dass das Thema die Lehrer persönlich interessierte.» (W. G.)

«Man hat gemerkt, dass die beiden Lehrer voneinander lernen können. Dies macht es auch menschlicher.» (A. F.)

Lehrerstimme

«Ich erachte es als wichtig, dass die persönliche Beziehung zum Partner gut ist, und zwar auch auf einer informellen Ebene. Dass man sich auf eine Art sympathisch ist. Ich finde das wirklich eine Bereicherung, das Teamteaching, und auch etwas sehr Wichtiges. Das Vertrauen in der Zusammenarbeit ist ganz wichtig, in dem Sinn, dass man einem anderen einmal die Führung überlassen kann. Das Teamteaching hilft einem, ein bisschen aus der eigenen Sauce herauszukommen. Wenn der fächerübergreifende Unterricht zu starr institutionalisiert wird, hat dies zur Folge, dass ich unter Umständen mit jemandem zusammenarbeiten muss, mit dem der gemeinsame Groove einfach nicht da ist.» (F. N.)

5.3.2 Institutionelle Unterstützung

Institutionelle Unterstützung fördert die Qualität des fächerübergreifenden Unterrichts.

Erfolgreicher fächerübergreifender Unterricht ist auf förderliche Rahmenbedingungen angewiesen. Er gedeiht am besten in der Verbindung von Wahlfreiheit (z.B. der freien Wahl von Kooperationspartnern und Unterrichtsthemen), Anreizen (z.B. Zeitgefässe und Entschädigung für den Mehraufwand) und Verbindlichkeiten (z.B. durch das Einfordern eines Leistungsnachweises, Absprachen fächerübergreifender «Treffpunkte» aus den Lehrplänen heraus).

Die Schulleitung ist dafür verantwortlich, dass die am fächerübergreifenden Unterricht beteiligten Lehrpersonen auch die dafür notwendigen Kompetenzen mitbringen. Dafür müssen diese Kompetenzen in einem ersten Schritt formuliert werden, worauf je nach Bedarf entsprechende konkrete Schulungsmassnahmen (Weiterbildungen, Tagungen, Coaching) angeboten werden sollten (Vaterlaus 2010, 35).

Für die Sicherung der Qualität des fächerübergreifenden Unterrichts und seiner Verankerung im Schulbetrieb erachten wir als unverzichtbar:

- eine Wegleitung, die Ziele dieses Unterrichts festhält und didaktische Minima einfordert,
- ein Team für fächerübergreifenden Unterricht, in dem die Schulleitung und die Lehrerschaft vertreten sind, das die Verbindlichkeiten bereitstellt und eine Qualitätskontrolle durchführt,
- eine Form der Entschädigung der Lehrpersonen, sei dies durch die Schaffung von Unterrichtsgefässen (wie Projektwochen oder Kursen) oder andere Formen der Arbeitszeitabgeltung.[9]

Lehrerstimmen

«Man darf die Leute nicht dazu verdonnern zusammenzuarbeiten.» (I. Z.)

«Integration in die Schulstruktur ist schwierig. Es ist dann immer eine Zimmer-, Pensen- und Geldfrage. Am besten wäre wohl ein festes Zeitgefäss, das für diesen Unterricht zur Verfügung steht.» (J. M.)

«Unterstützung durch die Schulleitung ist wichtig. Interdisziplinarität sollte in den Lehrplan integriert werden.» (E. L.)

9 Diese Verbindlichkeiten sind vergleichbar mit jenen, welche die Verankerung der Maturitätsarbeiten verlangen (vgl. Bonati/Hadorn 2009, 16).

«Auch eine Dokumentation wäre hilfreich, als Anregung. Eine Dokumentation ohne Papierstapel, sondern einfach die Fächer und das Thema. Sodass man dann zu den betreffenden Lehrpersonen gehen kann und fragen, wie habt ihr dies gemacht.» (I. Z.)

«Wichtig ist Freiwilligkeit. Aber auch institutionelle Präsenz.» (T. S.)

Weitere Hinweise

_ **Zeitressourcen** sind das wertvollste Gut, das Schulleitungen und Schulbehörden den Lehrpersonen verfügbar machen können. In welcher Form dies geschieht, hängt von der Organisationsform ab, die für den fächerübergreifenden Unterricht gewählt wird *(↗ Kapitel 10)*. Verfügbarmachen von Zeit kann flexible Gestaltung von Stunden- und Terminplänen bedeuten bis hin zum Angebot von Zeitgefässen für die Unterrichtsplanung und -durchführung (Stübig/Ludwig et al. 2006, 78. ff). Arbeitszeitabgeltung für die Planung ist ebenso wünschbar wie Entschädigung beider Lehrpersonen im Teamteaching. Wo Rahmenbedingungen auf die Länge fehlen, wird fächerübergreifender Unterricht linkshändig betrieben oder findet gar nicht statt.

_ Wo fächerübergreifender Unterricht aus dem Klassenteam heraus organisiert wird, kann die Schulleitung die Teambildung unterstützen, indem sie ihre Lehrpersonen vor der Klassenbildung anfragt, wer mit wem in welchem Klassenteam zusammenarbeiten will.

_ Das Einfordern didaktischer Minima (wie Leitfragen, fächerübergreifende und fachspezifische Lernziele und Notengebung) wirken ebenso qualitätsfördernd wie Weiterbildung.

_ Schulinterne oder schulübergreifende Dokumentationen im Sinne von Ideenspeichern können Lehrpersonen zur Anregung bei der Themensuche dienen.

Weiter Hinweise ↗ *Kapitel 10.6*

Literaturhinweise

_ Bastian/Combe et al. 2000
_ Boix Mansilla/Dawes Duraisingh et al. 2008
_ Bonati/Hadorn 2009
_ Häsing 2009
_ Künzli 2001
_ Oelkers 2008
_ Rabenstein 2007
_ Stübig/Ludwig et al. 2006
_ Stübig/Bosse et al. 2002
_ Vaterlaus 2010

6 Themenwahl im fächerübergreifenden Unterricht

6.1 Die Rolle des Lehrplanbezugs

Grundsätzlich kommen für den fächerübergreifenden Unterricht alle Themen infrage, die in der Reichweite des Lehrplans liegen. Wie eng ein fächerübergreifendes Thema an den Lehrplan gebunden ist, hängt vom **organisatorischen Rahmen** ab, in dem der fächerübergreifende Unterricht stattfindet. Am engsten ist der Lehrplanbezug zweifellos dann, wenn der fächerübergreifende Unterricht aus dem Regelunterricht heraus erfolgt mit dem Ziel, Curriculuminhalte zu verbinden. Offener und schwieriger gestaltet sich die Themenwahl, wenn der fächerübergreifende Unterricht in einem eigenen Zeitgefäss erfolgt, das ausserhalb des Fachunterrichts liegt und, diesen ergänzend, speziell dem Bildungsziel «fächerübergreifendes Arbeiten» dient.

6.2 Themenwahl im Rahmen der Curriculumintegration

Erfolgt der fächerübergreifende Unterricht **fächerintegrierend** aus dem Fachunterricht heraus und macht er sich zum Ziel, in den Fachlehrplänen verteilte Inhalte zu verbinden, so sind der Themenwahl engere Grenzen gesetzt.

- Zu den beliebtesten Themen der fächerübergreifenden Curriculumintegration gehören die Epochen, die Inhalte der historisch ausgerichteten Fächer verknüpfen (z.B. Romantik in Musik und Literatur, Moderne in Französisch und Kunstgeschichte, Aufklärung in Geschichte und Deutsch)[10] (↗ *Kapitel 7.4.1*). Auch Mathematik bietet sich in ihren Anwendungen zum synchronen Vernetzen an, etwa mit Wirtschaftslehre, Geografie, Physik oder Biologie.[11] Beispiele sind Skalar- und Vektorprodukt (Mathe und Physik), Kartografie (Mathe und Geo), Simulation (Mathe und Bio).
- Die Fächer Geografie und Wirtschaft/Recht verbinden sich leicht zum Thema Wirtschaftsgeografie.

---

10 Stübig/Ludwig et al. 2006 bezeichnen diese als «klassische wiederholbare Themen» (43). Gerade ihre Wiederholbarkeit weist auf den Umstand hin, dass hier Curriculuminhalte verbunden werden. In Liestal gehörten 14 von 41 Vorhaben zum Typ «historische Epochen».

11 In Liestal war Mathematik an 10 von 41 Vorhaben beteiligt.

- Bei der **Profilbildung** werden in der Stundentafel bestimmte Fächer in eigenen Unterrichtsgefässen gekoppelt. So bieten sich vielfältige Möglichkeiten an, deren Inhalte zueinander in Beziehung zu setzen. In der Hamburger Max-Brauer-Schule zum Beispiel werden die folgenden Fächer zu Profilen gebündelt: Biologie, Geografie und Religion zum Profil «Umwelt»; Englisch, Spanisch, Geschichte und Religion zum Profil «Sprachen- und Kulturenvielfalt» und Deutsch, Philosophie und Kunst zum Profil «Kommunikation». Beim Festlegen fächerübergreifender Themen mit dem Ziel der Curriculumintegration ist es ratsam, neben dem inhaltlichen Bezug die Interessen- und Erfahrungswelt der Lernenden im Auge zu behalten. Fächerübergreifende Themen sollten nicht gesucht und forciert wirken. Beim Behandeln historischer Epochen empfiehlt es sich, die inhaltliche Koordination zwischen den Fächern genau abzustimmen, damit es aus der Sicht der Lernenden nicht zu unnötigen Überschneidungen und Wiederholungen kommt. Weitere Aspekte zum Lehrplanbezug werden in Kapitel 10 behandelt.

6.3 Themenwahl ausserhalb der Curriculumintegration

Dringlicher stellt sich die Frage nach den geeigneten Themen in demjenigen fächerübergreifenden Unterricht, für den eigene Zeitgefässe bestehen, wie zum Beispiel Projektwochen, Jahreskurse oder Thementage. In diesem **fächerergänzenden** Unterricht müssen sich die behandelten Themen weniger streng an der Fachsystematik orientieren und stehen in einem freieren Verhältnis zum Lehrplan (vgl. Huber 1997). Der fächerübergreifende Unterricht kann hier Lehrplaninhalte vertiefen oder im Sinne eines Lebensweltbezugs ausweiten. Fragen der Themenrelevanz und das Festlegen sinnvoller Fachbeiträge gewinnen hier stärker an Bedeutung.

6.3.1 Gesellschaftlich relevante, facettenreiche und multifaktorielle Themen

Zu den traditionellen Themen des fächerübergreifenden Unterrichts gehören die sogenannten **epochaltypischen Schlüsselprobleme,** welche die Didaktik der 1980er- und 1990er-Jahre zum Orientierungs- und Begründungsrahmen des fächerübergreifenden Unterrichts erklärte. Es handelt sich hierbei um die typischen Themen eines «Problemunterrichts», um «Fragenkomplexe, mit denen man sich nicht allein von einzelnen Fachperspektiven her auseinandersetzen kann, sondern um fächerübergreifende Probleme» (Klafki 1995, 56). Zu ihnen gehören Fragen, die zentral sind für das heutige Weltverständnis. Beispiele sind Klimawandel, Globalisierung, Biodiversitätsverlust, nachhaltige Energienutzung, Pandemien, Datenschutz, Terrorismus, Wirtschafts- und Finanzkrise und die Migrationsfrage (↗ *Kapitel 2*).

So gewichtig diese Themen sind, es spricht doch einiges gegen ihre Kanonisierung. Als epochaltypische Themen bleiben sie historisch gebunden. So erschienen in den 1950er-Jahren die Eroberung des Weltalls und die uneingeschränkte friedliche Nutzung der Atomkraft als dringende Menschheitsprobleme. Heute wirken diese Themen anachronistisch. Gegen ihre ungeprüfte Übernahme steht die Vermutung, dass sie eher Probleme der Lehrergeneration sind. Ob sie auch solche der Schülergeneration sind, gilt es von Fall zu Fall zu prüfen *(↗ Kapitel 5.2.5)*.

Zu den Hauptmerkmalen gut gewählter Themen gehört, dass sie facettenreich und multifaktoriell sind. Als facettenreich bezeichnen wir einen exemplarischen Gegenstand, der im Unterricht frei von allem Problemdruck aus unterschiedlichen fachlichen Sichtweisen – sowie aus der Alltagssicht – beleuchtet wird. Im Blick durch die «Fachbrillen» zerfällt dieser Gegenstand wie bei der Lichtbrechung an einem Prisma in unterschiedliche Fachperspektiven. Ein Beispiel ist das Thema «Farben», das ästhetische (Bildnerisches Gestalten), stoffliche (Chemie) und optische (Physik) Aspekte enthält. Exemplarische Gegenstände eignen sich besonders, um in ihrer Behandlung metadisziplinäre Reflexionsziele im Sinne einer Divergenz-Interdisziplinarität zu erreichen (Modell 2.2 der Fächervernetzung *↗ Kapitel 7.3, S. 96)*. Erscheint ein facettenreicher Gegenstand in einen Problemzusammenhang eingebunden, so offenbart er seinen multifaktoriellen Charakter, der zum Zusammenstellen fachlicher Puzzlesteine einlädt. Ein Beispiel: Welche Fassadenfarbe eignet sich besonders, um den touristischen Wert des Basler Münsters zu steigern? Die praktische Fragestellung verlangt nach einer Lösung, in der ästhetische Aspekte (Denkmalschutz und Tourismus), physikalische und chemische Fachbeiträge wie in einem Puzzlespiel zusammengetragen werden. Das arbeitsteilige Zusammentragen der Fachanteile führt schliesslich zur Lösung des fächerübergreifenden Problems nach dem Modell 1.1 der Konvergenz-Interdisziplinarität.
Ein weiteres Beispiel eines facettenreichen und multifaktoriellen Gegenstandes ist das der Brandrodung auf Borneo *(↗ Kapitel 7)*.

Facettenreichtum allein genügt aber nicht für ein gut gewähltes fächerübergreifendes Thema. In der Praxis zeigt sich, dass Themen dann gut gewählt sind, wenn sie die Fachbeiträge auf sinnvolle Weise akzentuieren, d.h., wenn das Lernziel sowohl das Ganze als auch das Fachspezifische eines Gegenstandes in den Blick nimmt. Dies setzt voraus, dass das Thema so eng gefasst ist, dass die Fachbeiträge ein Spannungsfeld bilden und die Identität des Gegenstandes für die Lernenden erkennbar bleibt *(↗ Kapitel 7)*.
Ein Beispiel, mit dem ein Lehrerteam am Gymnasium Liestal vielfältige Erfahrungen machte, war das Thema «Basel», das mit folgenden Fachbeiträgen erschlossen wurde: Geografie: Die Stadtlandschaft zwischen ihren Gewässern. Bildnerisches Gestalten: Basel als Kunststadt: Besuch im Kunstmuseum. Deutsch: Baseldeutsch: Dialektforschung mit Passantenbefragung. Das Beispiel zeigt: Die

Fachbeiträge treffen nicht aufeinander, ihr gemeinsamer Gegenstand, die Klammer «Basel», ist zu weit gefasst, um die unterschiedlichen Perspektiven der Fächer sichtbar zu machen. Besser wäre hier gewesen, das Thema einzuschränken, zum Beispiel auf das Basler Münster. Weiter hätte eine gut gewählte **Leitfrage** dem Vorhaben Problemcharakter verleihen können. Die Leitfrage könnte die oben genannte sein: «Wie können wir das Basler Münster als touristische Attraktion aufwerten?» Beteiligte Fächer: Bildnersiches Gestalten (Architektur), Wirtschaft und Recht (rechtlich-ökonomische Aspekte), Deutsch (Werbestrategien, Rhetorik). Eine ergänzende metadisziplinäre Leitfrage könnte die Fachbeiträge reflektieren: «Welche Beiträge leisten Bildnerisches Gestalten, Wirtschaft und Recht und Deutsch zur Lösung dieser Frage, und wo liegen ihre jeweiligen Grenzen?» *(↗ Kapitel 8.2)*.

6.3.2 Bietet das Thema sinnvolle Zugänge für die beteiligten Fächer?

Bei der Wahl eines Themas bleibt weiter zu bedenken, ob die beteiligten Fächer sinnvolle Beiträge zu seiner Erschliessung beisteuern können. Sinnvolle Beiträge stammen in der Regel aus dem Kern eines Faches, das durch Theorien und Fachbegriffe gesichert ist, und nehmen seine spezifische Fachkompetenz in Anspruch *(↗ Kapitel 3)*. Dies heisst nicht, dass ein Fach nicht auch eine dienende Funktion zur Lösung eines fächerübergreifenden Problems haben kann *(↗ Kapitel 7.3)*.
«Alibibeiträge» aber gilt es zu vermeiden; sie reduzieren ein Fach auf eine äusserliche Fertigkeit, ohne seine Kernkompetenzen zu nutzen.

Beispiele

_ Mathematik wird bei der Planung einer Projektreise nach Italien auf die Buchhaltung der Reise (Grundrechenfunktionen) reduziert. Sinnvoller wäre, Mathematik erschlösse einen Aspekt der italienischen Renaissance, z.B. die Ingenieurarbeiten von Leonardo da Vinci.
_ Biologie, Geografie und Deutsch bearbeiten das Thema: «Wie können wir einen Waldlehrpfad erstellen?» Biologie und Geografie steuern Fachwissen zur Pflanzen- und Tierwelt und zur Topografie bei. Deutsch wird beschränkt auf die Funktion des Textlieferanten für die Informationstafeln. Besser wäre hier, Deutsch könnte zusätzlich einen Beitrag aus der Flurnamenforschung leisten.

6.4 Anschluss an die Erfahrungswelt der Lernenden

Fragt man Lernende, was für sie guten fächerübergreifenden Unterricht ausmache, so erhält man häufig zur Antwort, dass dieser Wissen schaffe, «das man auf sich beziehen» könne und das «mit dem Alltag verbunden» sei. Umgekehrt wirke Fachunterricht manchmal «trocken und theoretisch» *(↗ Kapitel 4.3)*.
Der Anspruch, Unterricht anschaulich, praxis- und lebensnah zu gestalten, einen Stoff «aus Schülersicht» zu erschliessen, gilt nicht nur für den fächerübergreifen-

den Unterricht. Er ist auch ein Merkmal guten Fachunterrichts. Offenbar ist der fächerübergreifende Unterricht aber im besonderen Mass geeignet, den Bezug des Wissens zum «Lebendigen», «Aktuellen» und «Persönlichen» herzustellen. Die Untersuchung konkreter Beispiele zeigt, dass mit der Suche nach «Lebensnähe» keineswegs ein Verzicht auf fachliches Wissen verbunden sein muss. Will man im fächerübergreifenden Unterricht «Lebensnähe» erreichen, so tun sich drei Möglichkeiten auf:

6.4.1 Lebensnähe durch die Wahl aktueller, praxisnaher Themen

Ein Beispiel: Im Jahreskurs zu drei Wochenlektionen «Streifzüge durch die Welt der Genussmittel» beleuchten Geschichte und Wirtschaft historische und ökonomische Aspekte der Genussmittel. Durch die Wahl dieses alltagsnahen Gegenstandes löst sich das Fach Geschichte von seinem gewohnten Fokus auf Politik. Genussmittel, z. B. Schokolade bei den Azteken, schaffen einen ungewohnten historischen Fokus. Auch ungewohnte ökonomische Gesichtspunkte von Genussmitteln offenbaren sich, wenn sich herausstellt, dass mit manchen von ihnen in der Geschichte nicht nur gehandelt wurde, sondern sie sogar als Zahlungsmittel dienten. Beispiele alltags- und lebensnaher Themen dieser Art sind weiter Reisen, Gesundheit, politische Meinungsbildung, Klimawandel usw. Dazu gehören auch Themen, die sich an der Aktualität orientieren wie Palästinakonflikt, Europameisterschaft, Präsidentschaftswahlen usw.

6.4.2 Lebensnähe durch Anknüpfen an die anschauliche Welt

Die Praxis zeigt, dass auch vermeintlich partikuläre Themen im fächerübergreifenden Vernetzen an «Lebensnähe» gewinnen können. Ein Beispiel ist die Behandlung des Themas Ozon im Jahreskurs «öko?logisch!». Zuerst wird Ozon unter chemischen Gesichtspunkten vorgestellt: Es bildet sich in Erdnähe bei der Reaktion von Stickstoffdioxid NO_2 mit Sauerstoff 0_2 unter dem Einfluss von Sonnenstrahlung. Bei einer Exkursion in den Wald untersucht die Klasse darauf die biologischen Wirkungen des Ozons an Blättern: Membranschäden, Verfärbung, Nekrosen, Schädlingsbefall, auch die Gefahren für landwirtschaftliche Erzeugnisse wie Gemüse werden diskutiert. Mit der Ausweitung des Erklärungsspielraums auf mehrere Fächer werden Ursache- und Wirkungszusammenhänge sichtbar: Ozon (Chemie) wird erkennbar als Ursache für ein Phänomen im Gegenstandsbereich der Biologie. «Lebensnähe» entsteht durch das Verknüpfen eines unanschaulichen Sachverhalts (Moleküle) mit einem, welcher der direkten Sinneswahrnehmung zugänglich ist. Die Klasse erlebt sichtbare Blattschäden bei ihrem Besuch im Wald. Gerhard Vollmer hat für diesen anschaulichen Bereich der physischen Welt den Begriff «Mesokosmos» geprägt, der sich «als Welt der mittleren Dimensionen» zwischen den Mikro- und Makrokomos schiebt (Vollmer 1986, 103). Gelingt es im fächerübergreifenden Unterricht, diesen Bereich des Anschaulichen in die Vernetzung einzubeziehen, ist die Chance gross, dass das fächerübergreifende Lernen an Lebensnähe gewinnt.

6.4.3 Lebensnähe durch ein handlungs- und produktionsorientiertes Lernarrangement mit Projektcharakter

Produktionsorientierte Themen schaffen Lebensnähe durch ihren Projektcharakter. Hier wird die fächerübergreifende Arbeit auf ein Produkt hin fokussiert, das durch handelndes Lernen entsteht. Beispiele sind die Aufführung eines Musicals, die Teilnahme an einer Session im Jugendparlament und die Vorbereitung einer Ausstellung zu einem bestimmten Thema wie «Leben im Alter» oder der Palästinakonflikt (↗ *Kapitel 8.5*).

6.5 Umfang und Schwierigkeitsgrad

Facettenreiche Themen tragen weiter als facettenarme. In der Planung einer fächerübergreifenden Unterrichtseinheit gilt es deshalb, auch die folgenden Fragen kritisch zu prüfen: Eröffnet das Thema genügend interessante Zugehensweisen und Fragen für die vorgesehene Unterrichtsdauer? Kann es in der gegebenen Zeit bewältigt werden?
Und schliesslich stellt sich noch die Frage des Schwierigkeitsgrades eines Themas. Sind die Lernenden aufgrund ihres Vorwissens den fachlichen Ansprüchen, die das Thema stellt, gewachsen? Können sie selbst Unterthemen erschliessen? Und: Kann das Thema von den beteiligten Lehrpersonen fachlich kompetent begleitet und beurteilt werden?

6.6 Themenwahl auf einen Blick

Findet der fächerübergreifende Unterricht in einem eigenen Unterrichtsgefäss ausserhalb des Fachunterrichts und diesen ergänzend statt, so kann er sich von einem engen Bezug zu den Fachlehrplänen lösen. Hier ist das Ziel des fächerübergreifenden Unterrichts nicht die Curriculumintegration, sondern die Auseinandersetzung mit einem exemplarischen Thema, das nach einem fächerübergreifenden Zugang verlangt.

Folgende Fragen können die Themenwahl in diesem Fall leiten:

1. Ist das Thema **wesentlich für das heutige Weltverständnis?** W. Klafki sprach von «epochaltypischen Schlüsselproblemen», die nach einer fächerübergreifenden Bearbeitung rufen. Beispiele dieser Art sind heute: Klimawandel, Globalisierung, Biodiversitätsverlust, nachhaltige Energienutzung, Pandemien, Datenschutz, Terrorismus, Wirtschafts- und Finanzkrise oder die Migrationsfrage.

2. **Lebensnähe:** Knüpft das Thema an die Interessen und die Erfahrungswelt der Lernenden an? Dies kann geschehen durch
   _ die Wahl eines praxis- und alltagsnahen Themas (Beispiele: Gesundheit, Reisen, Genussmittel, politische Meinungsbildung) oder
   _ ein handlungs- und produktionsorientiertes Lernarrangement, z.B. durch empirische Forschung wie etwa das Entnehmen von Wasserproben, Interviews mit Gewährspersonen, die Teilnahme an einem Jugendparlament, den Bau einer Sonnenuhr, eines Waldlehrpfades, die Aufführung eines Musicals.

3. Ist das Thema **multifaktoriell und facettenreich?** Lädt es zum Zusammenstellen fachlicher Puzzlesteine ein? Zerfällt es im Blick durch die «Fachbrillen» wie das Licht bei der Lichtbrechung an einem Prisma in unterschiedliche Aspekte? Ist es genügend eng gefasst, um die Fachperspektiven aufeinandertreffen zu lassen?

4. **Ermöglicht das Thema wesentliche Beiträge für die beteiligten Fächer?** D.h., bringt es die Fächer aus ihren Kernkompetenzen heraus mit ihren fachspezifischen Erkenntnisinteressen, Fachbegriffen, Theorien und Methoden ins Spiel, nicht nur mit ihren Fertigkeiten?

5. **Umfang:** Eröffnet es genügend interessante Zugehensweisen und Fragen für die vorgesehene Unterrichtsdauer? Kann es in der gegebenen Zeit bewältigt werden?

6. **Schwierigkeitsgrad:** Sind die Lernenden aufgrund ihres Vorwissens den fachlichen Ansprüchen, die das Thema stellt, gewachsen? Können sie selbst Unterthemen erschliessen? Kann das Thema von den beteiligten Lehrpersonen fachlich kompetent begleitet und beurteilt werden?

Literaturhinweise

_ Huber 1997
_ Klafki 1995
_ Vollmer 1986

7 Modelle der Fächervernetzung und ihre Lernziele: Wie Fächer miteinander ins Gespräch kommen

7.1 Einleitung: Richtziele des fächerübergreifenden Unterrichts im Überblick

Auf die Frage, welche Lernziele sie im fächerübergreifenden Unterricht verfolgen, geben viele Lehrpersonen «vernetzendes Denken», den «Erwerb komplexer Problemlösungsstrategien» und «Perspektivenwechsel» an (Stübig/Ludwig et al. 2006, 47). Für eine Didaktik des fächerübergreifenden Unterrichts, die auch den Leistungsnachweis und die Überprüfung des Lernfortschritts im Auge behält, ist es wünschenswert, diese Ziele genauer zu fassen.

In der Einleitung haben wir fächerübergreifendes Lernen als kompetenten Umgang mit den Fachperspektiven beschrieben, der die drei Standbeine 1) Disziplinarität 2) Integration und 3) Reflexion einschliesst *(↗ Kapitel 1.6)*. Ausgehend von diesem Grundverständnis fächerübergreifenden Lernens, stellen wir im Folgenden Modelle der Fächervernetzung vor, die diese Kompetenzen als Lernziele konkretisieren. Wir beschreiben in einem ersten Schritt die beiden Richtziele Integration und Reflexion. In einem zweiten Schritt differenzieren wir diese Richtziele weiter in Modellen der Fächervernetzung und ihren Lernzielen, die wir aus den Leitfadeninterviews gewonnen haben, und illustrieren sie an Beispielen aus dem Unterricht.

Die Lernzielmodelle sind als Angebote zur Kombination gedacht. Eine Übersicht bietet die Tafel auf den Seiten 74 und 75.

Richtziel 1
Integration: ein überfachliches Phänomen verstehen, ein Problem lösen, ein Produkt herstellen[12]

_ Die häufigsten Lernziele des fächerübergreifenden Unterrichts umfassen das Verstehen eines komplexen Phänomens, das Bearbeiten eines Problems, was auch ein Produkt hervorbringen kann (Kyburz-Graber/Caviola et al. 2009; Stübig/Ludwig et al. 2006, 49). Das Prinzip der Fächervernetzung, das diesen Arten des Lernens zugrunde liegt, ist das der Arbeitsteilung, wie wir sie aus der

12 Für eine Klärung der Begriffe *Phänomen, Problem, Fachgegenstand* usw. siehe Kap.7.2.

handwerklichen Praxis kennen. Die Fächer tragen ihre Fachkompetenzen in einem instrumentellen Sinne zusammen und schaffen so etwas, was mehr als die Summe seiner Faktoren umfasst. Der Umgang mit den Fächern zielt auf **Fächerkonvergenz:** Die Lernenden führen die Fachbeiträge nach dem Puzzle-Prinzip zusammen, um das überfachliche Phänomen bzw. Problem zu verstehen, das Problem zu lösen oder ein Produkt herzustellen *(↗ Modelle 1.1 und 1.2)*.

_ Ein weiteres Integrationsmodell verfährt nach dem Prinzip der **Fächerkreuzung** oder **Grenzüberschreitung.** Auch hier ist das Lernziel, ein Phänomen zu verstehen, ein Problem zu lösen oder ein Produkt herzustellen. Hier aber ist der Weg dazu indirekt: Ein Fach bezieht sich auf einen Gegenstandsbereich, der «eigentlich» einem anderen Fach zugehört, und eignet sich diesen an. Beispiele: Eine historische Begebenheit wird in ein Musikstück oder eine Skulptur übersetzt, die Hexenverfolgung unter klimatischen Gesichtspunkten untersucht, Spiritualität neurologisch erforscht. Die konventionelle Zuordnung von Fächern und ihren Fachgegenständen gerät ins Wanken. Die Lernenden erkennen, dass Übertragungen und Anleihen von Fragestellungen, Begriffen, Theorien, Methoden und Fertigkeiten über die Fächergrenzen hinweg Erkenntnisse hervorbringen können, die ein Fach allein nicht erbringen könnte. Die Ergebnisse solcher Vernetzungen sind disziplinäre Kreuzungen, die auch zur Reflexion über die «Zuständigkeiten» von Fächern einladen *(↗ Modell 1.3)*.

Richtziel 2
Reflexion: Lernen über Fächer, ihre Möglichkeiten und Grenzen. Sich als Experte oder Expertin verständlich machen

_ Fächerübergreifendes Lernen bedeutet nicht nur Problemlösen. Es birgt auch die Chance zum Lernen über die Fächer und ihre Denkweisen. Ein Blick auf die Fächer setzt Distanz von den Fachperspektiven voraus. Solche Distanz lässt sich auf unterschiedlichen Wegen gewinnen. Ein Weg führt die Lernenden von der Alltags- und Laiensicht an das fragliche Phänomen oder Problem heran. Aus dieser natürlichen, vorwissenschaftlichen und subjektiven Sicht wird es möglich, fachliche Sichtweisen bewusst als solche wahrzunehmen. Die Erkenntnis, dass und worin sich Experten- und Laiensicht unterscheiden, kann junge Menschen für die Leistungen und Grenzen der Fächer sensibilisieren *(↗ Kapitel 8.4.1)*.

_ Distanznahme gegenüber der Einzeldisziplin ist im fächerübergreifenden Unterricht grundsätzlich angelegt: Indem die Fächer im Unterricht aufeinandertreffen, wird es möglich, das «Zusammenwirken der Fachbeiträge» sichtbar zu machen (Stübig/Ludwig et al. 2006, 51). Im Aufeinandertreffen lassen die Fächer ihre spezifischen Zugehensweisen erkennen und offenbaren ihre unterschiedlichen Problemdefinitionen und -ausblendungen. Fächer werden nicht nur in ihrem problemlösenden Konvergieren, sondern auch in ihrem Divergieren sichtbar gemacht *(↗ Modell 2.1)*. Wenn Fächer aufeinandertreffen, kann aber auch ihre Zuständigkeit für bestimmte Gegenstände fraglich werden (↗ *Modell 2.2*), oder ihre verborgenen Gemeinsamkeiten treten hervor (↗ *Modell 2.3*). Mit dem Lernen über die Fächer ist ein wissenschaftspropädeutisches Richtziel benannt.

Die beiden Richtziele machen deutlich, dass den Fächern im fächerübergreifenden Unterricht unterschiedliche Funktionen zukommen: Einerseits sind sie Erkenntnismittel, «Brillen», die perspektivische Sichtweisen auf ein Phänomen oder ein Problem eröffnen. Andererseits schafft das Aufeinandertreffen ihrer Sichtweisen die Möglichkeit, sie als «Brillen» erst bewusst zu machen. Im ersten Fall sind die Fächer in die Welt gerichtete Erkenntnismittel, im zweiten sind sie selbst Gegenstand der Beobachtung.

Folgen wir diesen unterschiedlichen Interessen bezüglich des Fachs, so lassen sich die zwei Richtziele fächerübergreifenden Lernens wie folgt unterscheiden: Konvergenz- und Kreuzungsinterdisziplinarität suchen im Zusammenführen der Fachperspektiven ein breites Verständnis eines Phänomens oder Problems, beschreiben also eine Integrationskompetenz. Reflexion baut auf diesem ersten Schritt auf. Sie ist auf Erkenntnis über die Leistungsmöglichkeiten und Grenzen der beteiligten Fächer aus. Sie kann junge Menschen im besonderen Masse dazu anleiten, Verständigung zwischen den Fächern herzustellen.

Ziele erreichen mit Leitfrage

Für die zielgerichtete Planung eines Vorhabens erweist es sich als hilfreich, den fächerübergreifenden Unterricht nach Leitfragen auszurichten. Eine gut gewählte Leitfrage – sei sie zusammen mit den Lernenden erarbeitet oder von den Lehrenden allein gesetzt – verleiht dem fächerübergreifenden Arbeiten eine Richtung, sie ist einerseits Wegweiser zum Lernziel, schafft aber auch Transparenz für die Lernenden, in welche Richtung die fächerübergreifenden Erkundungen gehen sollen (↗ *Kapitel* 5.2.1 und 8.2).

Ziele gewichten

Konkrete Unterrichtsvorhaben nehmen meist mehrere Leitfragen und damit Lernziele in sich auf. Integration und Reflexion bilden zwei Ingredienzen, die sich hervorragend ergänzen. Will man sie beide verbindlich in ein fächerübergreifendes Unterrichtsvorhaben aufnehmen, so empfiehlt sich, sie in eigenen Leitfragen einzufangen. Ihr Gewicht wird in jedem Vorhaben im Hinblick auf den Leistungsnachweis festgelegt (↗ *Kapitel 9*).

Modelle der Fächervernetzung und ihrer Lernziele auf einen Blick

Integration

Modell 1 **Ein überfachliches Phänomen verstehen, ein Problem lösen, ein Produkt herstellen**	**Lernziele**	**Beispiele**
1.1 Bearbeitung eines fächerübergreifenden Problems (Konvergenz-Interdisziplinarität)  Fächer als Puzzlesteine	Breites Verständnis eines Phänomens bzw. einer Problemlage schaffen	_ Welches sind Ursachen und Folgen der Brandrodungen auf Borneo? (Bio, Gg, WR, Ch)
1.2 Fächerübergreifende Problemlösung, Erarbeiten eines Produkts 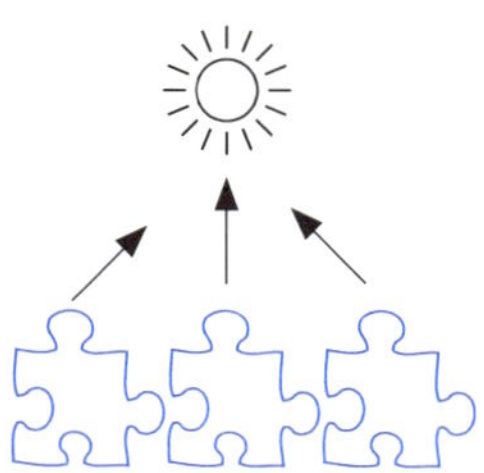	Eine Lösung finden bzw. ein Produkt erarbeiten	_ Wie können wir eine UNO-Modell-konferenz zum Thema Klima-wandel gestalten? (D, Gs, Bio)

↔

Reflexion

Modell 2 **Lernen über Fächer, ihre Möglichkeiten und Grenzen**	**Lernziele**	**Beispiele**
2.1 Fachperspektiven kontrastieren (Divergenz-Interdisziplinarität)  Phänomen als Prisma	a. Unterschiedliche Erkenntnisinteressen, Realitätsauffassungen und Methoden der Fächer erkennen b. Unterschied zwischen Alltagssicht und fachlicher Sicht erkennen	_ Wie erschliessen Gg, WR, Bio und Ch die Brandrodungen auf Borneo? _ Welche Erklärungsansätze bieten Psychologie und Biologie zum Thema Sucht? _ Was ist Brandrodung auf Borneo aus Sicht eines Laien, was aus Expertensicht?

1.3 Fächerkreuzung: Erschliessen eines Fachgegenstands durch ein anderes Fach	**Lernziele**	**Beispiele**
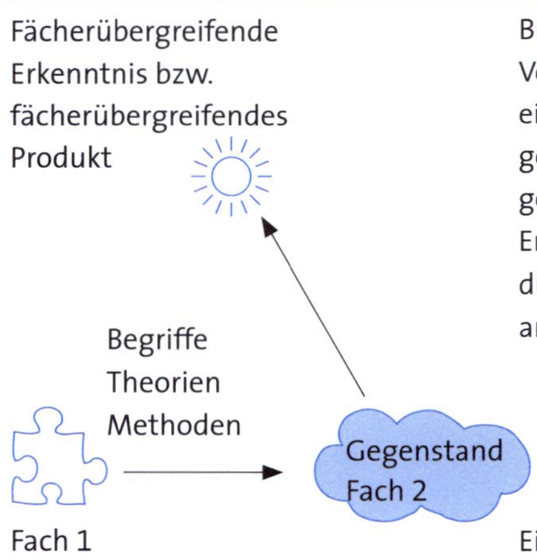	Breites Verständnis eines Fachgegenstandes gewinnen im Erschliessen durch ein anderes Fach	_ Wie lassen sich biologische Systeme mathematisch simulieren? _ Wie können wir historische Währungen ökonomisch verstehen?
	Eine fachliche Methode, einen fachlichen Begriff, eine fachliche Theorie oder Fertigkeit auf den Gegenstand eines anderen Faches anwenden	_ Wie können wir einen Romangegenstand mit naturwissenschaftlichen Methoden erschliessen?

↔

2.2 Fachliche Zuständigkeiten hinterfragen	**Lernziele**	**Beispiele**
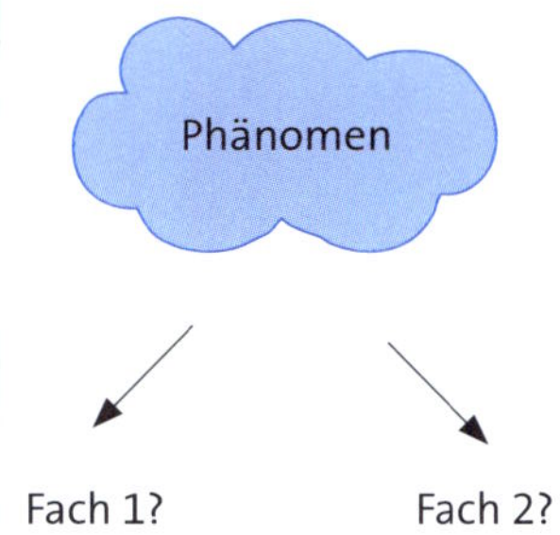	Zuständigkeiten der Fächer für bestimmte Gegenstände erkennen und hinterfragen Wissenschaft als Kulturleistung erkennen	_ «Gehören» die Symmetrien der Mathematik oder der Biologie?
2.3 Wissenschaftliche Gemeinsamkeiten erkennen (Kongruenz-Interdisziplinarität)	**Lernziele**	**Beispiele**
	Gemeinsame Begriffe, Methoden, Theorien und Inhalte innerhalb von Fächergruppen erkennen und differenzieren	_ Was bedeuten «Netze» in Neurologie, Ökologie und Informatik? _ Welche Erkenntnisse gewinnen wir beim Vergleich von deutschen und französischen Redewendungen rund um das Tier?

7.2 Glossar: Phänomen, Fachgegenstand, Problem, Alltagswissen, Fach

Unter einem **Phänomen** verstehen wir etwas mit den Sinnen Wahrnehmbares, welches dem menschlichen Geist als eine Grösse gegenübertritt, die es gedanklich zu erschliessen gilt. Symbolisch ist es im Folgenden und in der vorangehenden Tabelle so dargestellt:

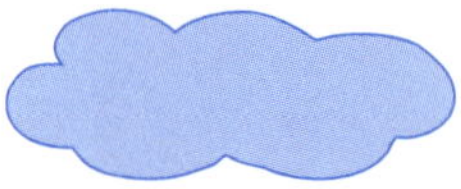

Disziplinen erschliessen Phänomene auf unterschiedliche Weisen. Beispiel: Die Sonne kann meteorologisch, psychologisch, physikalisch usw. betrachtet werden *(↗ Kapitel 11.2)*. Wird ein Phänomen im Lichte unterschiedlicher Fachperspektiven gesehen, ist es im Text als Prisma dargestellt:

Ein wissenschaftlicher Gegenstand darf nicht verwechselt werden mit einem Gegenstand im Alltagsverständnis, etwa einem Ding aus der Umgebung der Menschen. Der Begriff **Fachgegenstand** bezeichnet einen Ausschnitt aus der Wirklichkeit, den eine Wissenschaft erforscht. Unterschiedliche Wissenschaften können sich mit denselben Dingen beschäftigen, ohne aber denselben Fachgegenstand zu haben. Dies ist deshalb so, weil sich jede Wissenschaft nur mit einzelnen Aspekten dieser Dinge beschäftigt und dabei von anderen Aspekten absieht. Der Fachgegenstand ist also das durch ein Fach erschlossene Phänomen, zum Beispiel die Sonne der Meteorologie, der Psychologie usw. Grafisch ist der Fachgegenstand so dargestellt:

Unter einem **Problem** verstehen wir einen Sachverhalt, der nach einer Lösung verlangt. Kennzeichnend für viele Probleme ist ihr überfachlicher Charakter, der Umstand, dass sie uns «nicht den Gefallen (tun), sich als Probleme für disziplinäre Spezialisten zu definieren» (Mittelstrass 1987, 155). In einer ersten fächerübergreifenden Annäherung an ein Problem steht das fächerübergreifende **Verstehen.** Ein Problem zu verstehen, kann bedeuten, es als multifaktoriell zu erkennen. Insofern Probleme nach einer Erklärung bzw. Lösung verlangen, laden sie zur Konstruktion konvergierender fachlicher Wissensanteile im Sinne von «Puzzlesteinen» ein.

Die wichtigsten Merkmale des **Alltagswissens** sind diese:
_ Es enthält subjektive, oft kollektive Wertungen, ist Ausdruck des Common Sense.
_ Es ist nicht nach wissenschaftlichen Kriterien geprüft; es ist deshalb ausser- oder vorfachlich.
_ Es bedient sich alltagssprachlicher Formulierungen meist ohne Fachvokabular. Es ist der «Boden», von dem die Wissenschaften ausgehen (Schütze 1973, 11–53).

Ein **Fach** – hier im Sinne einer wissenschaftlichen Disziplin – ist eine kognitive und soziale Einheit innerhalb der Wissenschaft. Ein Fach ist gekennzeichnet durch seinen Bezug auf einen bestimmten

_ Gegenstandsbereich (↗ Fachgegenstand, siehe oben), durch
_ fachspezifische Methoden, z. B. Experimente in den Naturwissenschaften, Hermeneutik in den Geisteswissenschaften,
_ Theorien, z.B. die Evolutionstheorie in der Biologie, die Kommunkationstheorie in Deutsch,
_ Begriffe, z. B. Novelle, Modalsatz in Deutsch, ökologische Nische in Biologie *(↗ Kapitel 3)*.
_ Grafisch ist das Fach als Puzzlestein dargestellt.

7.3 Modelle der Fächervernetzung mit Beispielen aus dem Unterricht

Die Modelle der Fächervernetzung, die wir auf den folgenden Seiten vorstellen, beschreiben **typische Vernetzungsformen,** in denen Fächer «miteinander ins Gespräch» kommen. Die Modelle können Lehrpersonen als Kompass dienen, in welche Richtung sie ihre Lernziele «zwischen den Fächern» ausrichten können. Die angeführten Beispiele stammen entweder aus der Unterrichtspraxis am Gymnasium Liestal oder aus der Literatur. Einige Praxisbeispiele haben wir auf ein klares Lernziel hin ergänzt und präzisiert, damit das für sie Typische deutlich wird. Das Beispiel der **Brandrodung auf Borneo** ist zu Illustrationszwecken konstruiert.

Richtziel 1
Integration: Ein überfachliches Phänomen verstehen, ein Problem lösen, ein Produkt herstellen

1.1 Bearbeitung eines fächerübergreifenden Problems (Konvergenz-Interdisziplinarität)	**Lernziele**	**Beispiele**
 **Fächer als Puzzlesteine**	Breites Verständnis eines Phänomens bzw. einer Problemlage schaffen	Welches sind Ursachen und Folgen der Brandrodungen auf Borneo? (Bio, Gg, WR, Ch)

1.2 Fächerübergreifende Problemlösung, Erarbeiten eines Produkts	Lernziele	Beispiele
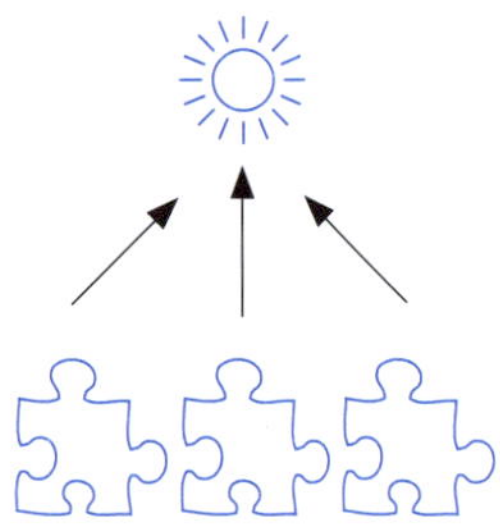	Eine Lösung finden bzw. ein Produkt erarbeiten	Wie können wir eine UNO-Modellkonferenz zum Thema Klimawandel gestalten? (D, Gs, Bio)

In vielen Fällen ist der Unterricht darauf ausgerichtet, ein Verständnis einer komplexen Problemlage zu schaffen und diese in ihren (interdependenten) Bedingungen zu erhellen. So kann das Ziel des Unterrichts darin bestehen, eine Problematik als **multifaktorielles** Phänomen zu erschliessen, z. B.: «Wie entstehen Seuchen?», «Was verursacht Klimawandel?», «Krebsrisiko Sonne: Was sind seine Faktoren?». Entscheidend für die Art der Fächervernetzung ist die Fragestellung, von welcher der Unterricht ausgeht. Folgen wir dem Lernziel 1.1., so wird das Problem als Ganzes angegangen. Eine Lösung des Problems ist hier noch nicht das Ziel.

1.2 Problem lösen: Produkt als Handlungsziel

hypothetische Problemlösung

1.1 Problem verstehen:
Fachbeiträge als Puzzlesteine

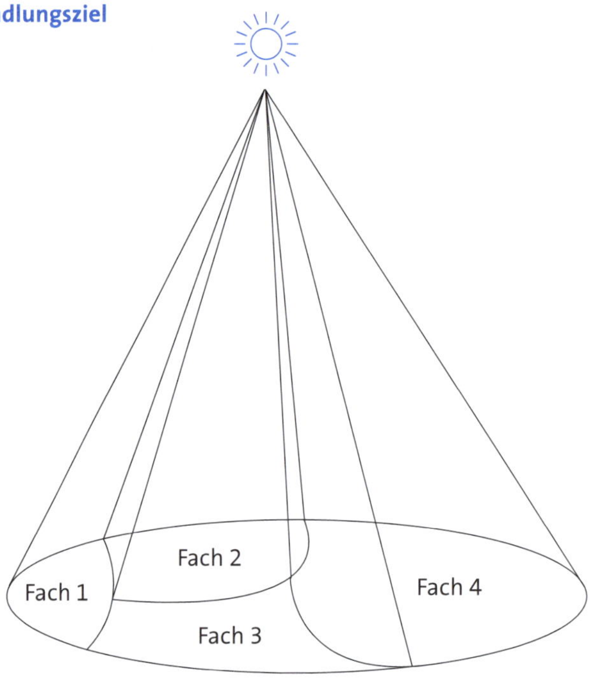

Reflektierendes Abwägen der Fachanteile schafft das fächerübergreifende Verständnis des Problems

Dieses Integrieren der Faktoren ist auf der Grundfläche des Spitzkegelmodells dargestellt. Der Puzzlesteinteppich korrespondiert mit dem Lernschritt 1.1: *Bearbeitung eines fächerübergreifenden Problems* in der Übersichtsgrafik (*↗ S. 74*). Das Spitzkegelmodell zeigt den Zusammenhang zwischen dem Bearbeiten (1.1) und dem Lösen (1.2) eines Problems, auf den wir später noch genauer eingehen.
Das folgende Beispiel zur Brandrodung auf Borneo ist besonders detailliert dargestellt. Es soll exemplarisch aufzeigen, wie
_ ein einziges Vorhaben mehrere Modelle der Fächervernetzung und Lernziele in sich vereinen kann,
_ diese Lernziele in den Unterrichtsablauf eingebaut werden können,
_ die gedankliche Konstruktion fächerübergreifenden Wissens genau zustande kommt.
Die Leitfrage lautet: **Welches sind Ursachen und Folgen der Brandrodungen** auf Borneo? (Bio, WR, Ch, Gg)

Brandrodung im Regenwald

Für die Eröffnungsphase des Unterrichts bietet sich an, das **Phänomen im Spannungsfeld zwischen Alltagssicht und fachlichen Sichtweisen darzustellen.** Der Lernschritt zielt also auf Reflexion nach dem Modell 2.1.b. (*↗ Übersichtsgrafik, S. 74*). Wir sensibilisieren die Lernenden für das Thema mit Aufnahmen aus Borneo, die zeigen, wie Brandrodungen die riesigen Urwaldgebiete mit ihrer natürlichen Vielfalt zerstören, um Raum für Palmölplantagen zu schaffen. Denkbar ist auch,

Ölpalmsetzlinge

Durch Brandrodung gefährdete Orang-Utans

dass wir auf die Bedeutung von Palmöl in unserem Alltag, etwa in Nahrungs- und Reinigungsmitteln, Kosmetika und als Biokraftstoff, hinweisen. Die Auseinandersetzung mit der Thematik beginnt mit einer ungefächerten Annäherung aus der Alltagssicht in vier Arbeitsschritten: In einem ersten Schritt tragen die Lernenden ihre subjektiven Erklärungsansätze zur Leitfrage zusammen – evtl. nach einer kurzen Recherchearbeit im Internet – und halten diese auf Stellwänden fest. Diese können z. B. so lauten: Unvorsichtige Holzarbeiter; geldgierige Regierung; Brandrodung zur falschen Jahreszeit; technisch rückständige Dritte Welt; Palmölplantagen produzieren viel Sauerstoff; CO_2-haltiger Rauch; weil die Leute auf Borneo kein Herz für Orang-Utans haben. In diesem ersten Schritt folgen die Lernenden ihrem ungefilterten Interesse. Der Arbeitsschritt stellt sicher, dass das Problem zunächst als «authentisches», vorwissenschaftliches beleuchtet wird

Badeöl aus Palmöl

(für eine genauere Darstellung dieses Schritts siehe ↗ *Kapitel 8.4.1*).

In einem zweiten Arbeitsschritt ordnen die Lernenden ihre **ungefächerten Aussagen den Zuständigkeiten der am Unterricht beteiligten Fächer** zu (Bio, Gg, WR, Ch). Nun zeigt sich, dass einzelne Beobachtungen leicht zu den beteiligten Fächern passen, andere aber, etwa weil sie Werturteile ausdrücken, schwer unterzubringen sind. Gleichzeitig wird deutlich, dass einzelne Beobachtungen zu keinem der im Unterricht vertretenen Fächer gehören. Zum Beispiel fehlt Ethnologie, die das Verhalten der einheimischen Bevölkerung ausleuchten könnte. Beim Sortieren ihrer vorfachlichen Beobachtungen entdecken die Lernenden, dass Fächergrenzen künstlich geschaffenen Kategorien folgen. Sie erkennen weiter, dass wissenschaftliche Fächer objektiv verfahren, also keinen Raum für emotional gefärbte Aussagen lassen. Sie entdecken die Fächer aber auch als Wissensquellen, die weitere Erkenntnisse über Zusammenhänge versprechen.

Der dritte Arbeitsschritt knüpft an diese Neugier an und leitet zu einer Phase über, in der Lernende **in fachspezifischen Expertengruppen recherchieren.** Unter der Anleitung der Fachlehrpersonen tragen diese fachliche Puzzlesteine zur Erklärung des multifaktoriellen Problems «Brandrodung auf Borneo» zusammen. Zum Abschluss dieser Phase stellen die Expertengruppen die folgenden – hier stark verkürzten – Fachbeiträge zusammen:

> **Bio:** Unter den klimatischen Bedingungen der Tropen wachsen auch Nutzpflanzen so schnell, dass dort mehrmals pro Jahr geerntet werden kann. Vor der Brandrodung werden den Regenwäldern die wertvollen Hölzer entnommen. Viele dieser Wälder stehen auf einer ausgetrockneten Torfmoorschicht von bis zu drei Metern Dicke, die, wenn sie Feuer fängt, mehrere Monate vor sich hin schwelen kann. Der Schwelbrand erzeugt einen gesundheitsschädigenden Smog, der Atembeschwerden auslösen kann. Die Brandrodung zerstört die biologische Vielfalt auf viele Jahre und tötet oder vertreibt einheimische Tierarten wie die Orang-Utans. Böden werden von den heftigen Regenschauern ausgeschwemmt.
>
> **Gg:** Die südostasiatische Insel Borneo ist in ihrer Fläche vergleichbar mit der Iberischen Halbinsel. In Borneo bildet der Regenwald mit seinen Produkten wie Rattan und Kautschuk, Samen und Nüssen Lebensgrundlage für die einheimische Bevölkerung. Die Plantagenorganisationen schrecken nicht davor zurück, Bauern von ihren Grundstücken zu vertreiben.
>
> **WR:** In Borneo entstehen nach der Brandrodung von Regenwäldern Palmölplantagen. Palmöl dient als Rohstoff für die Nahrungs-, Kosmetik-

und Reinigungsindustrie, wird aber auch zur Gewinnung von Biotreibstoff genutzt. Dank der zunehmenden Nachfrage aus den Industrieländern ist es interessant, zur Gewinnung «nachwachsender» Rohstoffe Palmölplantagen auszuweiten.
Ch: Aufgrund von Satellitenbildern wurde berechnet, dass die Waldbrände in Indonesien im Jahr 2006 für 3 bis 15% des weltweit von Menschen verursachten CO_2-Austosses verantwortlich waren. Eine im selben Jahr veröffentlichte Studie der ENGO Wetlands International kommt zum Schluss, dass jede auf ehemaligen Torfwaldflächen produzierte Tonne Palmöl 10 bis 30 Tonnen CO_2 produziert (www.wetlands.org, Juni 2010).

Die Zusammenstellung der unterschiedlichen Fachperspektiven wirft die Frage auf, wie von hier aus der vierte Arbeitsschritt, die fächerübergreifende Erkenntnis, zustande kommt. Einen Hinweis, wie eine solche Integrationsleistung entsteht, erhalten wir aus einem Schülerinterview im Kurs «Medikamente/Gifte/Drogen». Hier hat ein Schüler die Art des Denkens, die ihm die Funktion der Zellmembran verständlich macht, in das Bild eines **Puzzles** gefasst: «Wenn man ein Teilchen nicht hat, dann kann man das Puzzle nicht fertig machen, und dazu braucht man auch verschiedene Teile, und vielleicht steht jedes Teilchen für eine Disziplin.» Das Bild des Puzzles versucht zu fassen, was es heisst, ein fächerübergreifendes Verständnis einer Problemlage (im Sinne des Modells 1.1) zu schaffen: Beim Blick auf ein Problem wird erkannt, dass ein Fach allein keine umfassende Beschreibung bzw. Erklärung liefern kann. Jedes Fach folgt seiner eigenen Problemdefinition, trägt seinen eigenen Puzzlestein zum Problemverständnis bei.
In Anlehnung an Nelson Goodman und Catherine Elgin hat Veronica Boix Mansilla für dieses Prinzip der Fächervernetzung den Begriff **pragmatischer Konstruktivismus** vorgeschlagen (Boix Mansilla 2010, 294f., Goodman/Elgin 1988). Pragmatischer Konstruktivismus geht von der Beobachtung aus, dass die einzelnen Fachbeiträge unterschiedlichen Gegenstandsverständnissen folgen. Erkenntnistheoretisch handelt es sich um «Äpfel und Birnen», die sich nicht addieren lassen. Sie werden in einem Vorgang sorgfältigen Auswählens und Abwägens in Bezug auf die Leitfrage zueinander in Beziehung gebracht, um so ein «system of thought in reflective equilibrium» (Goodman/Elgin 1988) zu erreichen. Die Puzzle-Metapher, die wir zur Beschreibung dieser Art von Fächervernetzung vorschlagen, beschreibt das pragmatische Zusammenstellen jener Fachanteile, die zum Verständnis des Problems beitragen. Im konkreten Beispiel bedeutet dies, dass die Lernenden im reflektierenden Auswählen und Abwägen der Fachanteile zur Erkenntnis von Kausalbeziehungen zwischen den Puzzleteilen gelangen.
Methodisch könnte diese Integration in fächergemischten Expertengruppen geleistet werden, in denen sich Lernende als Expertinnen und Experten unterschiedlicher Fachansichten verständigen (Rabenstein 2007). Im Rahmen eines solchen Gruppenpuzzles ist denkbar, dass Lernende Zusammenhänge mithilfe von Concept-Maps erkennen und visualisieren (↗ *Kapitel* 8.4.5 und *Kapitel* 8.7.1).

Eine Antwort auf die fächerübergreifende Leitfrage aus dem Kreis einer fächergemischten Gruppe von Lernenden könnte schliesslich so lauten:

> Ein «chemischer» Blick auf die Brandrodungen zeigt, wie und in welchen Mengen durch das Niederbrennen der Regenwälder CO_2 entsteht. In der Verbindung von Chemie und Wirtschaft wird sichtbar, dass hinter dem CO_2-Ausstoss der schwelenden Böden wirtschaftliche Gründe stehen. Die Palmölplantagen sind u.a. profitabel, weil sie auf starke Absatzmärkte für Palmöl in den europäischen Industriestaaten bauen können, da hier «nachwachsendes» Palmöl u.a. Mineralöl ersetzen soll. Eine Vergleichsrechnung deckt auf, dass die Menge des durch die Brandrodung ausgestossenen CO_2 weitaus grösser ist als jener CO_2-Ausstoss, der durch den Einsatz fossiler Treibstoffe zustande käme. Wir erkennen, dass sich die gute Absicht der Industriestaaten, mit der Förderung von erneuerbaren Energien den CO_2-Ausstoss zu mindern, durch die «ungesehene Nebenfolge» der Brandrodungen in ihr Gegenteil verkehrt. Auch ein biologischer Faktor wird fassbar: Das tropische Klima führt zu einem Pflanzenwachstum, das einen reichen Pflanzenölertrag sicherstellt: eine biologische Erklärung für den Produktionsstandort in den Tropen. Das Fach Geografie (bzw. Soziologie) bringt zusätzlich die einheimische Bevölkerung als Puzzlestein ins Spiel: Politisch wenig organisiert, weitgehend ungebildet und Naturreligionen verbunden, haben nomadische Völker wie die Penan Schwierigkeiten, den Holzgesellschaften und Palmölproduzenten gegenüber eigene Rechte durchzusetzen.

Das Beispiel zeigt, wie durch das Herstellen von Kausalverbindungen über die Fächergrenzen hinweg ein Erkenntnisfortschritt entsteht, der durch ein Fach allein nicht erreicht werden könnte. Didaktisch wird die Konstruktion dieses Zusammenhangs durch die fächerübergreifende Leitfrage motiviert: «Welches sind Ursachen und Folgen der Brandrodungen auf Borneo?» Die Leitfrage lässt aber auch Offenheit zu: Indem sie die einzelnen Puzzlesteine unterschiedlich gewichten, können unterschiedliche interdisziplinäre Arbeitsgruppen unterschiedliche Ergebnisse hervorbringen. Die Lernenden gelangen durch diese Erfahrung zur wichtigen Erkenntnis, dass im Herstellen dieses «reflective equilibrium» nicht Wahrheit per se entsteht. Das fächerübergreifende Wissen in dieser pragmatischen Ausrichtung ist letztlich konstruiert und damit provisorisch, gültig nur in Bezug auf eine konkrete Fragestellung (Boix Mansilla 2010, 295).
An diesen Punkt können weitere Reflexionslernziele anknüpfen (↗ *Kapitel 7.1*). Im Spitzkegelmodell ist der Ort des reflektierenden Abwägens der Fachbeiträge auf der Grundfläche dargestellt. Im Puzzlesteinteppich ist die Breite möglicher Erklärungsbeiträge sichtbar gemacht, die potenziell unbegrenzt erweitert werden können. Für das fächerübergreifende Lernen ist die Grundfläche des Spitzkegelmodells in mehrfachem Sinne bedeutsam: Als Ort der Integration der Fächer

zeigt sie, wie die Fächer arbeitsteilig zusammengehen und sich im Gesamtbild gegenseitig ergänzen. Im Blick auf die **Schnittstellen** ist sie auch der «Ort», an dem das «Sichtbar-Machen des Zusammenwirkens der Fachbeiträge» (Stübig/Ludwig et al. 2006, 51) ansetzen kann. Was die Reflexion über Fächer, von dieser Schnittstelle ausgehend, weiter leisten kann, führen wir im Abschnitt über Richtziel 2, Reflexion, näher aus.

Bis jetzt haben wir fächerübergreifendes Lernen auf der Stufe 1.1 des Spitzkegelmodells als ein Verstehen komplexer Sachverhalte und Problemlagen beschrieben. In die Eröffnungsphase haben wir zusätzlich den Lernschritt «Unterschied zwischen Alltagssicht und fachlichen Sichtweisen erkennen» aufgenommen.

Im Modell 1.2 geht der Unterricht über die reine Analyse einer Problemlage hinaus. Nun gilt es, fächerübergreifende Lösungsansätze aufzuzeigen. Diese können unterschiedliche Grade der Konkretisierung erreichen, die von einer hypothetischen Problemlösung bis hin zum Ausarbeiten eines Produktes reichen. Im Bild des Spitzkegels bedeutet dies, dass wir vom abwägenden Verstehen eines multifaktoriellen Problems einen Schritt in Richtung Handeln gehen. Fragen wir nach der Lösbarkeit eines Problems, so engen wir es unter dem Gesichtspunkt möglicher Handlungsoptionen ein. Wir verlassen den breiten Teppich der Erklärungsmöglichkeiten und beschränken die Beschreibung des Phänomens auf einige pragmatisch «brauchbare» Anteile. Wegweiser zum Unterrichtsziel ist wieder die Leitfrage.
Am Beispiel von Borneo könnten hypothetische Problemlösungen von folgenden Leitfragen ausgehen: «Wie ist es möglich, durch das Kartieren der Penan-Regenwälder auf Borneo Landrechte für die einheimische Bevölkerung einzufordern?» (Gg, WR), «Was könnten wir von der Schweiz aus tun, um die Orang-Utans auf Borneo zu retten?» (Bio, D, Geo), «Wie kann durch das Einrichten von Gesundheitsstationen die Situation der einheimischen Bevölkerung verbessert werden?» (Bio, Geo).
Das Lernziel einer hypothetischen Problemlösung bedeutet, Wissensanteile zusammenzutragen, gegeneinander abzuwägen und damit Handlungsmöglichkeiten auszuloten. So könnten die Lebensbedingungen der Orang-Utans im Regenwald erschlossen werden, verbunden mit der Frage, wie die Affen gerettet, rehabilitiert oder umgesiedelt werden können. Zur Beantwortung der Leitfrage sind auch Kenntnisse über die einheimische Bevölkerung nötig, die diese Tiere z.T. als bedrohliche, fremde Wesen wahrnimmt. Ein projektartiger Unterricht könnte eine Informations- und Spendenaktion in der Schweiz entwerfen und mit anderen Handlungsmöglichkeiten vergleichen.

In der vollendeten Form des **Modells 1.2** sucht der Unterricht das Problem einer **Lösung** zuzuführen und diese in einem **Produkt** zu fassen. Hier geht es nicht mehr nur darum, fachliche Puzzlesteine zusammenzustellen, sondern sie im praktischen Handeln miteinander zu verschmelzen. Bildlich gesprochen, findet dieses Verschmelzen in der Spitze des Kegelmodells statt.

Beispiel für das Modell 1.2 *Lösung/Produkt erarbeiten*

Vorbereitung auf die MUN 2007 (Gs, D): An der Model United Nations (MUN) Region Basel simulieren Jugendliche der Sekundarstufe II während zweier Tage eine UNO-Generalversammlung. Sie übernehmen die Rollen von Delegierten der UNO-Mitgliedstaaten, entwerfen Resolutionen und führen Debatten nach den Regeln der UNO-Generalversammlung durch. Konkret sieht die fächerübergreifende Zusammenarbeit so aus: Beteiligt sind die Fächer Deutsch und Geschichte, die während acht Wochen ihre Lektionen in den Dienst dieses Vorhabens stellen. In Deutsch üben die Lernenden dokumentarisches Schreiben und Rhetorik, sie verfassen Reportagen über die vertretenen Länder, entwerfen Resolutionstexte und üben Reden ein, in denen sie die Resolution vorstellen werden. Das Fach Geschichte vermittelt Aufbau, Hintergründe und Ziele der UNO, Geschichte und gegenwärtige Situation der einzelnen Länder.

Die Beiträge der beiden Fächer konvergieren in der Teilnahme der beteiligten Schülerinnen und Schüler an der MUN-Konferenz, an der sie das Gelernte in die Praxis umsetzen: sachgerechte und überzeugende Postulate vortragen, in Debatten argumentieren. Auch eine Delegation aus Borneo könnte eine Rolle übernehmen in der Konferenz.

Weitere Beispiele für das Lernziel nach dem Modell 1.2 wären folgende projektartig angelegte Vorhaben: «Wie können wir chemische Fragestellungen mit Powerpoint visualisieren?» (Ch, ICT), «Wie können wir in der Landschaft xy einen Waldlehrpfad erstellen?» (Gg, Bio, D).

Je stärker der fächerübergreifende Unterricht eine praktische Problemlösung anstrebt, desto eher gewinnen die Fächer eine instrumentelle Funktion. Tragen auf der Stufe des Modells 1.1 die Fächer noch breite Fachkompetenzen zusammen mit dem Anspruch, ein Problem aus ihrer Optik möglichst gründlich auszuleuchten, so werden die Fachbeiträge in Modell 1.2 pragmatisch auf jene Aspekte beschränkt, die der Lösung des konkreten Problems dienen. Das Spitzkegelmodell illustriert diese «Zuspitzung» der Fachbeiträge in der Verwirklichung eines Handlungsziels.[13]

Zwei weitere Typen der Fächervernetzung, die in der Unterrichtspraxis verbreitet sind, lassen sich unter dem Modell 1.2 subsumieren: das integrative Modell und der fächerübergreifende Projektunterricht.

Das **integrative Modell** (vgl. Zeyer 2006) nimmt gezielt Fragestellungen aus der Lebensumwelt der Lernenden auf und geht diese so an, dass «sowohl die fachliche Differenzierung in die Disziplinen wie die thematische Integration in einer ‹Hand› stattfinden» (Zeyer 2006, 66). Der Unterricht versucht, das fachwissenschaftliche Thema im lebensweltlichen Kontext der Lernenden zu rekonstruieren. Anders als etwa in Modell 1.1 wird hier nicht zuerst ein breiter Wissensteppich ausgelegt, aus dessen Puzzleteilen dann jene ausgewählt werden, die zur Lösung eines Problems dienen. Wissen wird hier direkt zur Lösung eines lebenspraktischen Problems entwickelt und ist allein durch seine Anwendung motiviert. Problemlösungscharakter erhalten solche Vorhaben zum Beispiel dann, wenn sie sich mit Fragen der Gesundheitsförderung befassen und sich so unmittelbar auf das Leben der Lernenden beziehen.

Beispiel zum integrativen Modell

Körpergewicht und Arbeit: Abnehmen beim Walking (Bio, Physik): Biologie und Physik arbeiten zusammen, um eine Formel zu entwickeln, die angibt, wie viel Reibungs- und Hubarbeit beim Walking verrichtet wird. Das Ergebnis führt zum Beispiel vor Augen, wie weit der Brennstoff reicht, den man sich mit einem Joghurt zuführt. Im humanbiologischen Teil wird der physiologische und biochemische Zusammenhang besprochen. Die einzelnen Fachbeiträge konvergieren in der Beantwortung lebensnaher Fragen im Umfeld der Gesundheitsförderung. Weitere Beispiele zum Typ

13 Diese umsetzungsorientierte Form des fächerübergreifenden Unterrichts ist weitgehend identisch mit dem, was in der Wissenschaftstheorie Transdisziplinarität genannt wird. Diese meint eine Form von angewandter Interdisziplinarität, die gesellschaftliche Probleme angeht, indem sie alle in die Problemlösung Involvierten, die sogenannten «stakeholders», welche meist Wissenschaft, Wirtschaft und Politik sind, zusammenführt (Klein/Grossenbacher-Mansury et al., 2001).

«lebensnahe Problemlösung» sind: Blut und Druck; Lunge- und Oberflächenspannung: Frühgeborene; Auge und Brille; die Haut als Grenze physikalischer Einwirkung; Ohr und Resonanz; Knochen und Kraft: Knochenbälkchen (vgl. Zeyer 2006, 35–64).

Um eine besondere Art der Konvergenz-Interdisziplinarität des Modells 1.2. handelt es sich beim **fächerübergreifenden Projektunterricht.** Projektunterricht, wie ihn etwa Karl Frey (1998) entworfen hat, versteht sich in der Tradition der Reformpädagogik (Dewey 1993) als ein Unterricht, der von den Lernenden aus gedacht ist und direkt an deren Neugier anschliesst. Seiner Natur nach ist Projektunterricht ein «a-disziplinäres Erkunden, Erproben und Experimentieren» (Huber/Effe-Stumpf 1994, 75). An der fachlichen Gebundenheit des Wissens ist er nur beiläufig interessiert. Im Mittelpunkt seines Interesses steht die Schüler- und Handlungsorientierung, der Bezug zur Praxis und die oft umwegreiche Suche nach einem überfachlichen Handlungsziel, dem Produkt. Dies kann etwa eine Schülerzeitung, eine Theateraufführung oder ein Waldlehrpfad sein. In der Konzentration auf das Handlungsziel kommt der bewusste Umgang mit den Fachperspektiven, das Zusammenstellen fachlicher Puzzlesteine, oft zu kurz. Fächerübergreifender Projektunterricht birgt die Gefahr, dass die Lernenden aus ihm vor allem die Erinnerung an das Produkt, aber kaum etwas über die Zusammenarbeit der Fächer mitnehmen, die sich auf andere Fälle übertragen liesse. **Im fächerübergreifenden Projektunterricht ist es deshalb ratsam, durch entsprechende methodische Massnahmen die Fachperspektiven in ihrem Zugang zum Problem bewusst zu machen und zu stärken, sodass ihr Konvergieren (im Spitzkegel) auch als solches reflektiert werden kann.** Bildlich gesprochen, bedeutet dies, den bunten Gemüseeintopf der Sachbeiträge in eine gut sortierte Gemüseplatte der Fachbeiträge zu verwandeln, wie wir dies oben am Beispiel der Brandrodung im zweiten Arbeitsschritt vorgestellt haben (vgl. Rabenstein 2007; Bastian et al. 2000, 142; Caviola 2000). Einen idealtypischen Ablauf des fächerübergreifenden Projektunterrichts stellen wir in Kapitel 8.5 vor.

1.3 Fächerkreuzung: Erschliessen eines Fachgegenstandes durch ein anderes Fach	**Lernziele**	**Beispiele**
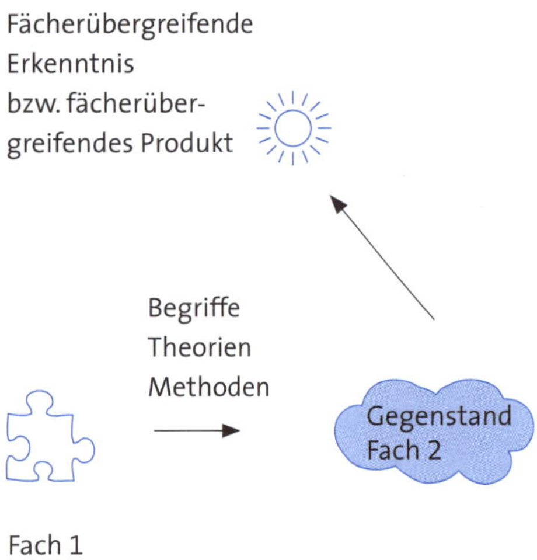	Breites Verständnis eines Fachgegenstands gewinnen im Erschliessen durch ein anderes Fach Eine fachliche Methode, einen fachlichen Begriff, eine fachliche Theorie oder Fertigkeit auf den Gegenstand eines anderen Faches anwenden	_ Wie lassen sich biologische Systeme mathematisch simulieren? _ Wie können wir historische Währungen ökonomisch verstehen? _ Wie können wir einen Romangegenstand mit naturwissenschaftlichen Methoden erschliessen?

Fächerübergreifende Zusammenarbeit, die nach dem Puzzle-Prinzip verfährt, basiert auf der Vorstellung, die Wirklichkeit sei gleichsam nach fachlichen Zuständigkeiten gegliedert. Das Borneo-Beispiel führt vor Augen, dass dieses Prinzip auch eine gewisse Berechtigung hat. Das Bild des Puzzlesteinteppichs zeigt, wie sich die einzelnen Fachanteile gleichsam fugenlos aneinanderlegen. Ebenso wie die gesellschaftliche Arbeitsteilung verfährt auch die Wissenschaft arbeitsteilig, indem sie bestimmte Wirklichkeitsbereiche bestimmten Fächern zuweist. So «gehört» z.B. die Zellteilung der Biologie, das Licht der Physik, das Seelenleben der Psychologie und der Roman der Literaturwissenschaft.

Dennoch wäre es vermessen zu glauben, dass die fachliche Einteilung der Welt einer natürlichen, von Menschen unabhängigen Gliederung entspräche.[14] Die Entwicklung der Wissenschaft, zu der nicht zuletzt auch die Entwicklung der Schulfächer gehört, belegt eindrücklich, dass die Zuordnung von Fachgegenständen und Fächern durchaus in Fluss geraten kann.

Auf dieser Beweglichkeit basiert das Modell 1.3: **Fächerkreuzung: Erschliessen eines Fachgegenstandes durch ein anderes Fach.** Fächerübergreifende Lernziele des Modells 1.3 stellen die «Inbesitznahme» eines Gegenstandes durch ein Fach infrage. Sie suchen fächerübergreifende Erkenntnisse, indem sie Zuständigkeiten aufkündigen und die Grenzen zwischen den Fächern verschieben. Im fächerübergreifenden Erkenntnisvorgang wird der Gegenstand des einen Faches durch Begriffe, Theorien, Methoden, d.h. durch die fachspezifischen Erkenntnisinte-

14 Philosophisch würde dies einer Position des ontologischen Realismus entsprechen, der von der Basisentscheidung ausgeht, dass Welteinteilungen und die Gegenstände der Erfahrung unabhängig von erkennenden Subjekten existieren.

ressen aus einem anderen Fach, erschlossen. Dies ist ein verbreiteter Vorgang in der Dynamik der Wissenschaftsgeschichte (Weingart 1995; Klein 1996, 62 ff.). Die jüngsten Entwicklungen in den sogenannten Bindestrich- oder Hybridwissenschaften (Klein 2010, 21) zeigen, wie die Verschiebung von Zuständigkeiten einzelner Wissenschaften neue Forschungsfelder und damit neue fächerübergreifende Erkenntnisse hervorbringen kann. So stellt z. B. Wirtschaftsmathematik quantitative Untersuchungen zu einer Konsumfunktion an, Sportpsychologie untersucht Konzentrations- und Durchsetzungsvermögen im Spitzensport, Bioinformatik modelliert biologische Prozesse mit computergestützten Methoden, sequenziert z. B. das menschliche Genom. Neuroökonomie untersucht u. a., welche Gehirnaktivitäten mit dem Konsumverhalten einhergehen, und Neurotheologie, wie Gehirnaktivitäten mit Religiosität und Spiritualität korrelieren. Die Beispiele zeigen, wie das Erschliessen eines Fachgegenstands durch ein anderes Fach letztlich neue Wissenschaften mit ihren eigenen Begriffen, Theorien und Fachgegenständen hervorbringen kann. Julie Thompson Klein hat solche Vernetzungsvorgänge als «cross-fertilizations» beschrieben (Klein 1996, 61 ff.).

Wechselseitige Befruchtungen der Fächer auch jenseits der Bindestrichwissenschaften bieten reizvolle Anlässe für den fächerübergreifenden Unterricht. Das Prinzip der Kreuzung folgt nicht selten dem Wahrnehmen oder Herstellen einer fächerübergreifenden Ähnlichkeit oder Analogie. Im Unterricht kann es auf spielerische Art eingesetzt werden und etwa in ein kreatives Produkt münden. Aber auch grössere forschungsähnliche Vorhaben sind möglich. Da diese Form der Fächervernetzung mit einer Verschiebung fachlicher Zuständigkeiten einhergeht, wird mit ihr auch leicht eine reflektierende Distanz zu den Fächern gewonnen. Einige Beispiele können dies illustrieren:

Beispiele für Kreuzung durch die Übertragung von Begriffen

_ In der Zusammenarbeit von Musik und Bildnerischem Gestalten wird die Leitfrage «Wie hängen im Film Bild und Tonspur zusammen?» bearbeitet. Zur Vorbereitung improvisieren die Lernenden zu Bildern eigene Musikstücke. Sie untersuchen dann am Beispiel von Videoinstallationen von Bill Viola, wie das Bildhafte im Ton und das Klangliche im Bild zusammenhängen. Auf diese Weise werden sie für die assoziativen Verbindungen zwischen Ton und Bild sensibilisiert.

_ Ein Schreibauftrag im fächerübergreifenden Unterricht mit Deutsch und Bildnerischem Gestalten lautet: «Verfassen Sie eine ‹blaue› Geschichte.» Assoziative Gefühlswerte der Farbe Blau und kulturelle Wertungen, die mit ihr verbunden sind (z. B. «blau sein», «blaumachen», «ins Blaue hinein» usw.), werden im Medium einer Erzählung erschlossen und bewusst gemacht. Umgekehrt gewinnen die Lernenden Einsichten in das Wesen des Erzählens, wenn sie ein statisches Phänomen wie das der Farbe in ein narratives Nacheinander verwandeln.

_ Ein Auftrag im fächerübergreifenden Unterricht mit den Fächern Musik und Deutsch heisst: «Komponieren Sie ein Instrumentalstück, das eine ‹Geschichte› erzählt.» Ein zentraler Begriff des Faches Deutsch wird im Medium des Faches Musik erfahrbar gemacht.

Beispiel für Kreuzung durch die Übertragung einer Theorie

Im Jahreskurs «Genussmittel» arbeiten Geschichte und Wirtschaft zusammen. Der Geschichtslehrer stellt der Klasse drei Arten von Währungen aus der Geschichte vor: Bier bei den Babyloniern, Silbermünzen bei den Römern und Papiergeld in unserer Zeit. Die unterschiedlichen Währungen werden aus dem kulturellen Zusammenhang ihrer Zeit heraus beleuchtet und zu den Formen des Handels in Beziehung gesetzt. Das Fach Wirtschaft und Recht stellt nun eine Währungstheorie vor: Ein Gegenstand eignet sich zur Währung, wenn er dauerhaft, teilbar, knapp und austauschbar ist. Die Lernenden sollen mit dieser Theorie unterschiedliche Währungsformen aus unterschiedlichen historischen Epochen vergleichen. Die historischen Fachgegenstände werden durch die ökonomische Theorie erschlossen und zueinander über Analogien in Beziehung gebracht.

Beispiel für Kreuzung durch die Übertragung von Begriffen und Theorien

Eine längere Unterrichtseinheit mit Mathematik und Biologie verfolgt die Leitfrage: «Wie lassen sich biologische Systeme mathematisch simulieren?» Das bekannteste Anwendungsfeld der Mathematik ist zweifellos die Physik. Wird mathematisches Wissen auf die belebte Natur angewandt, eröffnet der Unterricht den Lernenden leicht Neuland: In diesem Beispiel werden in Angewandter Mathematik 1) Symmetrien und Symmetriegruppen, 2) der Goldene Schnitt und der Goldene Winkel und die damit verbundene Fibonacci-Folge eingeführt. Beides ist eingebettet ins Thema Platonische Körper. Das Ziel des Mathematikunterrichts besteht darin, biologische Systeme wie Fellzeichnungen und Wabenformen mathematisch zu beschreiben und auch zu simulieren.

Gleichzeitig beleuchtet Biologie das Thema Symmetrien aus evolutiver Sicht und fragt nach den Ursprüngen dieser Formen aus der Optik der Evolutionstheorie. Die evolutiven Mechanismen von Musterbildung am Beispiel der Fellzeichnung werden behandelt, ebenso der Goldene Winkel bei der Blattstellung mit seinen Ursachen und Vorteilen, die Bienenwabe in ihrem Modell der optimalen Form. Von der Biologie aus eröffnet ein naturhistorischer Blick auf den mathematischen Fachgegenstand Symmetrien die Frage, ob Symmetrien ihren Ursprung nicht in der Natur haben – und von dort her zu mathematischen Fachgegenständen geworden sind. Indem wir die Erklärungsansätze für beobachtete Phänomene auf zwei Fächer ausdehnen, wird das Thema vom herkömmlichen Unterrichtsstoff abgelöst, und das Lernen erhält Entdeckungscharakter.

Beispiel für Kreuzung durch die Übertragung einer Methode

Deutsch- und Physikunterricht verfolgen die Leitfrage: «Wie können wir einen Romangegenstand naturwissenschaftlich erschliessen?» Im Deutschunterricht liest die Klasse den Kriminalroman *Glatteis* von Hans Werner Kettenbach. Darin ermordet ein Mann seine Frau, indem er vor seinem Ferienhaus die Treppe zum Bootssteg mit Eis präpariert, sodass seine Frau in den See stürzt. Diese Mordtreppe ist im Roman so genau beschrieben, dass man sie im richtigen Massstab nachzeichnen kann. Unter der Anleitung des Physiklehrers, der den Roman auch gelesen und an der Diskussion darüber in der Deutschstunde teilgenommen hat, sollen die Lernenden nun nach dem Romantext eine genaue Konstruktionszeichnung der Treppe auf Millimeterpapier anfertigen mit Grundriss, Auf- und Seitenriss. Am Schluss dieser Doppelstunde werden die Ergebnisse verglichen und diskutiert. Das Ziel des fächerübergreifenden Unterrichts ist hier die genaue Lektüre eines Textes nach mathematisch-naturwissenschaftlichen Kriterien ebenso wie das Verständnis des beschriebenen Sachverhalts. Präzise und detailtreue Arbeitsweise und das räumliche Vorstellungsvermögen ohne Unterstützung einer bildlichen Darstellung werden an einem Gegenstand aus dem Fach Deutsch geschult.

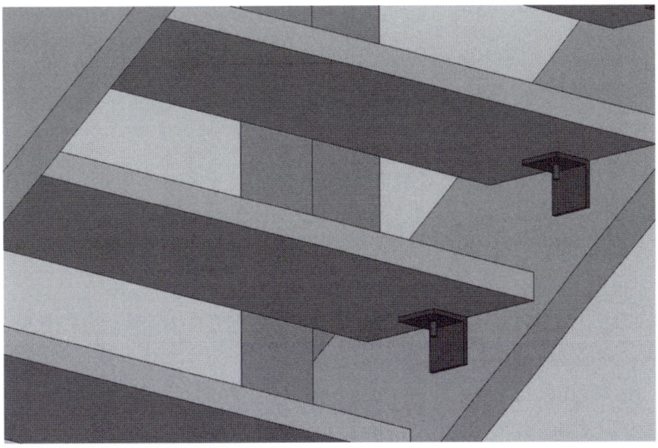

Er sah die Holztreppe ganz deutlich vor sich: Die schräg nach unten führenden, hochkant stehenden Treppenwangen, sie rahmten die Planken, die als Stufen dienten, und trugen sie. Jede Planke ruhte auf zwei kräftigen, langen Winkeleisen, die rechts und links an die Innenseite der hölzernen Wangen angeschraubt waren. Und jede Planke wurde auf ihren Winkeleisen durch Bolzenschrauben festgehalten, eine rechts, eine links. Die Treppenwangen standen auf beiden Seiten ein paar Zentimeter über die Planken hinaus. Der Wallmann brauchte nur rechts und links einen Nagel in die Oberkante der Wangen zu schlagen, fünf oder zehn Zentimeter über der Planke, und dazwischen einen Bindfaden zu spannen.

Textausschnitt aus *Glatteis* von Hans Werner Kettenbach (Kettenbach 2001, 90)

Richtziel 2
Reflexion: Lernen über Fächer, ihre Möglichkeiten und Grenzen – Wissenschaftspropädeutik und Allgemeinbildung

Das Reflektieren im fächerübergreifenden Unterricht sucht Distanz zu den Disziplinen, die ein Lernen über die Fächer und ihre Denkweisen möglich macht. Das Ziel dieses metadisziplinären Zugangs ist ein wissenschaftspropädeutisches: Es will Lernenden das Wesen fachlicher Spezialisierung und damit die Möglichkeiten, aber auch die Grenzen und Gemeinsamkeiten der Fächer vor Augen führen (Fischer 1983, 704; Hahn 2008).

Dieses Lernziel steht quer zur sach-und problemorientierten Motivation, die viele fächerübergreifende Vorhaben bestimmt. Dies mag ein Grund sein, warum das «Sichtbar-Machen des Zusammenwirkens der Fachbeiträge» (Stübig/Ludwig et al. 2006, 51) meist der methodischen Unterstützung durch die Lehrpersonen bedarf (↗ *Kapitel 8*).

Dennoch hält der fächerübergreifende Unterricht für das Lernziel «metadisziplinäre Reflexion» eine günstige Ausgangslage bereit. Indem er durch ein geeignetes didaktisches Arrangement die Fachperspektiven gezielt aufeinandertreffen lässt – und sie auch mit der Alltagsperspektive kontrastiert –, schafft er Distanz zu der Einzeldisziplin und damit Raum für Reflexion, die «Beobachtung von Beobachtung» möglich macht (Huber 1998, 28). Auf diese Weise gibt er den Blick frei, jene Eigenschaften der Fächer zu fassen, die im Fachunterricht meist verdeckt und unbeachtet bleiben, im Hintergrund aber dennoch wirksam sind.

Wissenschaftspropädeutik – in ihrem Wortsinn «Einführung in die Wissenschaft» – wird hier nicht im Sinne einer Vermittlung von wissenschaftlichen Arbeitstechniken verstanden, sondern als Beitrag zur Allgemeinbildung, der gerade durch fächerübergreifenden Unterricht exemplarisch möglich wird. Allgemeinbildend ist Wissenschaftspropädeutik dann, wenn es ihr gelingt, Lernenden Erkenntnisse mitzugeben, die über das einzelne fächerübergreifende Vorhaben hinaus gültig sind. Dazu gehören etwa Erkenntnisse über das wissenschaftliche Vorgehen selbst, z. B.

- die Einsicht in die Aspekthaftigkeit und den provisorischen Charakter wissenschaftlicher Erkenntnis (durch Abstraktion und Modellhaftigkeit),
- die fachspezifischen Problemdefinitionen und Problemausblendungen (Verhältnis von Untersuchungsgegenstand und Fach) (vgl. Huber 1994, 245),
- Einsichten in die Verwandtschaften und Unvereinbarkeiten unter den Fächern (z. B. durch ihre unterschiedlichen Methoden) ebenso wie
- Einsicht in die Differenz zwischen der Alltagssicht und fachlichen Sichtweisen, die fachliche Sichtweisen als spezifische Konstruktionen von Wirklichkeit erkennbar macht.

Ludwig Huber hat Wissenschaftspropädeutik als eine «unerledigte Hausaufgabe der Allgemeinen Didaktik» bezeichnet (Huber 1994). In der neueren, auf Kompetenzen ausgerichteten Didaktik wird Wissenschaftspropädeutik als spezifisches didaktisches Prinzip der gymnasialen Oberstufe beschrieben, das vor allem im

Perspektivenwechsel, im «kompetenten» Umgang mit den Fachperspektiven Gestalt erhält (Hahn 2008).[15]

Wozu dient diese Art der wissenschaftspropädeutischen Reflexion jungen Menschen? Metadisziplinäre Kompetenz ist geeignet, Lernenden Wissenschaft als **Kulturleistung** und als «soziale Konstruktion von Wirklichkeit» nahezubringen (Huber 1994, 245). Nimmt man die Fächer in ihrem wissenschaftlichen Anspruch ernst, so kann wissenschaftspropädeutische Reflexion aufzeigen, dass sich Spezialisierung nicht durch ein leichtes Herstellen von «Ganzheitlichkeit» überwinden lässt. Der Weg zur «Einheit der Wissenschaft» führt nur über die reflektierende **Verständigung zwischen den Fachkulturen.**

Wissenschaftspropädeutische Reflexion in diesem Sinn ist als Ingredienz des fächerübergreifenden Unterrichts zu verstehen, die dosiert und methodisch durchdacht vermittelt wird. Im Folgenden stellen wir drei Formen metadisziplinärer Reflexion vor.

2.1 Fachperspektiven kontrastieren (Divergenz-Interdisziplinarität)	**Lernziele**	**Beispiele**
2.1 a Wissenschaftliche Auffächerung eines Phänomens (Prisma-Interdisziplinarität)	a. Unterschiedliche Erkenntnisinteressen, Realitätsauffassungen und Methoden der Fächer erkennen	_ Wie erschliessen Gg, WR, Bio und Ch die Brandrodungen auf Borneo? _ Welche Erklärungsansätze bieten Psychologie und Biologie zum Thema Sucht?
2.1 b Auffächerung zwischen Alltags- bzw. Laiensicht und fachlicher Sicht	b. Unterschied zwischen Alltagssicht und fachlicher Sicht erkennen	_ Was ist Brandrodung auf Borneo aus Sicht eines Laien, was aus Expertensicht?

Divergenz-Interdisziplinarität will sichtbar machen, dass sich jedes Fach ein Phänomen in spezifischer Weise zum Untersuchungsgegenstand macht. Auch das Kontrastieren von Alltagssicht und fachlicher Sichtweise folgt dem Prinzip der Divergenz, indem es eine objektivierende Aussensicht auf die Fachperspektiven schafft. Da dieses Kontrastieren nicht im strengen Sinn interdisziplinär verfährt, aber auch ein wertvolles metadisziplinäres Lernziel mit sich führt, behandeln wir es ausführlicher in Kapitel 8.

15 In Deutschland wird die Wissenschaftspropädeutik seit dem KMK-Beschluss von 1977 eingefordert (KMK 1977), in der Schweiz durch das MAR 5.1 (MAR 1995). Das International Baccalaureate Diploma trägt der wissenschaftspropädeutischen Reflexion mit seinem *Theory of Knowledge Programme* (TOK) Rechnung. Lagemaat 2005 bietet dazu Material, das auch die wissenschaftspropädeutische Reflexion am Gymnasium bereichern kann.

Im Lernzielmodell «*Fachperspektiven kontrastieren*» (2.1.) sollen die unterschiedlichen Fachkulturen aufeinandertreffen und ihre Erkenntnisinteressen, Grundannahmen, Fachstandards und Präferenzen offenbaren. Gesucht ist hier nicht das Zusammengehen der Fächer, sondern die bewusste Wahrnehmung ihrer unterschiedlichen Realitätsauffassungen und Methoden, aber auch der Begrenztheit und Ergänzungsbedürftigkeit des einzelnen Fachs. In der Logik des Puzzle-Bildes ausgedrückt, tauchen wir nun in eine Schnittstelle zwischen zwei fachlichen Puzzlesteinen ein und untersuchen, was deren Grenzen genau ausmacht.
Der englischsprachige Geschichtslehrer S. F. hat das Ziel dieser Art von Unterricht in ein Bild gefasst: «*Depending on the way we look at things, we can see the diamond from different angles.*» Der Gegenstand zerfällt unter den verschiedenen fachlichen Betrachtungswinkeln wie das Licht bei der Lichtbrechung in unterschiedliche Aspekte. Diesem Bild folgend, lässt sich diese Art von Fächervernetzung auch als **Prisma-Interdisziplinarität** bezeichnen (*↗ Kapitel 4.2*) (Pandel 2001). Am ehesten gelingt diese an einem **exemplarischen Gegenstand**, der losgelöst vom Problemlösungsdruck betrachtet wird. Im Borneo-Beispiel bietet sich der Begriff der Brandrodung dazu an, unterschiedliche fachliche Sichtweisen zu erschliessen:

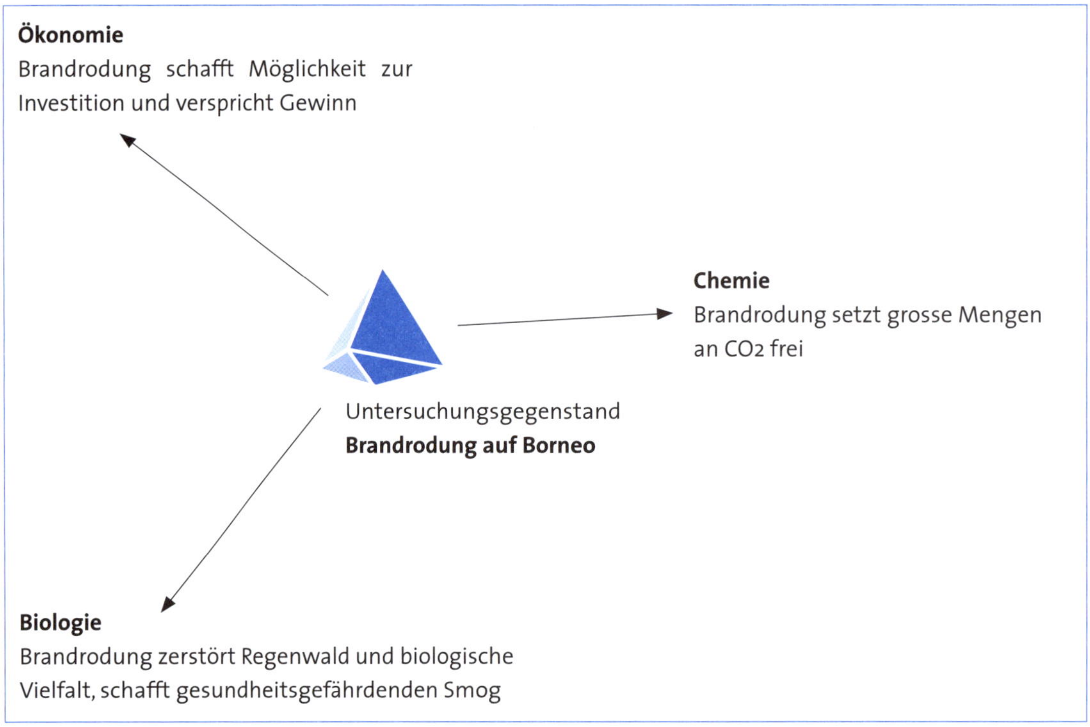

Untersuchungsgegenstand als Prisma: Unterschiedliche Zugehensweisen und Erkenntnisinteressen der Fächer werden fassbar

Brandrodung auf Borneo: Das Beispiel zeigt, wie das chemische, ökonomische und biologische Verständnisse des Begriffs «Brandrodung» auseinandertreten: Im Lichte der Ökonomie schaffen Brandrodungen Freiflächen zum Anbau lukrativer Palmölplantagen. Die Biologie erkennt in den Brandrodungen eine Zerstörung der biologischen Vielfalt und die Erzeugung gesundheitsgefährdenden Smogs. Aus der Optik der Chemie sind Brandrodungen chemische Reaktionen, die grosse Mengen an CO_2 freisetzen.

Im Kontrastieren der unterschiedlichen fachlichen Sichtweisen nach dem Prisma-Prinzip erkennen die Lernenden die Leistungsmöglichkeit und die blinden Flecke der einzelnen Fächer. (Diese Möglichkeit ist natürlich auch im Puzzle-Prinzip enthalten, nur wird beim pragmatischen Problemlösen die Divergenz der Fächer nicht bewusst reflektiert!) So ist z.B. die ökonomische Optik blind für die CO_2-Emission, solange diese nicht in ein kostenträchtiges Phänomen übersetzt wird. Umgekehrt ist die Chemie blind für die Brandrodung als Wegbereitung einer ertragreichen Investition in Palmölplantagen. Im Wechsel vom Puzzle- zum Prisma-Prinzip können Lernende erkennen, dass weitere Fächer nötig wären, um ein umfassendes Verständnis der Problemlage zu erreichen. Die Einsicht in die Beschränktheit der fachlichen Sichtweisen kann Lernenden vor Augen führen, dass jedes wissenschaftliche Verständnis eines komplexen Problems an fachspezifische Beschreibungen gebunden ist, die wohl erkenntnisreich sind, aber auch provisorisch und ergänzungsbedürftig bleiben.

Weitere Beispiele für die Divergenz-Interdisziplinarität zum Lernziel des Modells 2.1

Sucht: «Welche psychologischen und biologischen Erklärungsansätze gibt es zum Thema Sucht?» Die Lernenden erarbeiten in Gruppen psychologische Grundlagen zum Thema und lernen die biologischen Wirkungen unterschiedlicher Stoffe (Cannabis, Alkohol, Kokain) kennen. Es entsteht ein mehrperspektivischer Blick, der einerseits das Phänomen Sucht nach dem Prinzip der Fächerkonvergenz vertieft verständlich macht, darüber hinaus aber auch zeigt, dass Psychologie und Biologie von unterschiedlichen Problemdefinitionen ausgehen und unterschiedliche Methoden und Erkenntnisinteressen verfolgen.

Energiedebatten: Die Fächer Geschichte und Physik behandeln die Frage: «Wie sieht die aktuelle Diskussion um Energiefragen in der Schweiz aus, und welche physikalischen Erkenntnisse gibt es dazu?» Nach einer einleitenden Debatte in der Klasse zu den Vor- und Nachteilen der Atomenergie folgen Inputs aus den Fächern Geschichte und Physik. Physik: Wie definiert Physik Energie, und wie funktioniert sie? Wie werden Energiemengen gemessen? Was ergibt ein Blick aus der Sicht der Physik auf die Frage der Energieressourcen und des Energiekonsums? Geschichte beleuchtet die Debatte um Atomenergie in der Schweiz aus gesellschaftspolitischer Perspektive. Nun wird sichtbar, dass Physik und Geschichte grundsätzlich verschiedene Verständnisweisen des Gegenstandes Energie haben. Diese Divergenzerfahrung aus den Beiträgen der beiden Fächer ist eingebettet in eine pragmatische Ausrichtung des Unterrichts. In einer abschliessenden Debatte sollen die Lernenden sich eine wissenschaftlich begründete Meinung zu Energiefragen in der Schweiz bilden können, in der die divergierenden Sichtweisen in einer politischen Meinung konvergieren sollen. Der Vergleich der beiden Debatten, die beide aufgezeichnet werden, macht den Lernerfolg sichtbar.

Kombinationen

Das letzte Beispiel zeigt, dass Konvergenz- und Divergenz-Interdisziplinarität zwei Zielrichtungen des fächerübergreifenden Unterrichts beschreiben, die sich ergänzen und sich leicht als zwei Arbeitsschritte in einem fächerübergreifenden Unterrichtsvorhaben kombinieren lassen. So kann eine Integration der Fächer in einem projektartigen, auf Problemlösung ausgerichteten Unterricht durch ein zweites wissenschaftspropädeutisches Ziel ergänzt werden, dem es um die Reflexion der Fachbeiträge und das Festhalten von Erkenntnissen über Leistung und Grenzen der beteiligten Fächer geht. Zielt der erste Schritt auf ein vertieftes fächerübergreifendes Verständnis einer Problemlage nach dem Puzzle-Prinzip, so will der zweite die gedanklichen Mittel ins Bewusstsein rufen, die bei dieser Problemlösung ins Spiel kamen, sucht also den metadisziplinären Blick auf die Fachperspektiven von aussen. Will man die beiden Arbeitsschritte Integration und Reflexion klar voneinander unterscheiden, empfiehlt es sich, sie in zwei unterschiedliche Leitfragen zu trennen, die im Unterricht entwickelt werden.
Beispiel: Wie können wir durch Walking abnehmen? (P, Bio) – Konvergenzmodell. Was tragen Physik und Biologie zu unserem Verständnis des Abnehmens bei? – Divergenzmodell.

2.2 Fachliche Zuständigkeiten hinterfragen	Lernziele	Beispiele
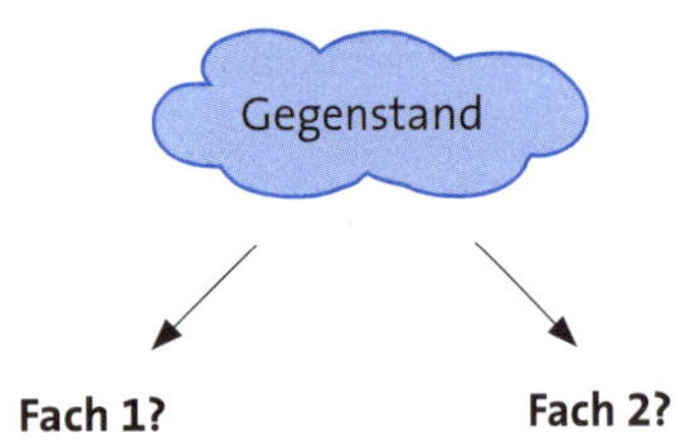	Zuständigkeiten der Fächer für bestimmte Gegenstände erkennen und hinterfragen Wissenschaft als Kulturleistung erkennen	_ «Gehören» die Symmetrien der Mathematik oder der Biologie?

Wird ein Fachgegenstand durch ein anderes Fach erschlossen, wie es das Modell 1.3: *Fächerkreuzung* vorsieht, so stehen die Aussichten gut, dass die Fächer in ihrem Zusammenwirken ihre innere Funktionsweise offenbaren. Aufgabenstellungen, die kreative Kreuzungen zwischen Fächern vorsehen, wie etwa das Schreiben einer «blauen» Geschichte oder das Komponieren eines «erzählenden» Instrumentalstücks, sind deshalb besonders geeignet, metadisziplinäre Reflexionen über das Wesen der beteiligten Fächer in Gang zu setzen.
Die Frage nach den «Zuständigkeiten» von Wissenschaften kann Lernende für die historischen Entwicklungen der Wissenschaft sensibilisieren, ihnen zum Beispiel vor Augen führen, dass Fächer einzelne Gegenstandsbereiche in Besitz nehmen können. Ein Beispiel aus der heutigen Zeit finden wir in der Ökonomisierung weiter Gesellschaftsbereiche, indem diese als Träger von Dienstleistungen erschlossen werden. So wird es möglich, nach den «Kunden» der Schule, der Kirche, des Gesundheitswesens und des Staates zu fragen und zu forschen. Ähnliche Beispiele finden wir etwa in der Digitalisierung, Psychologisierung und «Neurologisierung» von Bereichen, die zuvor anderswo «beheimatet» waren. Über die Reflexion der Zuständigkeiten von Einzeldisziplinen eröffnet der fächerübergreifende Unterricht die Möglichkeit, Wissenschaft als Kulturleistung zu beleuchten.

2.3 Wissenschaftliche Gemeinsamkeiten erkennen (Kongruenz-Interdisziplinarität)	**Lernziele**	**Beispiele**
 **Fach 1 Fach 2**	Gemeinsame Begriffe, Methoden, Theorien und Inhalte innerhalb von Fächergruppen erkennen und differenzieren	_ Was bedeuten «Netze» in Neurologie, Ökologie und Informatik? _ Welche Erkenntnisse gewinnen wir beim Vergleich von deutschen und französischen Redewendungen rund um das Tier?

Fächer sind durch vielfältige Verwandtschaften miteinander verbunden. Man kann von Fächerfamilien sprechen, die das gleiche Erkenntnisinteresse, einen gemeinsamen Gegenstandsbereich, aber auch Begriffe, Methoden oder Theorien teilen. Solche Verwandtschaften unter den Fächern lassen sich im fächerübergreifenden Unterricht leicht aufdecken. Sucht die Divergenz-Interdisziplinarität vor allem das Trennende zwischen den Fächern, so zielt die Kongruenz-Interdisziplinarität auf die oft unbeachteten Gemeinsamkeiten unter ihnen ab, die durch die nach Fächern getrennten Curricula und die Schulorganisation verdeckt werden. So bildet etwa Sprachgeschichte eine gemeinsame Teilwissenschaft der Sprachfächer, die in unterschiedlichen Sprachfächern zu unterschiedlichen Beobachtungen führen kann. Auch Rhetorik, Semantik und Syntax sind Teilwissenschaften, die einzelne Sprachfächer miteinander verbinden. Dasselbe gilt für die experimentellen oder mathematischen Zugangsweisen in den naturwissenschaftlichen Fächern, z.B. die Statistik in Mathematik, Wirtschaftslehre und Psychologie, Messverfahren in der Chemie, der Biologie und Physik. Der kompetente Umgang mit den Fachperspektiven dieser Art (vgl. Hahn 2008) kann nicht nur Verwandtschaften innerhalb der Fächergruppen aufzeigen, das Freilegen von Gemeinsamkeiten zwischen den Fächern kann auch unnötige Doppelungen im Fachunterricht beheben und so im Curriculum Zeit einsparen. In der Literatur wurde dieses Modell bisher als **fächerverknüpfend** (Häussler et. al. 1998) oder als **fächerverbindend** (Huber 1994) diskutiert. Sein Anwendungsfeld liegt vor allem in der **Curriculumintegration** (↗ *Kapitel 6*).

Beispiele für das Modell 2.3: wissenschaftliche Gemeinsamkeiten erkennen

Tierische Redewendungen: «Welche Erkenntnisse gewinnen wir beim Vergleich deutscher und französischer Redewendungen rund um das Tier?» Ziel dieses Vorhabens ist Sprachreflexion und Wortschatzarbeit im Vergleich zweier Sprachfächer. Die Schülerinnen und Schüler erweitern zunächst ihre Kenntnis von Redewendungen in beiden Sprachen, sie lernen, dass Redewendungen nicht wörtlich zu verstehen sind, sondern als Wortketten übersetzt werden müssen, erkennen ferner, dass unterschiedliche Sprachen Tieren teils die gleichen, teils unterschiedliche Merkmale zuweisen. So gilt der Fuchs in deutschen wie in französischen Redewendungen als schlau («listiger Fuchs», «renard rusé»), der Affe dagegen im Deutschen als dumm, im Französischen als ungeschickt («dummer Affe», «singe maladroit»). Die Lernenden erkennen, dass beide Sprachfächer den Wissenschaftsbereich der Semantik teilen und darin das Thema Redewendungen gemeinsam haben.

Sprache–Rhythmus–Musik: Die Fächer Deutsch, Musik und Latein bearbeiten über mehrere Wochen die Frage: «Welche Mittel werden zum Überreden und Überzeugen eingesetzt?» Konkret werden in den folgenden Fächern folgende Inhalte eingeführt und später produktiv aufeinander bezogen:
Musik: Einführung in die Rhythmik; Umsetzung von Sprache in Rhythmus; korrekte Notation.
Deutsch: Einführung in die deutsche Metrik; gebundenes Sprechen am Beispiel von Hip-Hop.
Latein: Hexameter und elegische Dichtung. Quantitierendes vs. akzentuierendes Lesen, antike Sprache vs. Deutsch; Einführung in die rhetorischen Figuren als Vorbereitung zur Gedichtanalyse, später Anwendung

der im Deutschunterricht gewonnenen Erkenntnisse bei der Analyse der ersten catilinarischen Rede in Latein. Zum Abschluss beleuchten Musik, Deutsch und Latein die akustische Gestaltung (Sprechtempo, Lautstärke, Tonhöhe, Phrasierung, Pausen, Stimmhöhe, Melodiebögen, Artikulation) am Beispiel berühmter Reden. Auf diese Art vermittelt je ein Fach Grundlagen aus seinem Wissensbestand, und die Lernenden wenden dieses Grundwissen anschliessend in weiteren Fächern an. Sie erkennen, dass Sprache auch Musik enthält und dass die rhetorischen Figuren in beiden Sprachfächern, Deutsch und Latein, zu Hause sind. Doppelungen werden so vermieden, im Lehrplan wird Zeit gewonnen. Der Unterricht deckt unerwartete Querverbindungen auf, fördert das Hörvermögen und sensibilisiert für die Gestaltung gesprochener Sprache.

Mehrsprachigkeitsdidaktik: Die Förderung der Mehrsprachigkeit bedingt, dass zwischen den Fächern, in denen Sprachlernen stattfindet, ein innerer Zusammenhang hergestellt wird. Neue Ansätze auf der Volksschulstufe und der Sekundarstufe I zielen auf eine sprachübergreifende Didaktik ab, die Gemeinsamkeiten durch Sprachsensibilisierung, -vergleiche und -reflexion bewusst machen (Wiater 2006, 57–72; Projekt Passepartout: www. passepartout-sprachen.ch [23.8.2010]. Reiches Material zum entdeckenden Brückenschlagen zwischen europäischen Sprachen bietet Lernenden die Methode «Eurocomprehension», zugänglich auf der Internetplattform www. eurocomcenter.com [30.09.2010].

In ihrer **Interdisziplinären Sprachwerkstatt** haben Labanauskaite und Fehlmann (2006) eine Didaktik entwickelt, die Lernende spielerisch experimentierend nach Regeln forschen lassen, nach denen Sprachen funktionieren.

Fachsprachen und Metaphern in der Wissenschaft: Vom Sprachunterricht aus bietet die Auseinandersetzung mit Fachsprachen und Metaphern in der Wissenschaft reizvolle Anlässe zum Brückenschlag zwischen den Sprach- und Sachfächern. Die Lernenden erkennen, dass auch die sogenannten harten Fakten der Sachfächer durch eine Sprache vermittelt werden, die mitunter eine erkenntnisleitende Wirkung entfaltet (Gerling/ Gierlich 2000; Caviola 2003).

Kombinationen: Das Beispiel «Sprache–Rhythmus–Musik» zeigt, wie sich diese Art von Lernzielen mit anderen Zielen kombinieren lässt. So kann ein produktionsorientiertes Lernziel: «Wie können wir eine überzeugende Rede gestalten?» (Konvergenz-Modell), ergänzt werden durch eine zweite Leitfrage: «Welche Mittel (aus L, D, Mu) werden zum Überzeugen und Überreden eingesetzt?» (Wissenschaftliche Gemeinsamkeiten).

Das Modell 2.2 ist auch leicht mit dem Modell 2.1: *Fachperspektiven kontrastieren* kombinierbar. Beide Lernziele verbindet ein analytischer Blick auf die beteiligten Fächer; in ihrer Kombination können sie Trennendes und Verbindendes zwischen den Fächern und ihren Gegenständen einfangen.

7.4 Chancen und Fallstricke der Fächervernetzung: Geschichte und Landeskunde

Die Unterrichtspraxis zeigt, dass die Möglichkeiten der Fächerverknüpfungen und der Lernziele fast unbegrenzt sind. Gerade diese Offenheit macht einen Reiz des fächerübergreifenden Unterrichts aus. Dennoch führen einige Fächerkombinationen Bedingungen mit sich, die besondere Beachtung verdienen. Zwei von ihnen, den Einbezug des Fachs Geschichte und den Lernbereich Landeskunde im Fremdsprachenunterricht, beleuchten wir deshalb besonders.

7.4.1 Fächer vernetzen mit dem Fach Geschichte

Geschichte zählt zu jenen Fächern, die sich leicht mit anderen verbinden. Dies zeigt schon die Häufigkeit, mit der das Fach (neben Deutsch und Wirtschaft) im fächerübergreifenden Unterricht vertreten ist.[16]

In der Praxis zeichnen sich zwei häufig verwendete Vernetzungsformen mit Geschichte ab, 1) die Konzentration auf einen Gegenstand oder ein Phänomen (z.B. Seuchen, Sport, Genussmittel) und 2) die Konzentration auf eine historische Epoche (z.B. Antike, Renaissance, Faschismus). In beiden Fällen zeichnet sich das Fach Geschichte durch eine besondere Sogkraft aus, die genauer zu betrachten sich lohnt.

16 In der Erhebung von Stübig/Ludwig et al. (2006) umfasste Geschichte 10% der 627 erfassten Unterrichtsvorhaben, zusammen mit dem 14%-Anteil des Faches Politik und Wirtschaft rund ein Drittel. In Liestal war Geschichte/Staatskunde an 14 von 41 fächerübergreifenden Unterrichtsvorhaben beteiligt.

Fächer vernetzen mit dem Fach Geschichte	Lernziele	Beispiele
1. ein Phänomen im Fokus 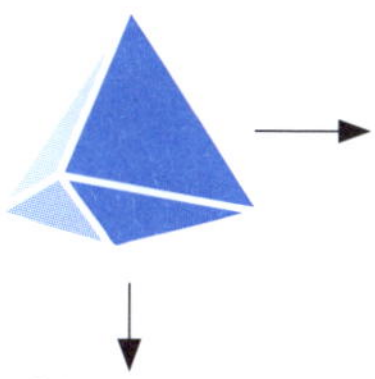 	a. Interdisziplinarität «light»: Phänomene, die gewöhnlich im Geschichtsunterricht nicht vorkommen, historisieren b. Kontrastieren der Fachperspektiven	_ Reisen: Sich fremd werden und heimkehren: Wie verändert uns Menschen das Reisen (Gs, D, F, E)? _ Was ist die Bedeutung von Genussmitteln im historischen Wandel und in ökonomisch-rechtlicher Perspektive (WR, Gs)?
2. Historische Epochen im Fokus **Technik/ Musik/ Literatur/ Politik**  	a. Kausalbezüge erkennen b. Epochentypische Themen, Muster nach Analogiebezügen erkennen	_ Wie und warum entwickelte sich mathematisches Wissen in der archaischen Periode der griechischen Geschichte (M, Gs)? _ Wie lässt sich die Moderne als Sprengen einer Form zeigen (P, Mu, D, Gs)?

1. Interdisziplinarität «light» versus Kontrastieren der Fachperspektiven

Das Erkenntnisinteresse der Geschichtswissenschaft ist auf Zeitlichkeit ausgerichtet. Da Zeitlichkeit fast allen Phänomenen eigen ist, können auch fast alle Phänomene Untersuchungsgegenstände der Geschichtswissenschaft werden. Neuere Forschungszweige wie Körpergeschichte, Geschlechtergeschichte, Bildgeschichte, Begriffsgeschichte usw. illustrieren, wie leicht Geschichte Gegenstände anderer Fächer, z.B. der Biologie, Soziologie oder Linguistik, zu integrieren vermag. Zu Recht kann man daher postulieren, dass Geschichte in sich ein interdisziplinäres Fach ist (Pandel 2001). Was bedeutet dies aber für den fächerübergreifenden Unterricht? Welche lohnenden Lernziele bieten sich für ihn an? Eine Antwort muss zunächst klären, was das «Kerngeschäft» der Geschichtswissenschaft ausmacht.

Geschichtswissenschaft ist primär durch ihre Denkweise und Methoden, nicht durch Themen, Gegenstände oder Personen bestimmt. Ihr Erkenntnisinteresse ist darauf gerichtet, aus diachronen Vorgängen Sinn herzustellen. Methodisch verfährt die Geschichtswissenschaft im Herstellen dieses Sinns wie folgt:

_ Sie situiert ihre Untersuchungsgegenstände auf dem «Zeitstrahl» und objektiviert sie dadurch.

_ Sie macht sie zu «Quellen» bzw. «Quellenlieferanten», die sie nach den methodischen Regeln ihres Faches (meist der Hermeneutik) interpretiert.

Auffällig ist, dass das Schulfach Geschichte seine fachliche Grundkompetenz – mitunter geleitet durch Lehrplan und Lehrmittel – meist an den Gegenständen Gesellschaft und Politik übt und so dem Fach ein thematisches «Gesicht» gibt. Wird das historische Interesse im Unterricht auf andere, ungewohnte Gegenstände ausgedehnt, z.B. auf Themen wie Reisen, Seuchen, Gentechnik, Sport oder Genussmittel, so resultiert zunächst ein Verfremdungseffekt, eine Art Interdisziplinarität «light». Interdisziplinär ist dieser Unterricht, weil er sich auf Gegenstände bezieht, die im Normalunterricht gewöhnlich nicht historisch betrachtet werden. «Leicht» bleibt diese Interdisziplinarität insofern, als sich der fächerübergreifende Unterricht hauptsächlich auf das historische Erkenntnisinteresse und die Methode des Interpretierens und Vergleichens von Quellen konzentriert, ohne auch nichthistorische Erkenntnisinteressen und Methoden ins Spiel zu bringen. Das folgende Beispiel illustriert, wie leicht das Fach Geschichte Gegenstände, auch solche anderer Fächer, zu integrieren vermag.

Reisen: Sich fremd werden und heimkehren: Wie verändert uns Menschen das Reisen?

Im Jahreskurs «Reisen» stellen die Fächer Geschichte, Deutsch, Französisch und Englisch verschiedene Formen des Reisens vor, die sie im Unterricht in chronologischer Ordnung durchlaufen: die Odyssee, die Argonauten, Moses und der Exodus, Pilgerreisen (verbunden mit einer zweitägigen Pilgerreise der Klasse auf dem Jakobsweg), Orientreisen, Entdeckungsreisen, Imperialismus, American Frontier: Westward Movement, Roadmovie, touristisches Reisen heute (verbunden mit einem Gastreferat zweier Rad-Weltreisender). Der Kurs beleuchtet unterschiedliche Formen des Reisens im Spiegel unterschiedlicher Textsorten und Darstellungsformen: Mythen, literarische Texte, Reiseberichte, Briefe, Filme und Erlebnisberichte liefern reichhaltige Quellen. Da alle beteiligten Fächer auch ein historisches Erkenntnisinteresse mit sich führen, setzt sich der historische Blick als gemeinsamer Nenner unter den Fächern durch. Durch die Orientierung des Kursaufbaus am kulturgeschichtlichen Zeitstrahl tragen die unterschiedlichen Quellen zu einem breiten historischen Verständnis des Phänomens Reisen bei.

Etwas Weiteres kommt hinzu: Den Lernenden gelingt es zunehmend, einzelne Typen und Motive aus der Mythologie und der politischen Geschichte zu erkennen und sie auf andere Bereiche von Literatur und Kunst zu übertragen, zum Beispiel Motive der Odyssee auf den Roadmovie oder Elemente des Pilgertums auf die Orientreisen und auf die Gegenwart. Auch gelingt es ihnen, den Typus des Entdeckers und Eroberers ebenso wie Kulturbegegnungen und -konflikte in Geschichte und Literatur aufzuspüren.

Das Wahrnehmen von Analogien zwischen Beobachtungen aus der Mythologie, literarischen Werken und dokumentarischen Quellen wird geschult. Derartige Beobachtungen geschehen aber eher beiläufig und werden in Bezug auf die Anteile der beteiligten Fächer kaum reflektiert.
In einem nachträglichen Interview nach der Interdisziplinarität des Kurses befragt, erklären die Lernenden, sie hätten neben der Lebensnähe des Themas die Vielfalt der Beiträge, die drei Unterrichtssprachen und die vier unterschiedlichen Lehrerpersönlichkeiten sehr geschätzt. Doch was die fächerübergreifende Vielfalt betrifft, habe das Geschichtliche doch sehr dominiert. Zum Thema Reisen hätten sie auch Beiträge von Fächern wie Psychologie und Wirtschaft interessiert.

Auf welche Weise kommen nun in diesem Fall die Fächer «miteinander ins Gespräch»? Bildlich gesprochen, rollt hier Geschichte ihren Zeitteppich aus, auf dem alle beteiligten Fächer ihre Beiträge als «Quellen» platzieren. Geschichte setzt ihr Erkenntnisinteresse durch und macht die anderen Fächern zu Quellenlieferanten, indem sie deren historische Dimensionen aktiviert bzw. ihre Gegenstände (wie literarische Figuren und Handlungen) historisiert. Man kann diese Methode als eine Form der Konvergenz-Interdisziplinarität beschreiben, in der einzelne Fächer Puzzlesteine zu einem kulturgeschichtlichen Panoramabild des Phänomens Reisen beisteuern. Dieses kann für sich ein wertvolles Lernziel abgeben, muss aber nicht alleine stehen. Interdisziplinarität «light» wird dann zum Stolperstein für den fächerübergreifenden Unterricht, wenn die an ihm Beteiligten glauben, einem vertieften Zwiegespräch zwischen Geschichte und anderen Fächern beizuwohnen, obwohl – in der Ausrichtung des Erkenntnisinteresses und der Methoden – im Grunde ein Monolog des Faches Geschichte stattfindet, der allerdings in verschiedene Fächer ausgreift.
Das Beispiel des Reise-Kurses zeigt, dass es sich lohnt, beim fächerübergreifenden Blick auf einzelne Phänomene der Sogkraft des historischen Erkenntnisinteresses besondere Beachtung zu schenken. Dies kann einerseits dadurch geschehen, dass man diese Sogkraft im Unterricht reflektiert oder indem man auch Elemente der Divergenz-Interdisziplinarität, der **Kontrastierung der Fachperspektiven**, einbezieht.

In einer Fallstudie am Bielefelder Oberstufenkolleg haben Boller/Dietz et al. (2006) dem Lernziel der Kontrastierung der Fachperspektiven zwischen Literatur- und Geschichtsunterricht besondere Beachtung geschenkt. Ausgangspunkt der Studie war die Frage, wie der fächerübergreifende Unterricht bewusst machen kann, auf welche Weise die Fächer Geschichte und Literatur ihre Gegenstände konstituieren und welches Erkenntnisinteresse sie auf ihre Gegenstände lenken. Die Ergebnisse seien hier knapp zusammengefasst.

1) Die Unterrichtsbeobachtung bezieht sich auf einen Kurs «Afrika: Geschichte und Literatur». In einem ersten Schritt erhalten die Lernenden zwei Texte, die dasselbe historische Ereignis, die Ermordung des Zulu-Führers Shaka 1828, beschreiben. Der eine ist ein typischer Quellentext, wie ihn der Geschichtsunterricht verwendet, H. F. Fynn: *Shakas Ermordung*, der andere ein Text aus einem Roman, der das Ereignis aus der Sicht einer Romanfigur erzählt, Thomas Mofolo: *Chaka Zulu*, 1925, Kapitel 18, *Der Tod Nowilas*.
Die Texte werden einander gegenübergestellt, und die Lernenden arbeiten in Gruppen die typischen Merkmale eines Quellentextes der Geschichte und eines literarischen Textes heraus. Die folgenden Ergebnisse werden festgehalten:

Historische Quelle	**Literarischer Text**
Beschränkung auf die wichtigsten Fakten, Beschreibung äusserer Merkmale, Einheitlichkeit, genaue Orts- und Zeitangaben.	Emotionale Ausschmückung der Fakten, Verwendung von Introspektion, Orts- und Zeitangaben sind unwichtig.

Die Lernenden erkennen, dass sie zwei typische Texte für den Geschichts- bzw. den Literaturunterricht vor sich haben. Sie stellen weiter fest, dass der historische Quellentext nicht nur Fakten verbürgt, sondern durch die Perspektive des Berichterstatters auch subjektive Elemente vermittelt. Auch wird ihnen bewusst, dass der literarische Text besser als der historische ermöglicht, sich in die beteiligten Personen hineinzudenken.

2) In einem zweiten Schritt wird nach den typischen Fragen, welche die Fächer Geschichte und Literatur an ihre Gegenstände richten, gefragt. Es geht nun also darum, die spezifischen Erkenntnisinteressen der Fächer Geschichte und Literatur herauszuarbeiten.
Die Kontrastierung der Fachperspektiven geht nun vom selben Text aus. Es handelt sich um den Anfang von Uwe Timms historischem Roman *Morenga* (1978), der den blutig niedergeschlagenen Aufstand der Hereros und der Hottentotten gegen die deutschen Kolonialherren 1904 beschreibt. Der Text wird nun im Licht beider fachlichen Erkenntnisinteressen beleuchtet. Er wird also auf seine literarischen Merkmale (z. B. rhetorische Elemente, Subjektivität, Erzeugung von Spannung und Atmosphäre, Erzählperspektive) hin untersucht, und es wird gefragt, welche faktenverbürgenden Elemente (z. B. Angaben zu Personen, Zeiten und Schauplätzen) er enthält. Im Vergleich der beiden Sichtweisen gelangen die Lernenden zur Frage, «inwiefern Geschichte nicht nur Rekonstruktion, sondern auch Konstruktion von Wirklichkeit ist». Sie werden dafür sensibilisiert, dass geschichtliche Wahrheit auf der Auswahl, Gewichtung und Wertung von Fakten beruht – also auch Elemente des Fiktiven enthalten kann. Ebenfalls erkennen sie, dass literarische Texte nicht nur Fiktion, sondern auch historische Wahrheit

vermitteln können. Am Ende stellt ein Lernender die Frage, inwiefern der Roman von Uwe Timm auch als historischer Text gelten könne und möglicherweise die Qualitäten beider Betrachtungsweisen, der literarischen und der historischen, miteinander verbindet (Boller/Dietz 2006, 66).

Welche Schlüsse lassen sich aus dieser Erkenntnis in Bezug auf die Interdisziplinarität «light» und den Reise-Kurs ziehen? Auch hier hätte ein **bewusstes Kontrastieren der Fachperspektiven** vertiefte fächerübergreifende Erkenntnisse einbringen können. Fruchtbar und für Lernende anregend wäre etwa gewesen zu fragen, wie «wahr» bzw. interpretationsbedürftig Mythen, Briefe, Romane, Reiseberichte und mündliche Aussagen von Reisenden sind. Auf diese Weise hätten die typischen Untersuchungsgegenstände der Sprachfächer, literarische Texte, mit ihren Merkmalen wie Fiktionalität, Subjektivität und Erzählästhetik, noch mehr Beachtung gefunden. Ebenso wären die für die Interpretation literarischer Texte typischen Fragestellungen nach Motiven und Typen (z. B. das Motiv der Irrfahrt und der Typ des Eroberers) als literarische noch deutlicher geworden.
Zum Lernziel «Kontrastierung der Fachperspektiven» wäre weiter denkbar, Fächer mit anderen Erkenntnisinteressen als historischen einzubeziehen. So könnte Psychologie Motive des Reisens und Erfahrungen des Fremdseins ausloten, das Fach Wirtschaft ökonomische Triebfedern des Reisens bis hin zur modernen Tourismusindustrie beleuchten. Auffällig ist auch, dass die Leitfrage «Wie verändert uns Menschen das Reisen?» eigentlich das Fach Psychologie anspricht, das zum Thema Identität und Persönlichkeitswandel psychologisch fundierte Theorien beisteuern könnte.

Ein Beispiel einer breiter gefächerten Interdisziplinarität bietet ein Jahreskurs zum Thema Genussmittel, in dem die Fächer Geschichte und Wirtschaft und Recht zusammenarbeiten:

Streifzüge durch die Welt des Genusses

Im Fokus dieses Jahreskurses stehen Genussmittel wie Kakao, Tee, Kaffee, Wein, Bier, Schokolade und Käse. Geschichte nähert sich dem Thema, indem sie die Bedeutung von Genussmitteln mit Politik und Ideengeschichte verbindet. So beleuchtet sie Genussmittel in ihrer spirituellen Wirkung etwa bei den Azteken, ihre Bedeutung als Zahlungsmittel, als Statussymbol und als Gegenstand ästhetisierenden Genusses. Das Fach Wirtschaft und Recht erschliesst historische Phänomene aus einer markant ahistorischen Optik, z. B. mit Theorien zur Preisbildung (Veblen-Effekt), zum Marketing (Product, Promotion, Price, Placement), zur Währung und zum Homo Œconomicus. Die Klasse besucht Unternehmungen, die in der Wertschöpfungskette der Genussmittelproduktion und -vermarktung eine Rolle spielen. Fragen der Werbung und der Gesetzgebung kommen ebenso hinzu wie solche des verantwortungsbewussten Umgangs mit

Genussmitteln. Das Fach Wirtschaft und Recht öffnet sich punktuell für historische Fragen, wenn es einen Blick auf die historische Entwicklung seiner eigenen Terminologie aus der politischen Ökonomie wirft.

Cabernet – Cacao – Café – Cannabis & Co.

Historische und ökonomische Streifzüge durch die Welt des Genusses

Inhalte: Genussmittel und ihre Bedeutung im historischen Wandel
Produktion, Handel und ökonomische Bedeutung der Genussmittel
Marketingfragen
Die Kunst des Genusses
Kriminalität

Zielpublikum: Schülerinnen und Schüler aller Schwerpunktfächer der Maturaabteilung

Lehrformen: Theorielektionen, Auseinandersetzung mit Fachliteratur, Fallstudien, Diskussionen, Simulationsspiele, selbstständige Studien mit anschliessender Präsentation der Ergebnisse in Form eines Referats

Exkursionen: Nach Möglichkeit besuchen wir diverse Unternehmungen, die in der Wertschöpfungskette der Genussmittelproduktion und -vermarktung eine Rolle spielen.

Ausserdem versuchen wir, diverse Fragen (Werbung, verantwortungsvoller Umgang mit Genussmitteln, Gesetzgebung, Missbrauch u. a.) mit Fachkräften aus Wirtschaft, Politik und Strafverfolgung zu diskutieren.

Selbstverständlich werden wir auch «praktische Übungen» durchführen.

Prüfungen:
Die Zeugnisnoten des Wahlkurses werden zu den Noten des Faches Geschichte gezählt.

Eine Wahl als Ergänzungsfach ist nicht möglich!

Kursleiter: Lukas Bühler und Reto Güdel
(Für weitere Informationen: buehler.lukas@gymliestal.ch oder guedel.reto@gymliestal.ch)

Beispiel einer Kursausschreibung

Die beiden Fächer gehen das Thema mit ihren unterschiedlichen Erkenntnisinteressen an: Geschichte interessiert sich für Genussmittel vor allem als Impulsgeber für historische Veränderungsprozesse. Das Fach Wirtschaft und Recht bringt ökonomische Theorien ein und nimmt ahistorische, pragmatische Aspekte des Themas auf. Im Blick auf konkrete Fragen etwa der Art: «Wie konnte aus den englischen Kaffeehäusern von Lloyd's eine moderne Versicherungsgesellschaft entstehen?», ergänzen die beiden Fächer einander im Sinne einer Puzzle-Interdisziplinarität, die nach fächerübergreifenden Kausalbezügen für eine überfachliche Frage sucht (Modell 1.1). Wenn das Fach Wirtschaft und Recht eine Theorie einbringt, die unterschiedliche historische Formen von Währungen wie Bier, Edelmetall und Papiergeld unter einen Hut bringen kann, so kommt eine Integration nach dem Prinzip der Fächerkreuzung (Modell 1.3) zustande. Da beide Fächer «bei ihrem Leisten bleiben», werden für die Lernenden aber immer auch ihre divergierenden Erkenntnisinteressen und Gegenstandsverständnisse deutlich. Gelingt es dem Unterricht, die Fächer in ihrem Konvergieren und Divergieren zugleich erfahrbar zu machen, so ist ein wichtiges Ziel des fächerübergreifenden Unterrichts erreicht. Ein Schüler aus dem Genussmittel-Kurs beschreibt, wie er beim Besuch der Brauerei ökonomisches und historisches Wissen als verbunden und dennoch getrennt wahrnahm:

> «*Herr B.* [der Geschichtslehrer] *hat uns über das historische Bier erzählt, und bevor wir dann zur Führung nach Rheinfelden gingen, hat uns Herr G.* [der Wirtschaftslehrer] *ein Dossier zum Marketing und wie der Preis zusammengesetzt ist, gegeben. Dieser Zusammenschluss, auch in Bezug auf die Fussball-EM, die eben gerade war, und welche Menge* [die Brauerei] *dafür produzierte, das war eigentlich die grösste Kombination, die ich gesehen habe.*»

2. Historische Epochen im Fokus

Historische Epochen sind Fundgruben für fächerübergreifende Zusammenhänge. Ihre Bearbeitung spricht vor allem jene Fächer an, deren Lehrplan einen Gang durch die geschichtlichen Epochen vorsieht. Neben dem Fach Geschichte sind dies am Gymnasium Kunst-, Musik- und Literaturgeschichte. Selbstverständlich können sich auch die Naturwissenschaften, Wirtschaft und Recht oder Sport in ihren historischen Dimensionen anschliessen und so Bezüge zur Wissenschafts- und Kulturgeschichte freilegen. Leider sehen die meisten Lehrpläne der Naturwissenschaften diese historische Sicht auf das eigene Fach nur am Rande vor. Historische Parallelen zwischen fachlich getrennten Wissenssträngen wahrzunehmen, bietet eine reizvolle und ergiebige Form fächerübergreifender Arbeit. Ihre organisatorische Umsetzung geschieht am besten im Rahmen einer **Curriculumintegration** (↗ *Kapitel* 6 und *Kapitel* 10). Material zum fächerintegrierenden Unterricht dieser Art bietet zum Beispiel Guery 2009.

Das Modell «historische Epoche als Fokus» verfährt nach dem Prinzip des synchronen Zeitschnitts, der Synopse. Anders als beim Fokus auf einen einzigen Untersuchungsgegenstand wie etwa Genussmittel oder Seuchen im historischen Wandel geht es hier darum, eine ganze historische Epoche zu beleuchten. Diese wird zunächst als heterogenes Ganzes vor den «Blicken» der beteiligten Fächer ausgebreitet. Dieses historische Tableau kann zum Beispiel umfassen: eine naturwissenschaftliche und/oder gesetzliche Neuerung, ein Bauwerk, eine Romanfigur, eine künstlerische Darstellungsweise, eine epochentypische politische Rede usw. Heterogene Kulturzeugnisse, die sonst nach Fachzuständigkeiten getrennt wahrgenommen werden, rücken so in einem Kontext zusammen, der es möglich macht, Zusammenhänge zwischen ihnen zu erkennen. Das fächerübergreifende Verfahren kann als **Kontextualisierung** beschrieben werden: Anders als im oben beschriebenen Typ, der das Historisieren eines Gegenstandes mit einer nichthistorischen Wissenschaft kontrastiert, will der synchrone Zeitschnitt die unterschiedlichsten Phänomene integrieren und sie als Zeitzeugnisse interpretieren.
In der fächerübergreifenden Praxis haben sich zwei Verfahren der Kontextualisierung als besonders ergiebig erwiesen: die Verbindung nach Kausal- und die nach Analogiebezügen (Ähnlichkeit).

a. Historische Epoche nach Kausalbezügen
In der fächerübergreifenden Betrachtung historischer Epochen lassen sich leicht Kausalbezüge herstellen, die Brücken zwischen den geistig-ideellen und den materiell-sozialen Bedingungen einer Epoche schlagen und diese in ihrer gegenseitigen Abhängigkeit beleuchten. Didaktisch vereinfacht, lassen sich «Geist und Theorie» oder «Materie und Gesellschaft» als «Triebfedern der Geschichte» konkretisieren:

Geist und Therorie		Materie und Gesellschaft
philosophische politische Ideen Erfindungen ethische und moralische Werte religiöse Dogmen und Zweifel	Ursache → Wirkung ↔	Wohlstand und Armut Technologien aller Art, z. B. Messgeräte, Waffen, Baustoffe, Transportmittel, Medikamente
künstlerische Themen und Darstellungsformen wissenschaftliche Fragestellungen und Theorien	Wirkung ← Ursache	klimatische Bedingungen des Lebens, Wohnverhältnisse der Menschen usw.

Nicht selten bringt eine historische Epoche materielle, technische oder soziale Veränderungen hervor, die sich als Folge epochentypischer Denkweisen und Ideen deuten lassen. So kann man zum Beispiel die Französische Revolution als Folge aufklärerischer Ideen verstehen, wie sie etwa von Rousseau, Voltaire oder Montesquieu ausgehen. Umgekehrt lässt sich die «Triebfeder der Geschichte» auch bei den materiellen und sozialen Bedingungen ansetzen, was einer marxistischen oder sozialgeschichtlichen Position entspricht. Hier wird nach den äusseren Bedingungen gefragt, die den «Ideen» einer geschichtlichen Epoche zugrunde liegen. Die Erfahrung von Seuchen kann medizinische Forschung anregen, Kriege können Pazifismus oder eine Friedensbewegung hervorbringen.
Da dem Kontrastpaar von «Geist und Theorie» vs. «Materie und Gesellschaft» grob auch das Kontrastpaar von Geistes- und Natur- bzw. Sozialwissenschaften entspricht, bietet sich an, im sorgsamen Aufzeigen solcher Interdependenzen auch eine Begegnung der beiden Fachkulturen zu gestalten. Zwei Beispiele können dies illustrieren:

Antike: «Wie und warum entwickelte sich mathematisches Wissen in der archaischen Periode der griechischen Geschichte (Gs, M, Gr)?» Die Lernenden erarbeiten sich ein differenziertes Verständnis eines kulturgeschichtlich bedeutsamen Phänomens, der Entstehung der Mathematik als theoretische wissenschaftliche Disziplin. Sie lernen, unter welchen historischen Bedingungen bekannte mathematische und geometrische Gesetze (Thales, Pythagoras, Euklid) entwickelt wurden. Bedürfnisse des Handels, der Landbesteuerung und des Warentransports verlangten nach mathematischen Verfahren, die Quantifizierungen unterschiedlicher Art wie Flächenmessungen und Längenschätzungen möglich machten.
Sie lernen weiter, dass zu diesem vertieften Verständnis Wissen und Können in verschiedenen Fächern notwendig sind. Mathematik zum Verständnis der mathematischen und geometrischen Theoreme, Griechisch bzw. Lateinisch, um die Quellen und ihre Aussagen zu verstehen, Geschichte, um die kulturellen (ökonomischen und politischen) Einrichtungen und Vernetzungen zu dieser Zeit und in diesem Raum verstehen zu können.

Turn of the Century: «Was ist richtiges und falsches Handeln zu Beginn des 20. Jahrhunderts?»
Im Englischunterricht wird Edward Priestleys Theaterstück *An Inspector Calls* gelesen, das den Untergang einer jungen Frau aus einfachen Verhältnissen im Räderwerk des Kapitalismus zum Gegenstand hat. Das literarische Werk bietet einerseits Anschauungsmaterial zu den Lebensbedingungen der gesellschaftlichen Klassen und ihren Denkweisen in England zu dieser Zeit, es ist andererseits aber auch politisch-moralisches Pamphlet, das eine Antwort zur Leitfrage anbietet.

Das Fach Wirtschaft und Recht behandelt den Wirtschaftsliberalismus, den Homo Œconomicus und beleuchtet die Lohnforderungen der jungen Frau aus liberaler und marxistischer Sicht. In Geschichte wird ein Licht auf den Unternehmer des 19. Jahrhunderts geworfen, der zwischen mittelalterlichem Feudalherrn und neuzeitlichem Kapitalisten steht. Die Entwicklung der Produktionsformen wird dargestellt. Der Selbstmord der tragischen Heldin wird schliesslich unter dem Aspekt der Leitfrage «Was ist richtiges Handeln zu Beginn des 20. Jahrhunderts?» beleuchtet. Das in Geschichte und Wirtschaft erarbeitete Wissen lässt nun eine mehrperspektivische Antwort auf die Leitfrage zu, die materielle und ideelle Triebkräfte in ihrer gegenseitigen Bedingtheit sichtbar macht.

b. Historische Epoche nach Analogiebezügen

Unter einem fächerübergreifenden Blickwinkel gewinnen historische Epochen leicht ein «Gesicht», in welchem in gemeinsamen Mustern und Themen strukturelle Ähnlichkeiten zwischen verschiedenen Kulturdomänen zum Ausdruck kommen. So können Architektur, Musik, Literatur, Technik und bildende Kunst einer Epoche als vom selben «Geist» inspiriert, aus demselben «Guss» erscheinen. Beispiele sind die Formen des Überladenen und Wuchernden des Barocks, in denen sich Architektur und politische Macht gegenseitig spiegeln, oder Motive wie die Nacht, die Sehnsucht oder das Fragmentarische in der Romantik. Im Unterschied zu den Kausalverbindungen, denen die Suche nach den Beweggründen und Gesetzmässigkeiten menschlichen Handelns zugrunde liegt, sind die Brücken zwischen den Fächern hier eher ästhetischer Natur.[17] Zwei Beispiele können dies illustrieren:

Romantik: «Wie zeigt sich das Motiv der Nacht in der Romantik?» Dazu lassen sich in verschiedenen Sprachfächern verschiedene Nationalliteraturen untersuchen, z.B. die deutsche (Joseph von Eichendorff oder Novalis), französische (Victor Hugo) und italienische (Giacomo Leopardi). Weiter ist eine Ausweitung auf die bildende Kunst möglich (C. D. Friedrich). Auch die Musik (Schumanns Vertonung von Eichendorffs *Mondnacht*) oder

17 Beim Erkennen epochentypischer Muster haben wir es mit einer gewissen Unschärfe zu tun. So spricht der Soziologe Karl Mannheim (1970) von Formentsprechungen und Stilgleichheiten, die sich zwischen Geist und Gesellschaft herausbilden. Auch die Begriffsgeschichte (Koselleck 1979) und die Diskursanalyse Michel Foucaults (1977) zeigen Wege auf, wie unterschiedliche Diskurse und symbolische Darstellungsformen einer Gesellschaft in epochentypischer Weise zusammenhängen. Niklas Luhmann (1980, S. 179) spricht von Korrelation und Kovariation von Wissen und gesellschaftlichen Strukturen. In jüngster Zeit haben die Wissenssoziologen Sabine Maasen und Peter Weingart aufgezeigt, dass wissenschaftliche Konzepte oft als Metaphern über die Grenzen von Fachbereichen hinwegwandern und so Brücken zwischen getrennten Wissensfeldern schlagen. Ein Beispiel ist der Chaos-Begriff, der seit den 1960er-Jahren von der Physik ausgehend in die Mathematik (Fraktale Geometrie), die Wirtschaftwissenschaften (Beschreibung von Wachstumsprozessen) und die Psychologie (Beschreibung der Gehirntätigkeit) auswanderte (Maasen/Weingart 2000). Der fächerübergreifende Unterricht kann solche Brücken bewusst machen und so das «Gesicht» einer Epoche herausschälen.

Werke von Frédéric Chopin und Richard Wagner oder etwa die Kurzgeschichten von Edgar Allan Poe können das Epochenbild bereichern. Unterschiede und Gemeinsamkeiten der verschiedenen Nationalliteraturen lassen sich ebenso herausarbeiten wie die politischen Dimensionen des Nachtmotivs. Kontrastive Übungen zum Wortschatz oder die kreative Umsetzung des bildlichen, musikalischen oder literarischen Mediums in ein anderes können die Auseinandersetzung mit dem Thema vertiefen.

Moderne: «Wie lässt sich die Moderne (ca. 1880–1930) als Sprengen einer zuvor geschlossenen Form zeigen?» In einer Einführung wird an Beispielen aus der Lyrik, Architektur und Malerei die Moderne als ein Aufbrechen von Formen dargestellt. Die Lernenden werden gebeten, dieses Muster im folgenden Fachunterricht in Deutsch, Bildnerischem Gestalten und Geschichte im Auge zu behalten. Nach mehreren Wochen fächergetrennten Unterrichts zum Thema Moderne arbeiten die Lernenden im Rahmen einer Synthesesitzung die folgenden Einzelbeobachtungen aus ihren Unterrichtserfahrungen heraus. Bildnerisches Gestalten: Die neue Stahlarchitektur des Eiffelturms und der Brooklyn Bridge brechen zuvor geschlossene Bauhüllen auf, ebenso Frank Lloyd Wright mit seinem radikalen Aufbrechen der Innenräume und deren Öffnung in breiten Fensterfronten, die visuell ein «outdoor living» möglich machen. In der Malerei des Impressionismus verlieren die Gegenstände ihre Konturen und verschwimmen; im Expressionismus löst sich die Farbe vom Gegenstand, der Kubismus feiert eine Multiperspektivität, die Gegenstände fragmentiert und durcheinanderwirft. In der Literatur (Deutsch) legt der innere Monolog das Private, Innere des Menschen offen in einer Sprache, die gewohnte Satzformen und Stilregeln aufbricht. Auch die technologischen Entwicklungen des Zeitalters sprengen Formen: Das Telefon macht die Gebäudehülle durchlässig, bricht die Grenze zwischen privatem und öffentlichem Raum auf. Die Röntgenstrahlen durchdringen den menschlichen Körper und öffnen dem Auge seine zuvor dunkle Innenwelt. Im Festhalten des fächerübergreifenden Analogons (im Aufbrechen einer Form) wird ein fächerübergreifendes Muster erfasst, das zugleich in seiner je fachspezifischen Gestalt erfahrbar wird. Fächerverbindendes und -trennendes werden erkannt.

Welche Schlüsse lassen sich aus diesen Beobachtungen für eine Didaktik des fächerübergreifenden Unterrichts mit dem Fach Geschichte ziehen? Die vorgestellten Modelle der Fächervernetzung lassen erkennen, warum sich Geschichte als derart anschlussfreundliches und -fähiges Fach erweist. Die spezifische Sogkraft des historischen Paradigmas eröffnet einerseits lohnende Lernziele, indem sie Inhalte und Themen historisch beleuchtet, die im üblichen Geschichtsunterricht nicht behandelt werden. Ein Blick in die fächerübergreifende Unterrichtspraxis macht aber auch deutlich, dass guter fächerübergreifender Unterricht Lernenden neben dem fächerverbindenden historischen Panoramablick stets auch ein Bewusstsein der jeweiligen Fachlichkeit und ihrer Grenzen vermitteln will.

7.4.2 Landeskunde im fächerübergreifenden Fremdsprachenunterricht

Im Fremdsprachenunterricht gehört es zu den Aufgaben der Lehrpersonen, den Lernenden Hintergrundwissen über das jeweilige Zielsprachenland zu vermitteln. Für den fächerübergreifenden Unterricht bieten sich landeskundliche Themen leicht an, da sie die Sprachfächer über einen breiten lebensweltlichen Bezug einbinden. Beispiele: London und Paris, zwei Metropolen im Vergleich (F, E). Die Grenze Mexiko – USA (Sp, E). Solche Themen sind nahe an den Interessen der Lernenden und deshalb für den fächerübergreifenden Unterricht geeignet. Zwei Aspekte scheinen uns dennoch bedenkenswert bei der Wahl eines landeskundlichen Themas:

- Wie weit fällt das zur Erschliessung dieser Themen nötige Wissen auch in die wissenschaftliche Kompetenz der Sprachlehrpersonen? Man denke etwa an landeskundliche Inhalte, die in die fachwissenschaftlichen Bereiche der Geografie, Geschichte, Musik, Architektur, Biologie, Soziologie und Religion gehören. Will die Sprachlehrperson nicht Gefahr laufen, in diesen Feldern zu dilletieren, ist sie gut beraten, eine Fachlehrperson aus den betroffenen Fächern einzubeziehen.
- Für einen fächerübergreifenden Unterricht, der sich am Massstab disziplinärer Kompetenz messen muss, stellt sich die Frage, wie die Kernkompetenzen und Lernziele der Sprachfächer – Verstehen, Sprechen, Lesen und Schreiben, Sprachbetrachtung, Kommunikation, Einbezug von Gegenständen wie Literatur und Medien, der Methode der Hermeneutik usw. – in die Behandlung landeskundlicher Themen eingebracht werden können.

Eine geglückte Zusammenarbeit zwischen Englisch und Biologie zeigt das folgende Beispiel:

> **Ökologie in England: «Wie kann uns Wissen aus dem Biologieunterricht im Umgang mit aktuellen englischsprachigen Zeitungstexten helfen?»**
> Im Englischunterricht werden englische Zeitungsartikel zum Thema Ökologie gelesen. Das Ziel ist einerseits Wortschatzarbeit, aber auch Landeskunde. Es soll der landestypische Umgang mit ökologischen Fragen dargestellt werden. Das in Biologie bereits erarbeitete Expertenwissen zum Thema Ökologie wird auf diese Weise im Medium der englischen Sprache wiederholt und vertieft. Der Biologielehrer nimmt an zwei Englischstunden teil und kann als Experte fachspezifische Fragen vor Ort klären. In Englisch resultiert der Gewinn eines biologisch fundierten Landeskundeunterrichts.

Literaturhinweise

_ Bastian/Combe et al. 2000
_ Boix Mansilla 2010
_ Boller/Dietz et al. 2006
_ Caviola 2003 und 2000
_ EuroComCenter 2010
_ Dewey 1993
_ EuroComCenter 2010
_ Fischer 1983
_ Foucault 1977
_ Frey 1998
_ Gerling/Gierlich 2000
_ Goodman/Elgin 1988
_ Guery 2009
_ Hahn 2008
_ Häussler et al. 1998
_ Huber 1998
_ Huber 1994
_ Huber/Effe-Stumpf 1994
_ Kettenbach 2001
_ Klein 1996
_ Klein 2010
_ Klein/Grossenbacher-Mansury et al. 2001
_ KMK 1977
_ Koselleck 1979
_ Kyburz-Graber/Caviola et al. 2009
_ Labanauskaite/Fehlmann 2006
_ Lagemaat 2005
_ Luhmann 1980
_ Maasen/Weingart 2000
_ Mannheim 1970
_ MAR 1995
_ Mittelstrass 1987
_ Pandel 2001
_ Projekt Passepartout: www.passepartout-sprachen.ch [23.8.2010]
_ Rabenstein 2007
_ Schütze 1973
_ Stübig/Ludwig et al. 2006
_ Weingart 1995
_ Wetlands International: www.wetlands.org [23.8.2010]
_ Wiater 2006
_ Zeyer 2006

8 Methoden und Arbeitsformen des fächerübergreifenden Unterrichts – eine Auswahl

8.1 Einleitung: Methodenvielfalt

Fächerübergreifende Lernziele lassen sich über viele methodische Wege erreichen. Projektunterricht, der lange als Königsweg zum fächerübergreifenden Lernen galt, bezeichnet dabei nur einen von ihnen (Huber 1999, 50).
Zwei methodische Besonderheiten des fächerübergreifenden Unterrichts zeichnen sich ab:
1) Vor allem in längeren, problemorientierten Unterrichtsvorhaben wird dem **selbstständigen Lernen** deutlich mehr Raum gegeben als im Fachunterricht, ein Umstand, den Lernende ausdrücklich schätzen (↗ *Kapitel* 4.5 und 5.2.5; vgl. auch Stübig/Ludwig et al. 2006, 72).
2) Eine besondere Herausforderung erwächst dem fächerübergreifenden Unterricht aus seinen **wissenschaftspropädeutischen Lernzielen.** Metadisziplinarität geschieht nicht von selbst: Das «Sichtbar-Machen des Zusammenwirkens der Fachbeiträge» (Stübig/Ludwig et al. 2006, 51) bedarf meist der methodischen Unterstützung durch die Lehrpersonen. Wir widmen diesem Aspekt im Folgenden deshalb besondere Aufmerksamkeit.
Weiter beleuchten wir einzelne Methoden und Arbeitsformen, die fächerübergreifenden Lernzielen dienen, aber durchaus auch im Fachunterricht vorkommen.

8.2 Die Bedeutung der fächerübergreifenden Leitfragen

Eine gut gewählte Leitfrage verleiht dem fächerübergreifenden Arbeiten eine Richtung, legt die Forschungs- und Handlungsbahnen aus, in denen die Integration der beteiligten Fächer zustande kommt. Sie verleiht dem Thema eine prozessuale Form (Wesemann 2009, 185) und wird so ein Wegweiser zum Lernziel.

_ Leitfragen sind zunächst ein Mittel der **Unterrichtsplanung.** Sie dienen den Lehrpersonen, ihre gemeinsamen Ziele abzustecken, die Fachanteile aufeinander abzustimmen und ihrem Vorhaben eine kollektive Ausrichtung zu geben, auf die später auch der Leistungsnachweis Bezug nimmt.
_ Indem sie den Unterricht auf ein Ziel hin fokussieren, sind Leitfragen auch Mittel der **Qualitätssicherung.** Sie stellen sicher, wohin die Reise gehen soll,

und schaffen Transparenz für die Lernenden. Für eine Unterrichtsform, die sich noch auf keine etablierte Didaktik stützt, können sie als didaktischer Kompass dienen.

Im Unterrichtsaufbau können fächerübergreifende Leitfragen unterschiedliche Funktionen übernehmen:

_ In einem eher lehrergelenkten Unterricht stellen die Lehrpersonen den Lernenden die Leitfrage einer Unterrichtseinheit im Zug der Unterrichtseröffnung im Sinne eines *advance organizers* (Ausubel 1974) vor.[18] Möglich ist auch, dass man im Unterricht von einem Phänomen ausgeht und die Leitfrage erst einführt, wenn die Lernenden im Thema etwas Sicherheit gewonnen haben. Denkbar ist auch der umgekehrte Weg: Man braucht die Leitfrage als *retrospective organizer* und stellt sie erst vor, wenn das Ende der Unterrichtseinheit in Sicht ist, und führt den Lernenden so vor Augen, welche Ausrichtung der Unterricht bisher verfolgt hat.
_ Wo der Unterricht auch konstruktivistische Lernziele verfolgt, können fächerübergreifende Leitfragen «als ein Bereitstellen von Perspektiven» verstanden werden, die junge Menschen dazu anregen, «ihre eigenen Konstruktionen von Wirklichkeit zu reflektieren, umzubauen oder weiter zu entwickeln» (Wesemann 2009, 187). Dazu gehört, vor allem in grösser angelegten Unterrichtsvorhaben, das Formulieren eigener Leitfragen, die ihnen Raum für selbstständiges forschungsähnliches bzw. projektartiges Arbeiten bieten.
_ Leitfragen sollen eine Leithilfe bieten, aber kein starres Korsett sein. Stellen sie sich im Laufe eines offenen Erkenntnisprozesses als ungenau oder unerreichbar heraus, sollen sie präzisiert oder durch weiterführende Leitfragen ersetzt werden können.
_ Für längere Unterrichtsvorhaben mit mehreren klar unterscheidbaren Lernzielen empfiehlt sich eine Planung mit mehreren Leitfragen, die ein Thema auf verschiedenen Hierarchiestufen in Ober-, Unter- und Folgefragen erschliessen (↗ *Kapitel 11.4*).

Was gilt es beim Formulieren einer fächerübergreifenden Leitfrage zu beachten?

_ Das Formulieren der fächerübergreifenden Leitfrage setzt eine gewisse Vertrautheit mit dem Thema und dem zu bearbeitenden Problem bzw. Phänomen voraus. Eine Leitfrage sollte daher nicht vorschnell formuliert werden.

---

18 Einige Lehrpersonen, die in ihrem Unterricht ohne explizite Leitfragen arbeiten, erklärten in unseren Interviews am Gymnasium Liestal, sie folgten eher impliziten Leitfragen. Leitfragen ergäben sich «automatisch aus dem Thema heraus» oder seien «unbewusst» vorhanden. Hinweise dieser Art deuten darauf hin, dass das Erkenntnisinteresse bzw. Unterrichtsziel, das hinter einem fächerübergreifenden Vorhaben steht, von Lernenden eher intuitiv erspürt werden muss als explizit erfasst werden kann. Für den fächerübergreifenden Unterricht stellt sich in dieser Hinsicht dieselbe Herausforderung wie für den Fachunterricht, dass er nämlich seine Lernziele weitgehend offenlegen und den Lernenden bewusst machen soll.

- Die fächerübergreifende Leitfrage muss so formuliert sein, dass sie zu ihrer Beantwortung die beteiligten Fächer in ihren Kernkompetenzen in Anspruch nimmt. Zu diesen gehören in der Regel fachspezifische Begriffe, Modelle, Theorien, Methoden, Untersuchungsgegenstände und Fertigkeiten.
- Eine Leitfrage sollte so eng gefasst sein, dass sie im Rahmen eines Unterrichtsvorhabens bewältigt werden kann.
- Sie kann sich an den Modellen der Fächervernetzung (↗ *Kapitel 7.1*) orientieren, die wir entworfen haben.

Beispiele von Leitfragen und ihren Lernzielen

Blau & Co

Leitfrage: «Wie verändert das Wissen über Farbe die Wahrnehmung von Farbe?» Beteiligt sind Bildnerisches Gestalten, Physik, Englisch und Französisch. Lernziel: Den Unterschied zwischen verschiedenen Fachperspektiven und der Alltagssicht beschreiben (Schwerpunkt Divergenz-Interdisziplinarität).

Erscheinungen und Perspektiven

Leitfrage: «Mit welchen Mitteln kann die Erscheinung der Landschaft einerseits wahrgenommen und dargestellt, andererseits erklärt und verstanden werden?» Geografie und Bildnerisches Gestalten sind beteiligt. Lernziel: Unterschiedliche Realitätsauffassungen und fachliche Darstellungsweisen beschreiben (Schwerpunkt Divergenz-Interdisziplinarität). Wenn Lernende Mittel der Darstellung erproben, zum Beispiel eine Landschaft von der Karte in eine dreidimensionale Darstellung übertragen, ist das Lernziel «Fächerkreuzung: Erschliessen eines Fachgegenstandes durch ein anderes Fach» im Fokus.

Ursprung und frühe Anwendungen der Mathematik im alten Griechenland

Leitfrage: «Wie und warum entwickelte sich mathematisches Wissen in der Frühphase der griechischen Geschichte?» Beteiligt sind Latein/Griechisch, Geschichte, Mathematik. Lernziel: Historische Bedingungen erkennen, unter denen mathematische Gesetze entwickelt wurden (Schwerpunkt Konvergenz-Interdisziplinariät).

MUN (Model United Nations)

Leitfragen: «Woher kommt die UNO – wie funktioniert sie? Wie können wir eine Resolution überzeugend vertreten?» Beteiligt sind Deutsch und Geschichte. Lernziele: Die Teilnehmenden werden mit der Struktur und der Funktionsweise der Weltorganisation vertraut. Sie lernen und üben, wie globale Probleme gemeinsam, international und solidarisch gelöst werden können. Sie lernen das Debattieren und damit die Chancen demokratischer Auseinandersetzungen kennen. Als Delegierte von UNO-Mitgliedstaaten führen sie Verhandlungen und stimmen über Resolutionsentwürfe ab (Schwerpunkt Konvergenz-Interdisziplinarität).

Musik/Ton im Videofilm
Leitfrage: «Wie beeinflussen sich Bild und Ton in den Videoinstallationen von Bill Viola gegenseitig?» Beteiligt: Bildnerisches Gestalten und Musik. Lernziel: Die gegenseitige Wirkung von Bild und Ton erleben, bewusst erfahren und beschreiben (Fächerkreuzung und fachliche Zuständigkeiten hinterfragen).

Playing Sound Waves
Leitfrage: «Wie bringen Instrumente einen Klang hervor, der zu einer interessanten musikalischen Erfahrung werden kann?» Ein sechswöchiges Vorhaben an der International School of Uganda in Kampala schliesst die Fächer Physik und Musik mit ein. Die Leitfrage nennt die beteiligten Fachgegenstände Klang und Musik und macht ihre Verbindung klar. Die Antwort auf die Leitfrage setzt physikalisches und musikwissenschaftliches Wissen voraus. Aus der Physik sind dies Kenntnisse über Resonanz und Schwingung, Amplitude und Wellenlängen, aus der Musik solche über Rhythmus, Melodie, Harmonie und Tonhöhe, aber auch Instrumententypen wie Blas-, Schlag- und Saiteninstrumente. Im Beantworten der Leitfrage stellen die Lernenden (mit Unterstützung durch einen professionellen Instrumentenbauer) ein eigenes einfaches Fantasieinstrument her (Konvergenz-Interdisziplinarität). Dazu müssen sie aus dem zuerst aufgebauten Fachwissen planvoll auswählen und ihre Kenntnisse zielgerichtet anwenden (Aspekte der Divergenz-Interdisziplinarität) (nach Boix Mansilla 2007).

8.3 Das fächerübergreifende Wissen im Stundenplan von Fach zu Fach tragen

Flaschenpost-Material wandert: Diese Methode eignet sich für den fächerübergreifenden Unterricht im Normalstundenplan ohne Teamteaching und eigenes Zeitgefäss. Material, das in einem Fach erarbeitet wird, wandert in den Unterricht des anderen Fachs, wo es aus anderer Perspektive weiterbearbeitet wird. Es gilt zu vereinbaren, wer die Flaschenpost weiterträgt, Lernende oder Lehrpersonen. Eine Variante bietet die mündliche Flaschenpost: Einmal pro Woche referieren Lernende zu Beginn einer Fachlektion kurz darüber, was im anderen Fach zum Thema behandelt wurde.

8.4 Fachperspektiven bewusst machen – Methoden zur Wissenschaftspropädeutik

Vor allem im problemorientierten und projektartigen fächerübergreifenden Unterricht gelingt den Lernenden das Reflektieren der Fachperspektiven nicht ohne methodische Unterstützung durch die Lehrpersonen. Die methodischen Formen, die wir im Folgenden vorstellen, sind besonders geeignet, «das Zusammenwirken der Fachbeiträge» bewusst zu machen (Stübig/Ludwig et al. 2006, 51) und Fächer als spezifische Konstruktionen der Wirklichkeit ins Bewusstsein zu rufen.

8.4.1 Ungefächerte Annäherung an das Phänomen aus der Alltagssicht

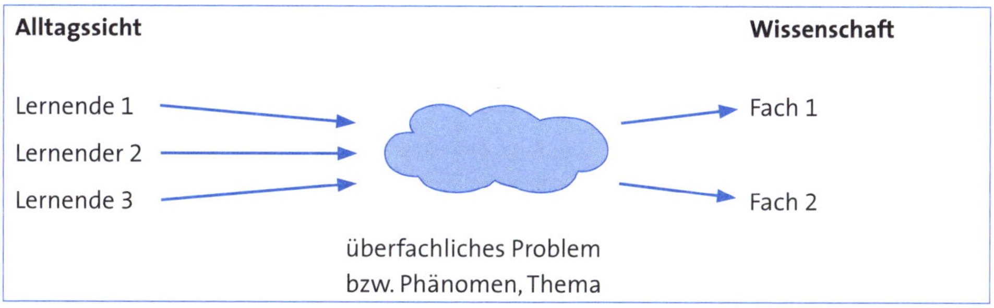

Subjektive Alltagssicht motiviert und macht das Phänomen so zum Wegweiser in die Fächer.

Eine erste ungefächerte Annäherung an den Unterrichtsgegenstand birgt Chancen, nicht nur für den fächerübergreifenden Unterricht. Gelingt es Lernenden nämlich, sich dem Thema zunächst aus ihrer subjektiven, durch kein Fach gefilterten Sicht anzunähern, ist die Chance gross, dass sie anschliessend auch die fachlichen Vertiefungen des Themas zu ihrem «eigenen Geschäft» machen werden, d.h. eigene Fragen entwickeln, die sie in die Fächer hineinführen. Die Fächer sind auf diese Weise nicht a priori gesetzt, sie rechtfertigen sich genetisch aus der Auseinandersetzung mit dem Phänomen (Eyer 2010, 16). Erfolgt die Initiierung in den Unterricht ausgehend von der Alltagssicht, kann dies Lernende für das folgende fachliche und fächerübergreifende Lernen zusätzlich motivieren.

- Dass der Unterricht danach auf bestimmte fachliche Sichtweisen verengt wird, muss dem Lerngewinn einer solchen Eröffnungsphase nicht abträglich sein. Allein die Erkenntnis, welche möglichen Fachperspektiven sich aus dem Thema ergeben und welche anderen nicht, kann für Lernende eine wertvolle Erkenntnis über die «Funktionsweise» fachlichen Lernens sein.
- Auch der Vergleich zwischen der Alltagsbetrachtung eines Gegenstandes und verschiedenen fachlichen Beobachtungsweisen kann Lernenden Erkenntnismöglichkeiten und -grenzen der Fächer aufzeigen. Für Beispiele: ↗ *Kapitel 8.5* und das Beispiel zur Brandrodung auf Borneo in ↗ *Kapitel 7.3*.

8.4.2 Lehrpersonen als Fachexpertinnen und -experten im Teamteaching

Teamteaching schafft einen Raum, in dem die durch die Lehrpersonen vertretenen Fachperspektiven im Unterricht aufeinandertreffen und so die Leistungen und Grenzen der Fächer bewusst machen können. Am leichtesten geschieht dies, indem die Fachlehrpersonen das behandelte Thema etwa in einem Kurzreferat oder durch das Repetieren von Fachbegriffen aus der Sicht ihres Faches beleuchten. Die Erfahrung zeigt, dass Lernende fachliche Aussagen von Lehrpersonen oft als persönliche Meinung missverstehen. Der Gefahr solchen Missverstehens können Lehrpersonen begegnen, indem sie ihre Aussagen bewusst als fachliche markieren, zum Beispiel mit dem Zusatz «Von der Biologie aus gesehen...». Auf diese Weise wird das vermittelte Wissen wohl als von einer Person vertretenes, aber auch als perspektivisches Fachwissen bewusst gemacht.
Teamteaching bietet den Fachlehrpersonen weiter die Möglichkeit, sich selbst als Laien im anderen Fach ins Spiel zu bringen, etwa indem sie im Unterrichtsgespräch bei der Kollegin oder beim Kollegen nachfragen, wenn eine Frage nicht in ihre Zuständigkeit fällt. So signalisieren sie den Lernenden, dass auch sie – ausserhalb ihrer fachlichen Zuständigkeit – Laien und Lernende sind. Die Hierarchie zwischen Lehrpersonen und Lernenden wird verringert, fächerübergreifender Unterricht wird als offener Prozess erfahrbar, in dem alle Beteiligten lernen können (↗ *Kapitel* 4).

8.4.3 Expertenhüte: Lernende als Experten einer fachlichen Sichtweise

Fachliche Sichtweisen werden bewusst und erlebbar gemacht, wenn man sie personalisiert. Wenn Lernende selbst Fachperspektiven übernehmen und als Experten einer fachlichen Sichtweise in eine Auseinandersetzung mit anderen Lernenden treten, so ist die Chance gross, dass sie die Fachbeiträge nicht nur zusammentragen, sondern dass es zu Diskussionen und Kontroversen unter ihnen kommt.
Mit der Personalisierung von Fachperspektiven wird die Reflexion der Spezialisierung nicht abgehoben und abstrakt, sie kann an die Erfahrung unvereinbarer und zugleich sich ergänzender Sichtweisen unter den Lernenden anknüpfen (Rabenstein 2007, 10).

Methodisch ist ein Vorgehen in drei Schritten möglich: (1) Heranführen an das Thema aus der Alltagssicht, (2) ausgehend von dieser, übernehmen die Lernenden, ihren Neigungen folgend, Fachperspektiven. Die fachlichen Sichtweisen werden nun in fachspezifischen Recherchearbeiten eingeübt und vertieft.
(3) In einem dritten Schritt versammeln sich die Expertinnen und Experten in **interdisziplinären Expertengruppen,** in denen der fächerübergreifende Gegenstand perspektivisch beleuchtet bzw. eine Lösung für ein multifaktorielles Problem entworfen wird. Die Fachzugehörigkeit der Expertinnen und Experten wird zusätzlich markiert, indem diese selbstgebastelte «Expertenhüte» oder Etiketten tragen, die ihre fachliche Sichtweise als Psychologe oder Chemikerin ausdrücklich signalisieren.

Varianten

Die Rolle bornierter Fachwissenschaftlerinnen und -wissenschaftler übernehmen: Lernende spielen Expertinnen und Experten und akzentuieren «ihre» Fachperspektive bewusst in einem **Rollenspiel.** Die Expertinnen und Experten vertreten die Sichtweise, die zu ihrem Fach passt, und treten in ihren Argumentationen ausgesprochen rechthaberisch auf. Ihr Ziel besteht darin, die anderen von der Sichtweise ihres Faches zu überzeugen und zu zeigen, dass die übrigen Sichtweisen falsch oder irrelevant sind. Im inszenierten Akzentuieren der Fachperspektive, etwa durch den gehäuften Gebrauch von Fachbegriffen, werden die Anteile der Fächer am Gesamtergebnis hervorgehoben, Leistungen und Grenzen des Einzelfachs ins Bewusstsein gerückt.

Reflektierender Rückblick: Eine Möglichkeit, aus der Verteilung von «Expertenhüten» zu profitieren, ergibt sich aus dem Rückblick auf die fächerübergreifende Arbeit von ihrem Ergebnis aus. Zur Vorbereitung des Rollenspiels werden die Fachleute in Expertengruppen aufgefordert, die Leistungen und Grenzen ihres Fach zu rekonstruieren:

1. Was war das überfachliche Problem?
2. Welche fachlichen Teilaspekte hat mein Fach bearbeitet?
3. Welche Modelle und Methoden hat mein Fach angewandt, welche Materialien dienten der fachlichen Bearbeitung?
4. Wofür war mein Fach nicht zuständig, wofür war es blind?

Die Leistungen und Grenzen der einzelnen Fächer werden auf diese Weise sichtbar. Das spezifische Erkenntnisinteresse und Wirklichkeitsverständnis der Fächer wird fassbar und kann als ein Ergebnis festgehalten werden, das über das Einzelvorhaben hinaus gültig ist.

Die verschiedenen Formen der Inszenierung fachlicher Sichtweisen haben zum Ziel, nicht nur die Differenz zwischen den Fachperspektiven, sondern auch die zwischen der Laien- und der Fachperspektive bewusst zu machen. Lernende erkennen, dass von der Ausdifferenzierung des Wissens in Fächer kein Weg ohne Erkenntnisverlust in die Annahme einer ganzheitlichen Alltagssicht zurückführt. Sie gewinnen die Einsicht, dass spezialisiertes Wissen nötig ist, dass dieses aber auch vermittelbar bleiben muss unter Expertinnen und Experten und an Laien. Sie gewinnen eine **Verständigungskompetenz,** die ihnen im Berufsleben oder im Studium helfen kann, mit Menschen anderer beruflicher oder fachlicher Ausrichtung in Kontakt zu treten.

8.4.4 Fishbowl

Diese Diskussionsform eignet sich, unterschiedliche Expertenperspektiven und die Laiensicht zu kontrastieren. In der Fishbowl-Diskussion diskutiert eine Gruppe von Expertinnen und Experten im «Aquarium» (Innenkreis) und eine Beobachtergruppe, welche die Laienperspektive vertritt, im Aussenkreis. Innerhalb der Expertengruppe bleibt ein Platz unbesetzt, der von jemandem aus der Zuschauergruppe eingenommen werden kann. Die Lernenden werden aufgefordert, im Sinne eines Rollenspiels die ihnen zugewiesene Perspektiven bewusst einzuhalten. Ziel ist es, die Erkenntnisse über den Untersuchungsgegenstand ebenso wie über die Rolle der beteiligten Fächer festzuhalten und zu bewerten.

8.4.5 Gruppenpuzzle

Die Lernenden arbeiten zunächst in Expertengruppen an fachspezifischen Zugängen zum Thema. Sie stellen ein gut verständliches schriftliches Dokument her. Die Lehrperson sieht dieses ein und stellt seine fachliche Richtigkeit sicher. In einer zweiten Phase geben die Expertinnen und Experten ihre Ergebnisse in nach Fachzuständigkeiten gemischten Gruppen an Lernende weiter, die andere Fachperspektiven einnehmen. Die Gruppe diskutiert ihre unterschiedlichen Informationen bzw. Positionen zur gemeinsamen Aufgabenstellung. Diese kann in Richtung einer Lösung für ein fächerübergreifendes Problem weisen (Modelle 1.1 oder 1.2) oder die unterschiedlichen Fachperspektiven reflektieren (Modelle 2.1 oder 2.2). Die fachlichen Zugänge werden akzentuiert und im Aufeinandertreffen im Gruppenpuzzle als Erkenntnis-«Bausteine» bewusst gemacht. Die Fähigkeit zur Verständigung unter Expertinnen und Experten unterschiedlicher fachlicher Zugehörigkeit wird geschult. Wichtig: Zeitplan verabreden!

8.4.6 Glossare

Begriffslisten aus den beteiligten Fächern können als Repetitorium dienen und als fachliche Grundlage, von der aus fächerübergreifendes Wissen erschlossen wird. Fachbegriffe zu Luftschadstoffen z.B. Chemie: Emission, Transmission, Immission, Ozon, Stickoxid. Biologie: Stickstoffkreislauf, Biomasse, ökologische Nische. Der Rückbezug auf diese Begriffe stellt sicher, dass fächerübergreifendes Wissen solide im Fachwissen verankert ist.

8.5 Methodik des fächerübergreifenden Projektunterrichts

Projektunterricht und fächerübergreifender Unterricht werden in ihren Zielen oft gleichgesetzt. Im Grunde ist ihre Verwandtschaft jedoch nur oberflächlicher Natur (Bastian/Combe et al. 2000, 101; Huber 1998). Beide Unterrichtsformen streben die Lösung überfachlicher Fragen an. Der fächerübergreifende Unterricht legt den Akzent auf die fachliche Gebundenheit des Wissens, fragt also, was die einzelnen Fächer mit ihren je eigenen Begriffen und Methoden zur Lösung eines Problems beitragen können. Der Projektunterricht dagegen betont die Orientierung des Lernens an den Interessen der Lernenden, das eigenständige, forschungsähnliche Angehen eines Problems, das auf ein abschliessendes Produkt hinzielt. Der Fachbezug des Wissens ist im Projektunterricht nebenrangig (Huber 1998, 25). Projektunterricht trägt zweifellos zur Schulung der Selbstständigkeit und der

Kommunikations- und Kooperationsfähigkeit bei, wie es das MAR (Artikel 5.1 und 5.2) fordert. Doch dem Anspruch des fächerübergreifenden Lernens wird er nicht selbstverständlich gerecht.
Dennoch ist eine Verbindung von Projektunterricht und fächerübergreifendem Unterricht möglich. Voraussetzung dazu ist, dass die forschungsähnlichen, auf Selbstständigkeit ausgerichteten Ansprüche mit Fachlichkeit und Reflexion verbunden werden. Kerstin Rabenstein (2007) hat einen idealtypischen Verlauf des fächerübergreifenden Projektunterrichts in vier Schritten vorgeschlagen, der diese Ansprüche vereint:

I. Planung: Die Lehrenden machen sich im Gespräch mit den Kolleginnen und Kollegen die Zuständigkeiten und Grenzen ihrer Fächer in Bezug auf das Thema bewusst.

II. Eröffnungphase: Damit Lehrpersonen und Lernende später nach den Zuständigkeiten der Fächer fragen können, ist es notwendig, das Thema mit dem Sammeln von Ideen zunächst sehr breit überfachlich auszulegen.

Beispiel

Beispiel ist ein sechswöchiges Projekt «Versorgung der Menschheit mit Nahrungsmitteln», das an der Hamburger Max-Brauer-Schule unter Einbezug der Fächer Biologie, Religion, Geografie und Physik durchgeführt und dokumentiert wurde (Bastian/Combe et al. 2000; Rabenstein 2007). Als Produkt sollen die Lernenden selbstständig ein Faltblatt zu einer von ihnen frei gewählten Nutzpflanze erarbeiten. Zum Einstieg bringen die Lernenden Pflanzen mit, z.B. Getreide, Früchte, Obst; alle legen eine mitgebrachte Frucht, ein Gemüse oder eine Getreidesorte auf den Tisch und stellen kurz Herkunft, Preis usw. ihrer Pflanze vor. Es folgt eine zunächst «ungefächerte» Sammlung von Fragen und Ideen zum Semesterthema auf Karten. Diese lauten zum Beispiel: «Was können wir noch essen?», «Wer bestimmt, welche Pflanzen wo angebaut werden?», «Wann wird Züchtung zur Überzüchtung?», «Warum wachsen Früchte in bestimmten Regionen und in anderen nicht?», «Was hat Nahrung mit dem Bevölkerungswachstum zu tun?», «Kann man von der Zucchini auch die Blüte essen?». Diese Ideensammlung wird nun von einer Gruppe «Delegierter» unter Oberbegriffe geordnet, die etwa so lauten können: 1. Sozioökonomie: Wirtschaftsfaktor Nahrung/Macht der Industrienationen, 2. Veränderung der Pflanzen durch Menschen, 3. Massenanbau, Massenproduktion, 4. Lebensraum und Nahrungsmittelproduktion, 5. Belastung, 6. Kulturelle Bedeutung der Nahrung, 7. Heil- und Genusspflanzen. Über die Zuordnung der Karten zu den Oberbegriffen wird kurz diskutiert.
Nach dieser Einführung über eine ungefächerte Perspektive wird der Blick nun auf die Optik eines Fachs verengt durch die Frage: «Was fällt jeweils

in die Zuständigkeit der einzelnen Fächer?» Im genannten Beispiel ordnen die Lernenden die Oberbegriffe eins bis sieben den vier am Vorhaben beteiligten Fächern zu, z.B. Biologie: Manipulation, Gentechnik, Züchtung, Religion: moralische Vertretbarkeit des Eingriffs in die Natur, Geografie: Wirtschaftsfaktor Nahrung; Physik: Bestrahlung von Lebensmitteln.

III. Erarbeitungsphase: Zentrales Element dieser Phase ist, dass Lernende als Expertinnen und Experten einer fachlichen Sichtweise in eine Auseinandersetzung mit anderen Lernenden treten, die als Expertinnen und Experten einer anderen fachlichen Sichtweise auftreten. Diese Konstellation macht möglich, dass die Lernenden als Expertinnen und Experten unterschiedlicher Fachsichten ihre Beiträge zusammentragen. Durch den Austausch von Argumenten aus unterschiedlichen Fachperspektiven, die sich ergänzen oder widersprechen, kann es aber auch zu Kontroversen und Diskussionen unter den Lernenden kommen. Die Reflexion der Spezialisierung wird gleichsam beiläufig durch diese Erfahrung eingeleitet.

IV. Präsentationsphase: Die Ergebnisse aus den einzelnen Arbeitsgruppen werden dargestellt, und das fachspezifische Verständnis wird gesichert. Mit Unterstützung der gesamten Lerngruppe und der Lehrenden werden Zusammenhänge entdeckt und festgehalten. Weiterreichende Fragen werden formuliert, die im anschliessenden Fachunterricht aufgenommen werden könnten. In einer Rückschau auf den Verlauf und die Ergebnisse halten Lernende und Lehrende die Anteile der einzelnen Fächer am Gesamtergebnis fest.

Durch diesen Vierschritt ist die Reflexion der fachlichen Zuständigkeit ständig präsent. Sie wird bereits in der Planungsphase aufgenommen. In der Eröffnungsphase wird deutlich gemacht, dass das Thema mehrere Fächer angeht. Erarbeitungsphase ebenso wie abschliessende Reflexion haben zum Ziel, die fachspezifische Argumentationspraxis unter Gleichaltrigen zu stärken und so Leistung und Grenzen der Fächer am Zustandekommen des Produkts hervorzuheben.

8.6 Ausserschulische Welt und Schule

Besuche von Lernorten ausserhalb der Schule, etwa in der Natur, der Arbeitswelt, in Kulturstätten und Besuche von Kulturveranstaltungen, sind keine Exklusivität des fächerübergreifenden Unterrichts, sie können ihn aber bereichern.

8.6.1 Exkursion

Eine Exkursion führt die Lernenden zu einem ausserschulischen Lernort, an dem sie Anschauungsgegenstände für Referate oder für empirische Untersuchungen vorfinden. Dies kann etwa ein Wald oder Bach für biologische und chemische

Untersuchungen, ein Gebäude für historische, kunstgeschichtliche, geografische und ökonomische Zugänge sein, ein Altersheim, Krankenhaus, ein Warenhaus oder eine Fussgängerzone für Befragungen und Interviews. Die ausserschulische Wirklichkeit wird als komplexe Welt bewusst gemacht, zu deren tieferem Verständnis fächerübergreifende Zugänge nötig sind. Die Vorbereitung der Exkursion kann auch den Lernenden übertragen werden: Sie rekognoszieren Orte, die besucht werden sollen, suchen Fachleute und vereinbaren mit ihnen, was sie der Klasse mitteilen können.

8.6.2 Einbezug externer Fachpersonen

Externe Fachpersonen referieren im Unterricht aus der Sicht ihres Faches oder treten mit anderen Fachleuten in einen Dialog. Leistungen und Grenzen der Fächer werden ebenso bewusst gemacht wie möglicherweise typische Aspekte der Fachkultur und «Weltsicht», die in der Person der Expertinnen und Experten zum Ausdruck kommen.

8.6.3 Schülerbeiträge tragen «die Welt» in den Unterricht

Die Lernenden tragen in Kurzpräsentationen Zeitungsartikel oder eigene kleine Recherchebeiträge zu Aspekten des behandelten Themas in den Unterricht und verbinden diese mit dem fächerübergreifenden Thema bzw. der Leitfrage.

> **Beispiele**
>
> (1) Zur Leitfrage «Wie zeigt sich die Moderne als das Sprengen einer zuvor geschlossenen Form?» liest die Klasse in Deutsch und in Englisch Grossstadtromane der 1920er-Jahre (z. B. Keun: *Das kunstseidene Mädchen,* Fitzgerald: *The Great Gatsby*). Ergänzend halten Lernende Kurzvorträge zu Aspekten des Zeitalters wie Architektur, Automobilbau, Mode, Tanz, Musik, Politik usw. Die Beiträge werden in Beziehung zu den beiden Grossstadtromanen und zur Leitfrage gesetzt und als Puzzleteile aus unterschiedlichen Fächern deutlich gemacht (↗ *Kapitel 8.7.1*).
>
> (2) Im fächerübergreifenden Jahreskurs «öko?logisch!» stellen Lernende in Partnerarbeit jede Woche einen aktuellen Zeitungsartikel vor, den sie mit dem behandelten Thema verbinden, dabei zeigen sie fachspezifische und -übergreifende Aspekte auf und reflektieren diese in einer persönlichen Stellungnahme.

8.7 Zusammenhänge erkennen und Ergebnisse festhalten

Im Unterschied zum Fachwissen, das auf eigene Begriffe, Methoden, Fertigkeiten und Untersuchungsgegenstände baut, setzt fächerübergreifendes Wissen einen offenen Konstruktionsprozess voraus. Im Folgenden stellen wir drei Methoden vor, die Lernende in ganz unterschiedlicher Weise dabei unterstützen können, fächerübergreifende Erkenntnisse zu gewinnen und festzuhalten.

8.7.1 Concept-Map

Concept-Maps dienen dazu, Zusammenhänge in einem Begriffsnetz festzuhalten. Im Unterschied zu einem Mind-Map werden hier Zusammenhänge beschriftet (z.B. «folgt aus», «ähnlich wie», «bewirkt», «verhindert» usw.) und auf diese Weise präzisiert (Nückles/Pabst et al. 2004).

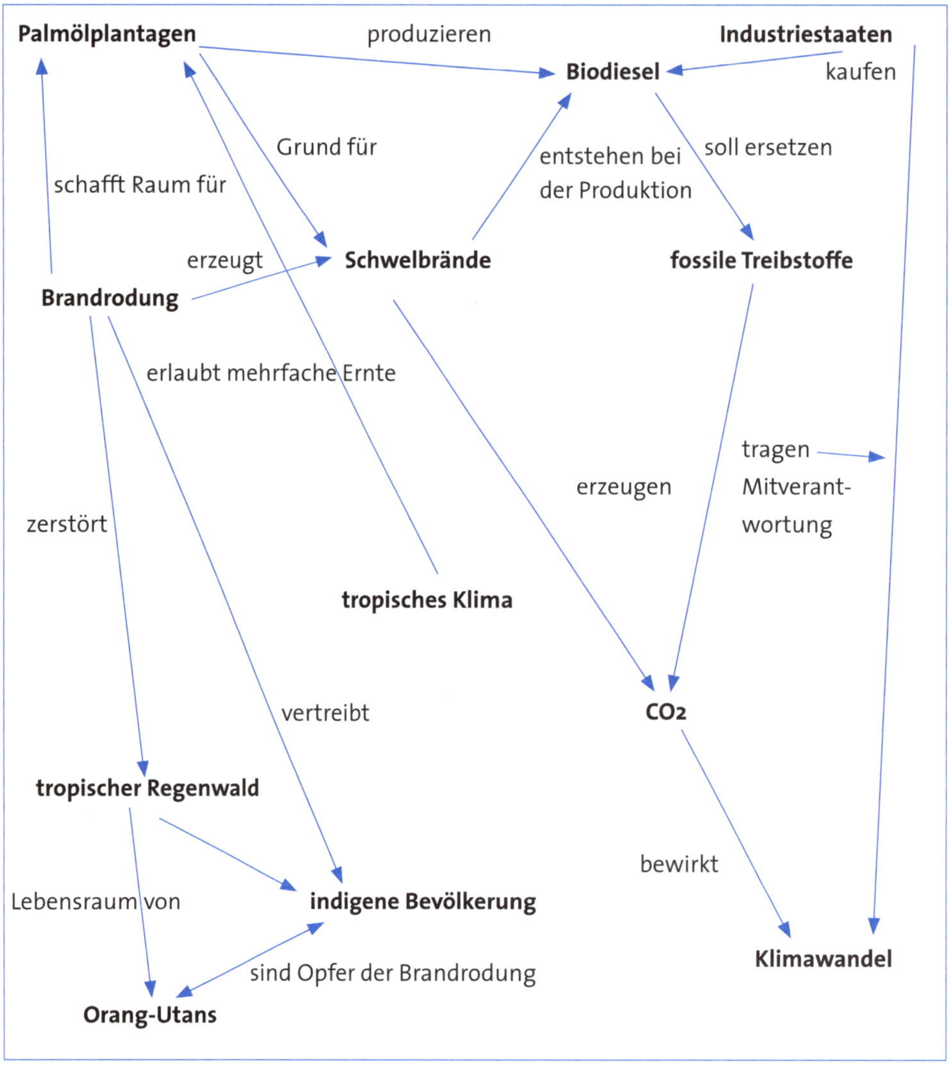

Welche Ursachen und Auswirkungen hat die Brandrodung von Regenwald in Borneo (Bio, Ch, Gg)?

Wie in der Abbildung ersichtlich, können Concept-Maps von Schlüsselbegriffen ausgehen. Fachliche Zuständigkeiten und Zusammenhänge lassen sich mit Farben markieren. Denkbar ist auch, dass man den fächerübergreifenden Sachverhalt spezifisch von Fachbegriffen aus erschliesst.

8.7.2 Fächerübergreifende Erkenntnisse in einer Gruppendiskussion festhalten

Diese Methode kann dazu dienen, zum Abschluss einer Unterrichtseinheit Ergebnisse zu sichern. Sie zielt darauf ab, fächerübergreifendes Wissen in Diskussionsform zu erfassen und zu bewerten.

Beispiel

In der Unterrichtseinheit «How and why did mathematical knowledge develop in the archaic period of Greek history?» arbeiten Geschichte und Mathematik (in englischer Sprache) sowie Griechisch zusammen. Die Lernenden erarbeiten sich ein differenziertes Verständnis eines kulturgeschichtlich bedeutsamen Phänomens, der Entstehung der Mathematik als theoretische wissenschaftliche Disziplin. Sie lernen, unter welchen historischen Bedingungen bekannte mathematische und geometrische Gesetze (Thales, Pythagoras, Euklid) entwickelt wurden. Zu den fächerübergreifenden Erkenntnissen würde zum Beispiel die Einsicht gehören, dass Bedürfnisse des Handels, der Landbesteuerung und des Warentransports nach mathematischen Verfahren verlangten, die Quantifizierungen unterschiedlicher Art wie Flächenmessungen und Längenschätzungen möglich machten.

In der Schlussphase der Unterrichtseinheit wird die Klasse in zwei Gruppen geteilt, die beide eine fächerübergreifende Aufgabe erhalten. Beispiel:

Erklären Sie in Ihrer Gruppe die historische und mathematische Bedeutung des folgenden Fragments aus Aristoxenos' Schrift über die Arithmetik.

Schliessen Sie auch philologische Aspekte in Ihre Diskussion ein: Von allen Menschen hat Pythagoras die wissenschaftliche Beschäftigung mit den Zahlen wohl am meisten geschätzt und ihre Entwicklung gefördert, indem er die Beschäftigung mit den Zahlen von ihrer praktischen Anwendung durch die Geschäftsleute befreite und die Dinge als ein Bild der Zahlen erklärte.

15 Minuten gehören der Auseinandersetzung mit der fächerübergreifenden Frage in Stillarbeit, die auf die Gruppenphase vorbereitet. Darauf folgt eine Diskussion von zehn Minuten in der Gruppe, die von der zweiten Gruppe beobachtet und unter den folgenden Aspekten protokolliert wird :

- Wie differenziert war das in der Diskussion angewandte Wissen? (Fakten, Erklärungen, Beispiele)
- Wurde Wissen aus allen drei Fächern verwendet?
- Hatten alle Gruppenmitglieder eine Möglichkeit zu sprechen?

Danach folgt ein Rollenwechsel: Die Gruppe, die diskutierte, protokolliert nun die Diskussion der zweiten Gruppe, die eine andere Aufgabe erhalten hat. Zum Abschluss werden die Protokolle zuhanden der anderen Gruppe verfasst und anschliessend besprochen.

Fächerübergreifendes Wissen wird hier gemeinschaftlich diskursiv konstruiert. Durch die kommunikative Anlage in der Diskussionsform sind Präzisierungen, Ergänzungen, aber auch Widersprüche möglich. Fächerübergreifendes Wissen wird so zum «ausgehandelten» Gemeinschaftsprodukt, das kommunikativ validiert und abgestützt ist. Dies erfordert unterschiedliche Kompetenzen, welche die Lernenden mit Unterstützung der Lehrperson entwickeln müssen. Dazu dienen die Vorbereitung über ausgehandelte Qualitätskriterien, das Protokollieren und das wechselseitige Feedback. Die Diskussionen können auch aufgezeichnet, die Filmdokumente danach mit den Protokollen verglichen werden. Aufzeichnungen sind für die Schülerinnen und Schüler ein exzellentes Instrument zur Reflexion und Weiterentwicklung ihrer Kompetenzen. Nach ausreichender Trainings- und Entwicklungsphase lassen sich Gruppendiskussionen als wichtige Ergänzung zu den traditionellen schriftlichen Prüfungen auch als Beurteilungsinstrument einsetzen.

8.7.3 Pro-Kontra-Debatte vor und nach dem fächerübergreifenden Unterricht

Diese Methode ist nicht auf den fächerübergreifenden Unterricht beschränkt, eignet sich aber gut, den Lernerfolg in Bezug auf eine fächerübergreifende Fragestellung festzuhalten. Die Unterrichtseinheit wird eröffnet durch eine Pro-Kontra-Debatte zu einem fächerübergreifenden Problem. Diese hält weitgehend eine Laiensicht fest. Darauf folgen Experten-Inputs bzw. Rechercheaufgaben aus verschiedenen Fächern zur Leitfrage. Das fächerübergreifende Vorhaben schliesst mit einer zweiten Debatte, jetzt aus der Expertinnen- und Expertensicht, ab. Beide Debatten werden auf Film festgehalten. Im Vergleich zwischen der ersten und zweiten Debatte kann die Klasse ihren Lernzuwachs erkennen und zusätzlich die Fachbeiträge in der Rückschau reflektieren.

Beispiel

Energiedebatte (Gs, P, D): Eröffnung im Gs-Unterricht mit einer Pro-Kontra-Debatte zur Frage: «Soll heute in der Schweiz aufgrund der drohenden Stromlücke 2020 mit dem Bau eines neuen Atomkraftwerks begonnen werden?» Sammeln von Argumenten. – Debatte auf Film festhalten. Dann gemeinsames Ansehen des Films mit «Energie-Experten» in der Person des Physiklehrers, der die brennenden physikalischen Fragen beantwortet. Besprechen der Argumentationsführung (D, Gs, P) und deren wissenschaftlicher Gültigkeit. Dann Physikunterricht (sechs Lektionen): Einführung in Energie, ihre Quantifizierung. In Gs (zwei Lektionen) historische Vertiefung «Kaiseraugst». Entstehungsgeschichte von Atomstrom (Vortrag der Lehrerin). Dann gemeinsam P und Gs: Schlussrunde (eine Lektion): Mit neu erworbenen Kenntnissen wird noch einmal eine Debatte inszeniert, gefilmt und analysiert. – Kontrolle der Lernziele, abschliessendes Feedback.

Literaturhinweise

_ Ausubel 1974
_ Bastian/Combe et al. 2000
_ Boix Mansilla 2007
_ Eyer 2010
_ Huber 1999
_ Huber 1998
_ Nückles/Pabst et al. 2004
_ Rabenstein 2007
_ Stübig/Ludwig et al. 2006
_ Wesemann 2009

9 Leistungsnachweis im fächerübergreifenden Unterricht

9.1 Was spricht für einen Leistungsnachweis im fächerübergreifenden Unterricht?

Die Schweizerische Maturitätskommission[19] ebenso wie die Vorgaben für die interdisziplinäre Berufsmaturitätsarbeit sehen vor, dass fächerübergreifendes Lernen promotionsrelevant ist und damit beurteilt und bewertet werden soll. Welche Gründe sprechen dafür, auch im fächerübergreifenden Unterricht Leistungen zu beurteilen und zu benoten?

1) Folgen wir dem Bildungsforscher Ludwig Huber, so «müssen grundsätzlich alle Ziele, die von Lehrenden wie Lernenden für relevant gehalten werden (...), auch in den Leistungsnachweisen berücksichtigt werden» (Huber 1997, 67). Wird ein Unterrichtsinhalt in die Reihe promotionsrelevanter Inhalte aufgenommen, so bedeutet dies, dass er als gesellschaftlich «wichtig» gilt (Künzli 2001, 411).

2) Aus der Sicht der Lernenden bedeutet die Aussicht auf Benotung grundsätzlich einen (äusseren) Anreiz für Leistung. In Schulen, in denen Noten auch den Status eines Fachs bestimmen, wie dies in den meisten Mittelschulen der Fall ist, wird der fächerübergreifende Unterricht durch Benotung dem Fachunterricht gleichgestellt (Vaterlaus 2010, 35).

3) Leistungsnachweise – zumindest, wo sie summativ verfahren – rufen nach Verbindlichkeit in der Planung, in der Durchführung und im Abschluss eines Unterrichtsvorhabens. Wo ein Leistungsnachweis erfolgen soll, bedarf es aufseiten der Lehrpersonen einer Klärung der gemeinsamen Ziele und einer Abstimmung der didaktischen Schritte im Zusammenführen der Fachperspektiven. All dies sind Ansprüche, die geeignet sind, die Professionalität des fächerübergreifenden Unterrichts zu steigern.

9.2 Unterrichtspraxis und Forschung

Lehrpersonen – so zeigen zumindest unsere Untersuchungen am Gymnasium Liestal – begrüssen einen Leistungsnachweis im fächerübergreifenden Unterricht grundsätzlich, bewegen sich aber bei der Beurteilung fächerübergrei-

19 In einem Schreiben an die Kantone vom 14. Dezember 2008 (vgl. S. 13).

fender Leistungen im Unklaren.[20] Auch Lernende halten fächerübergreifende Leistungsnachweise im fächerübergreifenden Unterricht grundsätzlich für wünschenswert. Wo für diesen Unterricht ein spezielles Zeitgefäss besteht und eine Notengebung vorgesehen ist, wie etwa in den zweisemestrigen Wahl- und Ergänzungskursen am Gymnasium Liestal, stellen die Beteiligten den Anspruch auf Prüfungsformen, die dem fächerübergreifenden Unterricht angemessen sind. Kritisch zeigen sie sich gegenüber fächerübergreifenden Leistungsnachweisen, wenn diese vor allem Fachwissen abfragen, obwohl im Unterricht fächerübergreifende Zusammenhänge erarbeitet wurden.

Die Unsicherheit in Bezug auf das Beurteilen und Bewerten fächerübergreifender Leistungen widerspiegelt eine Unsicherheit, die dem fächerübergreifenden Unterricht gegenüber allgemein gilt. Wie soll Wissen benotet werden, für das kein Fach, kaum Lehrmittel, kein etablierter Bildungsgang, keine Zeugnisrubrik und wenig gesicherte Unterrichtsgefässe bestehen? Welches wären etwa die Begriffe, Methoden, Untersuchungsgegenstände und Rechtfertigungsverfahren, die für fächerübergreifendes Wissen gelten? Man kann daher mit Recht sagen, dass die Frage nach dem Leistungsnachweis geklärt werden muss, da in ihm die «Achillesferse» des fächerübergreifenden Unterrichts zutage tritt (Klein 2002).

Entsprechend dünn gesät sind die Studien, die sich mit dem Beurteilen und Bewerten im fächerübergreifenden Unterricht befassen. Eine Ausnahme bildet eine Forschungsreihe an der Harvard Graduate School of Education. Im «Project Zero» sind seit der Jahrtausendwende unter der Leitung von Veronica Boix Mansilla mehrere Studien zur Beurteilung fächerübergreifenden Lernens entstanden. Obwohl ihr Fokus auf der universitären Collegestufe liegt, lassen sich ihre Ergebnisse in wichtigen Aspekten auf die Situation auf der Sekundarstufe II übertragen (z. B. Boix Mansilla/Dawes Duraisingh et al. 2008; Boix Mansilla/Dawes Duraisingh 2007).

In der Schweiz haben sich in jüngster Zeit Peter Labudde und sein Team mit dem Beurteilen und Bewerten im fächerübergreifenden naturwissenschaftlichen Unterricht befasst. Die abschliessenden Ergebnisse ihrer Studie stehen im Sommer 2010 noch aus, die Forschungsanlage und erste Ergebnisse deuten darauf hin, dass ihr Schwergewicht auf der Erprobung unterschiedlicher **Formen** der Leistungserhebung liegt (Heiniger/Widmer et al. 2006).

20 Obwohl am Gymnasium Liestal die meisten befragten Lehrpersonen fächerübergreifende Lernkontrollen begrüssten, wandten nur wenige von ihnen sie wirklich an. Eine Ausnahme bildeten die ganzjährigen Wahl- und Ergänzungskurse, in denen Leistungsnachweise verbindlich sind. In den 40 interdisziplinären Vorhaben, die aus dem Fachunterricht heraus gestaltet wurden, fanden nur 15 fächerübergreifende Lernkontrollen statt. In 11 Vorhaben gab es fachspezifische Lernkontrollen, in den übrigen, vor allem den kürzeren, wurde auf eine Lernkontrolle ganz verzichtet.

Die folgenden Überlegungen stützen sich auf Ergebnisse aus diesen Studien und werden erweitert durch Beobachtungen am Gymnasium Liestal. Im Wissen, dass die Unterscheidung in reiner Form nicht möglich ist, halten wir zwei Dimensionen des interdisziplinären Leistungsnachweises auseinander:

- Welche fächerübergreifenden Kompetenzen werden beurteilt?
- Welche Prüfungsformen gibt es, um fächerübergreifendes Wissen und Können zu beurteilen?

9.3 Welche fächerübergreifenden Kompetenzen wollen wir beurteilen?

Der Anspruch, fächerübergreifendes Wissen und Können zu prüfen, setzt eine Antwort auf die Frage voraus, was fächerübergreifendes Wissen und Können sei. Da das Wissen «zwischen den Fächern» nicht in einem Fachkanon von Begriffen, Theorien und Gegenständen festgeschrieben ist, bietet sich an, Hinweisen nachzugehen, die den methodischen Weg zu ihm weisen.

Einen solchen Hinweis kann uns der Weg über die fächerübergreifende **Leitfrage** geben. Didaktisch steckt die Leitfrage das Erkenntnis- oder Handlungsziel ab, auf das hin der Unterricht sich ausrichtet (↗ *Kapitel* 8.2). Wenn die Leitfrage das Ziel des fächerübergreifenden Vorhabens umreisst, müssten die Antworten auf sie logisch jenes Wissen enthalten, das für einen fächerübergreifenden Leistungsausweis infrage kommt. Beispiel: «Wie bringen Instrumente einen Klang hervor, der zu einer interessanten musikalischen Erfahrung werden kann?» (Musik und Physik). Antworten auf diese Leitfrage können den Zusammenhang zwischen der physikalischen Beschaffenheit eines Instruments und der ästhetischen Wirkung seines Klangs umfassen. Zum Beispiel: «Welche Art von Klangkörper oder Saitenbeschaffenheit erzeugt eine Art von Resonanz und Schwingung, die wir als ‹schön› oder ‹hässlich› empfinden?», «Wie können wir einen schönen Klang in Bezug auf die Instrumente A, B, C in physikalischen Begriffen beschreiben?». Zweifellos gehört zu diesem Nachweis auch die Wegbeschreibung, die zum Ziel führt. Eine solche Wegbeschreibung kann etwa eine Beweiskette nachzeichnen oder zeigen, welche Analogieschlüsse eine richtige Antwort auf die Leitfrage nahelegen (↗ *Kapitel* 8.2 und 11.4).

Die fächerübergreifende Leitfrage kann als Generator für weitere Leitfragen und schliesslich für das Formulieren von Aufgaben im Leistungsnachweis dienen.

Übergeordnete Kriterien für die Beurteilung können sich an den kognitiven Qualitätskriterien des fächerübergreifenden Unterrichts orientieren, die wir in Anlehnung an die Ergebnisse der Harvarder Forschungsgruppe entworfen haben (↗ *Kapitel* 5). Diese versucht, fächerübergreifendes Wissen und Können in drei

Dimensionen zu fassen, (1) im Nachweis disziplinärer Kompetenzen, (2) im Nachweis der Fähigkeit, die Disziplinen zu integrieren, und (3) im Nachweis der Fähigkeit, diesen Vorgang zu reflektieren. Dies führt zu einem Leistungsnachweis in drei Dimensionen:

Disziplinäre Grundlagen: Ist die Arbeit solide in den beteiligten Fächern verankert? D. h., zeigt sie Anwendung disziplinären Wissens bzw. Könnens, disziplinärer Begriffe, Methoden und Theorien?

Interdisziplinäre Leistungsnachweise sollen enthalten:

Integration: Was kann die Schülerin oder der Schüler mit dem Fachwissen «tun», d.h., was kann er oder sie erklären, beschreiben, illustrieren, herstellen, lösen durch den Einbezug unterschiedlicher Fachbeiträge, was durch den Einbezug nur eines Faches nicht möglich wäre?

Reflexion: Wie gehen die Lernenden mit folgenden Fragen um: Welche Funktion übernehmen die Fächer in ihrem Zugang zum Thema? In welchem Verhältnis stehen sie zueinander und zum Alltagswissen? Wie weit reichen sie? Wo sind ihre Grenzen, ihre blinden Flecken?

Beurteilungskriterien in drei Dimensionen, übersetzt und leicht angepasst nach Boix Mansilla/Dawes Duraisingh (2007), 223

Im Kontext der amerikanischen Collegeausbildung wurde diese Art des Leistungsnachweises vor allem an sogenannten «Writing Tasks» erprobt, d.h. in den meisten Fällen an Essays, in welchen Lernende kleinere eigene Forschungsvorhaben darstellen. Aus breiten empirischen Testreihen wurden dann sogenannte «Targeted Assessment Rubrics for Interdisciplinary Writing» entwickelt. Diese halten fest, welche Kompetenzen es genau in den Schülertexten zu beurteilen gilt. So wurde ein differenzierter Kriterienraster entwickelt, der zu jeder der drei Schlüsselkriterien Deskriptoren für die vier Stufen – *naive, novice, apprentice, master* – enthält (Boix Mansilla/Dawes Durainsingh et al. 2008) (*↗ Kapitel 9.7*).
Da solche Deskriptoren im Voraus vorliegen, bieten sie den Lernenden die Möglichkeit zur formativen Lernkontrolle. Sie geben ihnen Auskunft darüber, in welcher Hinsicht sie ihr Lernen verbessern können. Den Lehrpersonen können sie im Sinne einer didaktischen Heuristik dienen, sie bieten ihnen Richtlinien, nach denen sie die Inhalte und Lernziele ihres fächerübergreifenden Unterrichts ausrichten können. Sie bieten sich an zum Beurteilen der spezifisch fächerübergreifenden Aspekte verschiedener Arten projektähnlich angelegter Arbeiten mit einem eigenen Untersuchungs- und Gestaltungsteil. Dazu gehören Maturaarbeiten, selbstständige Arbeiten an Fachmittelschulen und Berufsmaturitätsarbeiten.

Das dreidimensionale Harvardermodell beschreibt keine unterschiedlichen Arten der Fächervernetzung und Lernziele, wie wir sie für den fächerübergreifenden Unterricht entworfen haben. «Targeted Assessment Rubrics» gewichten alle drei Schlüsselkriterien, Disziplinarität, Integration und Reflexion, gleich stark. Die drei Schlüsselkriterien scheinen uns aber für jede Art von fächerübergreifendem Lernen so fundamental (↗ *Kapitel* 5), dass es sich lohnt zu prüfen, wie weit sie auch auf die Sekundarstufe II und die drei Modelle der Fächervernetzung übertragbar sind (↗ *Kapitel* 7.3). Im Sinne einer Qualitätssicherung des fächerübergreifenden Unterrichts gelangen wir deshalb zu folgender Empfehlung:

In jedem fächerübergreifenden Vorhaben kommen die drei Komponenten Disziplinarität, Integration *und* Reflexion *vor. Ihre Gewichtung folgt den Lernzielen des einzelnen Vorhabens und wird in jedem Leistungsnachweis spezifisch festgelegt.*

9.4 Welche Formen des Leistungsnachweises kommen infrage?

Eine Berner Studie unter der Leitung von Peter Labudde schlägt vor, dass sich für den fächerübergreifenden Unterricht besonders Beurteilungsinstrumente eignen, die Lernprozesse sichtbar machen und so diagnostisch und förderwirksam eingesetzt werden können. Dazu gehören z.B. Concept-Maps, Portfolios mit Präsentationen und Reflexionen mit «Defense-Diskussionen». Da sie zugleich überfachliche Kompetenzen fördern, seien solche Beurteilungsformen den schriftlichen Prüfungen mit Fragen vorzuziehen (Heiniger/Widmer et al. 2006).

Auch das Harvarder «Project Zero» postuliert offene Formen des Leistungsnachweises, unterwirft diese aber den genau beschriebenen inhaltlichen Kriterien der «Assessment Rubrics». Zu diesen Formen zählen neben den schon erwähnten Essays auch Präsentationen, von Reflexionen begleitete Kunstwerke, Videos und Multimediaprodukte.

Beim Blick auf die Erfahrungen am Gymnasium Liestal von 2004 bis 2008 zeigen sich unter den elf Vorhaben, die mit einer fächerübergreifenden Beurteilung abschlossen, die folgenden Darstellungsformen: Beurteilung eines Plakats, eines Vortrags und Ergebnispapiers in Bezug auf die Leitfrage, Benotung von Präsentationen, Prüfung durch praktische Anwendung des Gelernten bei der Model-United-Nations-Konferenz; zweimalige Debatte, einmal vor, einmal nach der Zusammenarbeit, und zusätzlich fachspezifische Prüfungen.
Neben diesen offeneren Formen der Beurteilung wurden aber auch die bewährten schriftlichen Prüfungen gewählt. In diesen wurden u.a. Transferleistungen verlangt, wie z.B. die Anwendung einer im Fach Geschichte eingeführten sozialen Theorie auf ein literarisches Werk (Wahlkurs «Reisen»). In Interviews mit Lehrpersonen kam ferner zum Ausdruck, dass offene Fragestellungen und mündliche

Prüfungen gut geeignet sind, um die Breite der Ergebnisse zu fassen.[21] Vorgeschlagen wurden auch Leistungskontrollen in Richtung Arbeitsauftrag mit Produkt.

9.5 Beispiele fächerübergreifender Leistungsnachweise in den drei Dimensionen «Disziplinarität», «Integration», «Reflexion»

Die folgenden Beispiele zeigen exemplarisch, wie sich das dreigliedrige Kompetenzmodell aus Harvard in konventionelle schriftliche Prüfungen übertragen lässt. Aspekte 1 und 2 wurden aus der Liestaler Praxis übernommen, der Reflexionsaspekt nachträglich zur Illustration des dreigliedrigen Modells ergänzt.

1. Deutsch und Physik: Welchen Vorteil bringt uns die Unterscheidung von Alltags- und Fachbegriffen?

Durchgeführt im Rahmen eines Blocks (180 Minuten) in einer Klasse des 10. Schuljahres. Zuerst vermitteln beide Lehrpersonen einen Wissensbeitrag aus ihrem Fach.
1. Deutsch: Der Unterschied zwischen einem Alltags- und einem Fachbegriff wird erarbeitet an Fachbegriffen aus den Hobbys der Lernenden. Beide Lehrpersonen stellen der Klasse Beispiele von «Fachchinesisch» aus ihren Fächern vor. Nun Wechsel vom Deutschzimmer in den Physiksaal.
2. Physik: Repetition des Fachbegriffs «Arbeit» und Einführung von «Leistung». Dazu praktische Übung im Treppenhaus, die das Verständnis des Fachbegriffs auch erlebbar macht.
3. Kombination der beiden Fächer: Zum Schluss verfertigen die Lernenden in Partnerarbeit Dialoge, in denen mit falsch verstandenen Fachbegriffen («falschen Freunden») missverständliche Situationen entstehen.

Der Leistungsnachweis erfolgt in der Form einer **Klausur** in drei Teilen:

1. Disziplinarität: Beide Lehrpersonen prüfen disziplinäre Lernziele.
Deutsch: Was ist eine Konnotation? Worin unterscheidet sich ein Fachbegriff von einem Alltagsbegriff?
Physik: a. Berechnung von Arbeit und Leistung in einigen Aufgaben.

---

21 Im Wahlkurs «Genussmittel» (Gs, WR) etwa wurden Lernende in 15-Minuten-Prüfungen von den beiden Fachlehrpersonen abwechselnd mündlich befragt. Während die eine Lehrperson fragte, dokumentierte die andere das Prüfungsgeschehen laufend am Laptop. Im Anschluss an die Prüfung setzten die Prüfenden gemeinsam die Noten fest und stellten diese zusammen mit dem Prüfungsprotokoll den Kandidatinnen und Kandidaten per E-Mail zu.

b. Multiple-Choice-Aufgabe: Kreuzen Sie jene der folgenden Sätze an, die von einem Physiker mit sachlich richtigem Fachverständnis stammen, und begründen Sie Ihren Entscheid.

a Ich trage den Koffer in den oberen Stock und leiste dabei Arbeit.
b Ich trage den Koffer an das Ende des Flurs und leiste dabei Arbeit.
c Ich stehe mit dem Koffer in der Hand eine Stunde in der Schlange, ohne vom Fleck zu kommen, und leiste dabei Arbeit.
d Ich leiste die grössere Arbeit, wenn ich meine zwei Koffer in einem Mal auf den Dachboden trage, als wenn ich dafür zweimal gehe.
e Koffertragen bedeutet immer Arbeit.

Lösung: a. Diese Frage zielt auf Physikwissen ab. Das physikalische Verständnis muss sich in «Konkurrenz» zum Alltagsbegriff «Arbeit» gegen mitschwingende Bedeutungsgehalte wie «Anstrengung» festigen.

2. Integration: Diese Frage kann nur beantwortet werden, wenn man Wissen aus beiden Fächern anwendet.

Welche Vor- und Nachteile haben deutsche Fachwörter für Laien im Unterschied zu Fremdwörtern? Nehmen Sie in Ihrer Antwort Bezug auf die Beispiele «Arbeit» und «Leistung» aus der Physik und auf «Zuckerkrankheit» und «Diabetes» aus der Medizin.

Lösung: Vorteil – Sie vermitteln eine ungefähre Idee des Sachverhaltes, d.h., auch Laien verstehen, dass physikalische «Arbeit» etwas mit Kraft und Zuckerkrankheit etwas mit Zucker zu tun haben muss.
Nachteil – Der Fachbegriff kann auch zum «falschen Freund» werden. So suggeriert der Begriff «Zuckerkrankheit», die Krankheit habe nur mit Zucker zu tun oder Zuckerkranke müssten besonders viel Zucker zu sich nehmen.

3. Reflexion: Nachdenken über die Beiträge der beteiligten Fächer zur Beantwortung der Leitfrage.

Zeigen Sie auf, in welchem Verhältnis die Fächer Physik und Deutsch in der Behandlung dieses Themas zueinander stehen.

Lösung: Das Fach Deutsch kann beschreiben, was den Unterschied zwischen einem Alltags- und einem Fachbegriff ist, samt ihren Vor- und Nachteilen. Physik liefert Anschauungsbeispiele zum Thema. Das interdisziplinäre Vorhaben zeigt also durch die Optik der Sprachwissenschaft wissenschaftliche Gemeinsamkeiten aller Fächer auf.

2. Mathematik und Geografie: Welchen Weg nehme ich nach Rom?

Beide Fächer koordinieren ihren Fachunterricht in einer Klasse des 10. Schuljahres über einige Wochen hinweg im Hinblick auf einen interdisziplinäre Arbeitsauftrag, der Inhalte des Geografie- und Mathematikunterrichts verbinden soll. Zuerst erfolgt Fachunterricht. In Geografie umfasst dieser Koordinaten und Kartenlesen, in der Mathematik den Seitencosinussatz als Grundlage für die sphärische Trigonometrie.

Im Teamteaching wird dann eine Aufgabe gelöst, in der die kürzeste Dis-tanz zwischen Marktl am Inn (dem Geburtsort von Papst Benedikt) und Rom berechnet werden soll. In der abschliessenden Prüfung müssen die Schülerinnen und Schüler das Gelernte auf eine Syntheseaufgabe übertragen, die auch die sphärische Trigonometrie in Anspruch nimmt:

Herr J. R. will von Marktl am Inn (48°15'N 12°51'E) (Geburtsort des Papstes Benedikt) nach Rom. Die in Deutschland stationierte US-Army stellt einen schnellen Helikopter zur Verfügung, Fluggeschwindigkeit v = 540 km/h.
Der Pilot stammt aus Ohio/USA und erinnert sich an den Ort New Rome in seinem Heimatstaat, den fliegt er fälschlicherweise auf dem kürzesten Weg an. J. R. hebt um 08.00 MEZ (Winterzeit) ab. Um wie viel Uhr (Ortszeit!) landet der Helikopter mit J. R. in New Rome?

Die Aufgabe erfordert hier eine Problemlösung, die mathematische und geografische Kompetenzen zusammenführt:

1. Disziplinäre Grundlagen: Sie umfassen geografisches und mathematisches Wissen: Den Umgang mit Koordinaten und Zeitzonen in Geografie; die Berechnung der Reisestrecke, Reisedauer und damit der Ankunftszeit, in Mathematik.

2. Integration erfolgt über die Lösung der gestellten Aufgabe, die verlangt, dass das Fachwissen richtig angewandt wird. In Geografie sind dies die aus Karteninformationen gewonnenen Koordinaten und die Ortszeitberechnung, in Mathematik die Berechnung des Grosskreisbogens, auf dem die Reise stattfindet, mithilfe des Seitencosinussatzes der sphärischen Trigonometrie.
Lösung: Distanz: 7199 km, Reisedauer: 13 h 20, Ankunft Ortszeit: 14.48 h

3. Die Reflexion umfasst Überlegungen zur Funktion der beteiligten Fächer bei der Problemlösung. Die beiden Fachbeiträge konvergieren nach dem Modell 1.3: «Erschliessen eines Fachgegenstands durch ein anderes

Fach». Die Landschaft «gehört» der Geografie und wird hier erschlossen durch Begriffe und Methoden aus dem Fach Mathematik.

9.6 Beurteilungskriterien im fächerübergreifenden Unterricht auf einen Blick

Faktoren, die den Leistungsnachweis bestimmen

Was wird geprüft?	Prüfungsform
□ disziplinäre Grundlagen □ fächerübergreifende Integration □ Reflexion (Metadisziplinarität) Die Gewichtung der drei Komponenten folgt den Lernzielen des Einzelvorhabens.	□ Essay □ Arbeitsauftrag mit Produkt, z.B. mit Plakat, Kunstwerk □ Concept-Map □ kommentierte Kunstwerke □ schriftliche Prüfung mit Fragen □ mündliche Prüfung

Modelle der Fächervernetzung und ihrer Lernziele

1. Integration	2. Reflexion
1.1 Breites Verständnis eines Phänomens bzw. einer Problemlage schaffen (Konvergenz-Interdisziplinarität) 1.2 Eine Lösung finden bzw. ein Produkt erarbeiten (Konvergenz-Interdisziplinarität) 1.3 Bearbeiten eines Fachgegenstandes durch ein anderes Fach (Prinzip: Fächerkreuzung)	2.1 Fachperspektiven kontrastieren (Divergenz-Interdisziplinarität) 2.2 Fachliche Zuständigkeiten hinterfragen 2.3 Wissenschaftliche Gemeinsamkeiten der Fächer erkennen (Kongruenz-Interdisziplinarität)

9.7 **Beurteilungskriterien für vier Niveaustufen** (nach Boix Mansilla/Dawes Durainsingh et al. 2008)

Die folgenden Deskriptoren bieten sich an, um die spezifisch fächerübergreifenden Aspekte verschiedener Typen von Arbeiten zu beurteilen. Sie eignen sich besonders für projektähnlich angelegte Arbeiten mit einem eigenen Untersuchungs- und Gestaltungsteil. Dazu gehören etwa fächerübergreifende Maturaarbeiten, selbstständige Arbeiten an Fachmittelschulen und Berufsmaturitätsarbeiten. Die Bezeichnungen für die vier Niveaus stammen aus dem amerikanischen Original.

1. Diziplinäre Grundlagen				
	Niveau 1 *(naive)*	**Niveau 2 *(novice)***	**Niveau 3 *(apprentice)***	**Niveau 4 *(master)***
1.1 Wird Fachwissen genau und wirkungsvoll angewandt (z.B. Begriffe, Theorien, Perspektiven, Forschungsergebnisse und Beispiele)?	Eine fachliche Wissensgrundlage ist nicht erkennbar. Ideen und Informationen stammen nicht aus einer bestimmten Fachtradition. Falsche Auffassungen und Alltagsverständnisse von Sachverhalten sind verbreitet. Jargon mit wenig Hinweisen auf klares Verständnis	Fachbegriffe, Theorien, Perspektiven, Rechercheergebnisse oder Beispiele werden auf vereinfachende, verallgemeinernde oder mechanische Weise verwendet. Zentrale Aussagen werden manchmal nicht bewiesen, oder fachliche Beispiele sind mit den Schlüsselaussagen unverbunden.	Begriffe und Theorien werden wirkungsvoll und im Sinne ihrer fachlichen Herkunft und fachlicher Experten verwendet. Theorien und verallgemeinernde Aussagen werden durchgehend mit Beispielen und fachlichen Ergebnissen belegt.	Zusätzlich zu den Merkmalen der Stufe 3 wird ein gut organisiertes Gewebe von Begriffen, Theorien, Perspektiven, Rechercheergebnissen und Beispielen innerhalb eines oder mehrerer Fächer sichtbar.
Fachbegriffe		Einige falsch verstandene Begriffe und unnötiger Jargon	Konkrete Einzelfälle und Beispiele werden dagegen in Fachbegriffen und mit fachlichen Theorien erklärt.	Einige erhellende neue Beispiele, Erklärungen oder Antworten innerhalb der Fächer werden fassbar.

Quellen	Quellen werden in gravierender Weise falsch verwendet – z. B. unglaubwürdige Quellen, Bedeutung von Quellen wird missverstanden, oder die Aussagen sind zu stark auf eine einzige Quelle abgestützt.	Quellen werden pro Forma verwendet.	Relevante und glaubwürdige Quellen werden in intelligenter Weise herbeigezogen, um die Aussage der Arbeit zu belegen. Die Arbeit führt zu viele Quellen an, oder Schlüsselquellen fehlen.	Anspruchsvoller Gebrauch der Quellen. Die verwendeten Quellen sind angemessen, glaubwürdig, klug und zweckmässig eingesetzt, um die Aussage der Arbeit zu stützen.
1.2 Werden fachliche Methoden richtig und in wirksamer Weise angewandt (z. B. Anlage eines Experiments, philosophische Argumentation, Textanalyse)?	Die Arbeit zeigt kein oder geringes Bewusstsein für Methoden, Denkgewohnheiten und Gültigkeitskriterien, nach denen Fachwissen konstruiert und nachgewiesen wird. Meinungen und Informationen werden als Tatsachen dargestellt.	Die Arbeit zeigt Gebrauch fachlicher Methoden und Denkweisen in einem oder mehreren Fächern, wendet diese aber auf mechanische, oberflächliche und schematische Weise an. Vereinfachungen und falsche Auffassungen von Methoden kommen vor (z. B. jemand glaubt, statistische Angaben seien wahr).	Die Arbeit zeigt angemessenen Gebrauch von Methoden, Denkweisen (z. B., um Beweise zu führen oder Kausalbeziehungen herzustellen) und Gültigkeitskriterien, um Fachwissen in den betroffenen Fächern aufzubauen.	Die Arbeit zeigt sicheres Beherrschen von Methoden, von Denkgewohnheiten und Gültigkeitskriterien, um in den betroffenen Fächern Fachwissen aufzubauen. Die Arbeit belegt diese Fähigkeiten in einer Sprache, welche die Konstruiertheit von Fachwissen erkennbar macht (z. B. die Vorläufigkeit von Erkenntnissen, die Grenzen von Verallgemeinerungen, die Vielfalt von Interpretationsmöglichkeiten).

2. Integration

	Niveau 1 *(naive)*	**Niveau 2 *(novice)***	**Niveau 3 *(apprentice)***	**Niveau 4 *(master)***
2.1 Enthält die Arbeit fachliche Sichtweisen und Erkenntnisse aus zwei oder mehr disziplinären Traditionen, die zur ihrer Zielsetzung passen?	In der Arbeit weist nichts darauf hin, dass fachliche Sichtweisen angewandt werden, um das Ziel zu erreichen. Mehrere Perspektiven oder Sichtweisen werden berücksichtigt, doch dies sind keine fachlichen Sichtweisen, und/oder sie zeigen keine klare Ausrichtung auf die Zielsetzung der Arbeit.	Die Arbeit enthält zwei oder mehr passende fachliche Sichtweisen oder Felder. Doch die Verbindungen zwischen den fachlichen Sichtweisen und dem Ziel der Arbeit sind oberflächlich oder unklar. Entscheidende fachliche Sichtweisen fehlen.	Die Arbeit enthält zwei oder mehr passende fachliche Sichtweisen oder Felder. Einzelne fachliche Erkenntnisse werden klar mit dem Ziel der Arbeit in Verbindung gebracht. Es werden fachliche Sichtweisen genannt, die nicht direkt zur Beantwortung der Leitfrage beitragen, oder wichtige Sichtweisen fehlen. .	Die Arbeit bezieht zwei oder mehr passende Fächer oder Felder ein. Fachliche Sichtweisen werden klar mit dem Ziel der Arbeit in Verbindung gebracht. Es kommen keine unverbundenen fachlichen Erkenntnisse vor, und es fehlen keine entscheidenden Sichtweisen. Enthält die Arbeit Beobachtungen, die am Ziel vorbeischiessen, aber dennoch originell sind, gehört die Arbeit in Bezug auf dieses Kriterium dennoch zur Stufe 4.
2.2 Gibt es ein integratives Element oder eine Strategie (z. B. eine Kausalverbindung, ein Modell, eine Metapher oder eine Analogie)?	Die Arbeit erschliesst das Thema auf umfassende Weise, doch Verbindungen sind unklar, und es ist kein klares Integrationsbemühen erkennbar.	Die Arbeit erschliesst das Thema auf umfassende Weise, indem sie stichhaltige fächerübergreifende Verbindungen herstellt, doch die Erkenntnisse aus unterschiedlichen Perspektiven werden nicht schlüssig	Ein integratives Element (z. B. eine Leitmetapher oder eine komplexe Kausalverbindung) führt die fachlichen Sichtweisen auf klar fassbare Art zusammen.	Eine neues, fantasievolles und genau gefasstes Integrationselement ist gegeben (z. B. eine Leitmetapher oder eine komplexe Kausalverbindung).

		und wirkungsvoll zusammengeführt. Da und dort werden Fachbegriffe, Theorien, Sichtweisen, Erkenntnisse oder Beispiele nebeneinandergestellt; Verbindungen und Analogien werden hergestellt, doch ist keine umfassende schlüssige Integration erkennbar.		
2.3 Wird im Gesamtaufbau der Arbeit ein Gespür für Ausgewogenheit fassbar für die Art, wie die Fachbeiträge zusammengeführt werden, um die Zielsetzung der Arbeit zu erreichen?	Die Arbeit zeigt Unausgewogenheit in der Art, wie sie einzelne fachliche Sichtweisen in Bezug auf die Zielsetzung darstellt. Fachliche Sichtweisen werden ohne offensichtlichen Grund unverhältnismässig gewichtet.	Die Arbeit versucht fachliche Sichtweisen gegeneinander abzuwägen, doch dies wirkt unecht und schematisch. Z. B. wird den Fachperspektiven unabhängig von ihrer Erklärungsfunktion in Bezug auf das Problem gleiches Gewicht zugemessen.	Fachliche Erkenntnisse werden in der Regel in Bezug auf das Ziel der Arbeit wohlbegründet abgewogen. Doch werden einer oder mehrere Aspekte des Themas schlecht angegangen.	Fachliche Erkenntnisse werden differenziert abgewogen, um die Aussagekraft der Arbeit im Hinblick auf ihr Ziel voll auszuschöpfen. Die Integration ist elegant und schlüssig, es gibt keine Ablenkungen im Aufbau des Arguments.
2.4 Kommen die Erkenntnisse durch das Zusammenführen fachlicher Sichtweisen zustande?	Die Arbeit versucht fächerübergreifende Verbindungen herzustellen, doch diese stehen ohne Bezug zum Ziel der Arbeit.	Geringe Integrationsbemühungen sind fassbar. Oder: Sprachliche Ausdrucksformen der Integration sind nachweisbar, doch sie werden auf mechanische Weise verwendet und erbringen einen geringen Fortschritt auf das angestrebte Ziel hin.	Die Arbeit schafft eine stichhaltige Integration fachlicher Erkenntnisse und bringt damit das Verständnis der Problemlage voran. Einige offensichtliche Möglichkeiten, das Ziel der Arbeit zu erreichen, werden übersehen oder bleiben unerschlossen.	Die Arbeit schöpft die Möglichkeiten fächerübergreifender Integration voll aus, um ihr geplantes Ziel auf wirkungsvolle Weise zu erreichen. Die Integration kann neue und unerwartete Erkenntnisse hervorbringen.

3. Reflexion	Niveau 1 *(naive)*	Niveau 2 *(novice)*	Niveau 3 *(apprentice)*	Niveau 4 *(master)*
3.1 Weist die Arbeit ein Bewusstsein der Grenzen und Leistungsmöglichkeiten der beteiligten Fächer auf?	Es existiert kein Bewusstsein der unterschiedlichen Fachperspektiven und deren Möglichkeiten und Grenzen. (Das Thema wird zum Beispiel nur aus der Alltagssicht oder in sehr allgemeiner Art beleuchtet.)	Es wird ein Bewusstsein fassbar, dass Fächer eingesetzt werden, doch es gibt nur eine beschränkte Auseinandersetzung mit den Grenzen und Möglichkeiten der Fachbeiträge. Ein falsches Verständnis der Einsatzmöglichkeiten der Fächer kann vorkommen.	Leistungsmöglichkeiten und Grenzen der Fächer werden klar erkannt. Einige Beobachtungen können offenkundig oder verallgemeinernd sein.	Leistungsmöglichkeiten und Grenzen der Fächer werden klar erkannt und in Beziehung zueinander gesetzt. (Lernende beschreiben nicht nur einzelne Fachbeiträge, sondern erklären, wie diese einander ergänzen, aufwiegen, empirische Belege hinzufügen oder Erkenntnisse aus anderen Fächern infrage stellen.)
3.2 Weist die Arbeit Selbstreflexion auf?	Die Arbeit enthält keine Überlegungen zu ihren eigenen Stärken und Schwächen. Eigene Gedanken werden ohne Skepsis und Selbstreflexion präsentiert.	Überlegungen zur Stärke und Schwäche der eigenen Arbeit und ihrer Integrationsleistung erscheinen mechanisch, oberflächlich oder beiläufig. Gedanken werden meist ohne Skepsis und Selbstreflexion präsentiert.	Stärken und Schwächen der Arbeit und ihrer Integrationsleistung werden hinreichend erläutert, wenn auch unter Umständen in oberflächlicher Weise.	Ein durchgehendes Bewusstsein der Stärken und Schwächen der Arbeit und ihrer Integrationsleistung ist fassbar. Schlüsse werden vorsichtig gezogen und alternative Denkansätze erwogen.

Literaturhinweise

_ Boix Mansilla/Dawes Durainsingh et al. 2008
_ Boix Mansilla/ Dawes Durainsingh 2007
_ Heiniger/Widmer et. al. 2006
_ Huber 1997
_ Klein 2002
_ Künzli 2001
_ Vaterlaus 2010

10 Organisationsformen

10.1 Die Bedeutung der schulischen Organisationsform für das Erreichen interdisziplinärer Ziele

«Interdisziplinarität fängt im Kopf an» (Fischer/Hahn 2001). Diese Aussage von Andreas Fischer und Gabriela Hahn legt nahe, dass erfolgreiche Interdisziplinarität hauptsächlich eine Frage der Haltung und der kognitiven Fähigkeiten ist. Die Aussage berücksichtigt nicht, dass schulisches Lernen schulische Organisationsformen voraussetzt, die ihm sowohl förderlich als auch hinderlich sein können. Ohne institutionelle Vorgaben und Unterstützung hat qualitätvolles fächerübergreifendes Lernen in einer von Fächern geprägten Schule einen schweren Stand. Zu Recht fordert die Schweizerische Maturitätskommission deshalb die Kantone auf, die Organisationsformen und die Unterrichtsgefässe zu bestimmen, in denen ihre Schulen den fächerübergreifenden Unterricht im Schulbetrieb verankern.[22] Was bedeutet dies in der Praxis?

_ Die wichtigste Organisationsform bilden die Unterrichtsgefässe, die im Stundenplan ausgewiesenen Zeiträume, welche die Schule für das fächerübergreifende Arbeiten bereitstellt. Dazu gehören z.B. Lektionen für Teamteaching, Blockzeiten, Projekttage usw.
_ Zu den Organisationsformen zählen weiter schriftliche Vereinbarungen, die fächerübergreifende Inhalte festlegen. Solche Regelungen können zum Beispiel festhalten, dass einzelne Inhalte aus den Fachlehrplänen koordiniert behandelt werden. Denkbar ist auch das Einrichten von Fächerverbünden im Schulprogramm oder das Festlegen fächerübergreifender Themen und schulinterner fächerübergreifender Curricula.
_ Zu den Organisationsformen gehören ferner alle Massnahmen, welche die Kommunikation und Kooperation im Kollegium sicherstellen und Fragen der Arbeitszeitabgeltung regeln.

Wir wenden uns zunächst den Unterrichtsgefässen zu. Die beiden folgenden Beispiele illustrieren, dass der fächerübergreifende Inhalt «im Kopf» und das Unterrichtsgefäss, in welchem dieser Inhalt Gestalt erhält, in einem engen Zusammenhang stehen:

22 In einem Schreiben vom 14. Dezember 2008 an die kantonalen Erziehungsdirektionen.

1. Eine Schule bietet zur fächerübergreifenden Zusammenarbeit einen Semesterkurs von drei Wochenstunden an. Ein Biologie- und ein Psychologielehrer nutzen dieses Zeitgefäss für einen fächerübergreifenden Kurs zum Thema «Gehirn und Psyche». Sie teilen die verfügbaren Kurslektionen auf ihre beiden Fächer auf und beleuchten das Thema wechselweise aus je fachlicher Sicht. Zusätzlich planen sie einige Kurslektionen im Teamteaching ein. Da beide Fächer auf sehr unterschiedlichen Grundannahmen über den Gegenstand «Gehirn und Psyche» aufbauen, reden die beiden Lehrpersonen, selbst während Teamteaching-Sequenzen, oft aneinander vorbei. In den Augen der Lernenden entsteht der Eindruck einer schlechten Abstimmung der Lerninhalte und der Zusammenarbeit der Lehrpersonen. Dieser Eindruck wird durch fachspezifische Prüfungen noch verstärkt.

Aus organisatorischer Sicht erscheint dieser Kurs als fächerübergreifend. Auf der Ebene der Stundentafel und der Unterrichtsgefässe bis hin zur Möglichkeit des Teamteachings und der Notengebung haben hier Schulbehörden und Schulleitung gute Grundlagen für den fächerübergreifenden Unterricht gelegt. Verbesserungsbedürftig bleibt die didaktische Gestaltung, die Vernetzung der Inhalte und die Ausrichtung des Unterrichts auf ein klares Lernziel hin. Die Verfügbarkeit eines Unterrichtsgefässes allein schafft noch keinen guten fächerübergreifenden Unterricht.

2. Eine Deutschlehrerin bezieht in ihren Literaturgeschichtsunterricht wiederholt Aspekte der politischen Geschichte, der Kunst- und der Musikgeschichte mit ein. Sie erweitert so ihren Fachunterricht mit Inhalten, die streng genommen anderen Schulfächern angehören. Zu Recht denkt sie, dass ihr Unterricht in hohem Mass fächerübergreifenden Charakter besitzt. Sie übersieht, dass sich für die Lernenden die Wirkung der Mehrperspektivität weniger leicht einstellt, als sie glaubt. Interviews mit Lernenden zeigen, dass diese Lehrpersonen und ihre Fachlektionen weit mehr als erwartet mit ihrem Fach in Verbindung bringen. Die Stunde von neun bis zehn Uhr ist eben die Deutschstunde, die Lehrperson, die sie unterrichtet, vermittelt in ihren Augen Inhalte aus dem Deutschunterricht.

Das Bemühen der «fächerimmanenten Interdisziplinarität» – in der Literatur auch als «fachüberschreitend» bezeichnet (z. B. Huber 1999, 34; 1997, 54) – reicht nicht aus, um den Anspruch fächerübergreifender Vernetzung einzulösen. Aus der Sicht der Lernenden tut sich fächerübergreifender Unterricht wesentlich als Bruch mit der fachspezifischen Lektionenroutine kund (↗ *Kapitel* 4.5). Der Versuch des Fachlehrers, die Vernetzung der Fächer von seiner Person aus zu gestalten, greift daher ebenso zu kurz wie die Vorstellung der Schulbehörden im ersten Beispiel, mit dem Schaffen eines fächerübergreifenden Gefässes auch fächerübergreifende Erkenntnis zu erzeugen.

Im Folgenden skizzieren wir die zwei wichtigsten Organisationsformen, die sich auf der Ebene der zeitlichen Unterrichtsgefässe in der Praxis ergeben. Zwei Grundmodelle der fächerübergreifenden Unterrichtsorganisation zeichnen sich ab: Interdisziplinarität im eigenen Unterrichtsgefäss und Interdisziplinarität aus dem Fachstundenplan heraus.

10.2 Interdisziplinarität aus dem Fachstundenplan heraus

Das bekannteste Unterrichtsgefäss ist zweifellos die **Fachlektion.** Wird diese in die Behandlung eines fächerübergreifenden Themas eingebunden, kann auch sie eine interdisziplinäre Funktion übernehmen.
Nach diesem Modell findet der fächerübergreifende Unterricht weitgehend im Rahmen des normalen Fachunterrichts statt und kommt ohne spezielles Zeitgefäss aus, das als «fächerübergreifend» markiert ist. Um dennoch eine gemeinsame Eröffnung und eine gemeinsame Ergebnissicherung zu gewährleisten, gestalten die beiden Fachlehrpersonen Teamteaching als «Besuch» der einen Lehrperson im Unterricht der anderen (zum Beispiel in einer Doppellektion, in der die eine Lehrperson keinen Unterricht hat). Auf diese Weise entsteht ein Rahmen, der Anfang und Ende einer fächerübergreifenden Unterrichtsphase umfasst und ein direktes Aufeinandertreffen der Fächer im Teamteaching sicherstellt.

Modell: Interdisziplinarität im Fachstundenplan

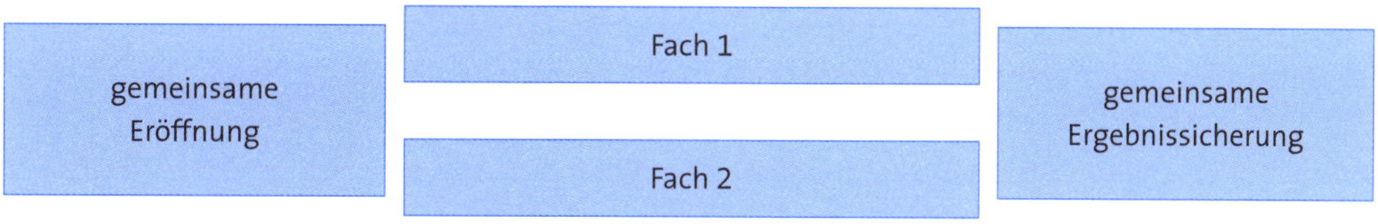

Ist ein solches Unterrichtsvorhaben auf eine längere Zeit hin geplant, so bietet sich an, die fächergetrennte Erarbeitungsphase einmal oder mehrmals durch ein Teamteaching zu unterbrechen. Solche **Fixpunkte** bieten Möglichkeiten zur direkten Begegnung der Fächer, sei dies zum Ziehen einer Zwischenbilanz oder zum Austausch von Informationen. Fixpunkte bilden dann gleichsam die Sprossen, auf denen die fächerübergreifende Erkenntnis Fuss fassen und «aufsteigen» kann. In der Theorie wird dieser Typus der Unterrichtsorganisation aus dem Fachunterricht heraus auch als **fächerverknüpfend** oder **-verbindend** beschrieben (Huber 1999, 35; 1997, 56).
Die Stärken dieses Modells liegen in der Flexibilität, mit der es fächerübergreifende Inhalte aus den Fachlehrplänen aufnehmen kann. Inhalte einer solchen **Curriculumkoordination** bieten etwa die Behandlung historischer Epochen oder Anwendungen der Mathematik in Physik, Geografie oder Biologie. Auch Länge

und Intensität der fächerübergreifenden Zusammenarbeit lassen sich flexibel gestalten.
Wenig geeignet ist diese Organisationsform für die Behandlung von Themen, die nicht strikt dem Lehrplan folgen. Manche Fachlehrpläne sehen die Behandlung bestimmter Inhalte in bestimmten Semestern vor. Auch setzt die Bearbeitung fächerübergreifender Themen nicht selten Grundlagen im Fachwissen voraus, die im Normalunterricht erst aufgebaut werden müssen, bevor eine Vernetzung möglich ist. Schwierig gestaltet sich in dieser Organisationsform auch die Notengebung. Wo keine Zeugnisrubrik für fächerübergreifende Leistungen existiert, ist der Druck gross, aus dem fächerübergreifenden Unterricht Fachnoten abzuleiten. Auch die Besoldung der Lehrpersonen gestaltet sich schwierig für einen fächerübergreifenden Unterricht ohne eigenes Zeitgefäss.

Eine Variante dieses Modells bietet der **Stundenpool.** Hier werden alle oder ein Teil der im Stundenplan vorgesehenen Fachlektionen für die Zeit der fächerübergreifenden Zusammenarbeit von ihrer Fachzugehörigkeit abgelöst und als Pool deklariert. So lässt sich Zeit für das Aufeinandertreffen der Fächer im Teamteaching oder für selbstständige Arbeitsphasen der Lernenden gewinnen. Voraussetzung für Teamteaching bleibt in diesem Modell freilich, dass die eine Lehrkraft in einer Freistunde die andere in ihrem Unterricht «besuchen» kann.

10.3 Interdisziplinarität im eigenen Unterrichtsgefäss

Ein eigenes Unterrichtsgefäss schafft einen organisatorischen Rahmen für das fächerübergreifende Lernen, in dem sich Fachinhalte vernetzen und Lernende und Lehrende einander begegnen können. Mögliche Formen bieten etwa im Stundenplan und der Stundentafel festgemachte Themenkurse, Blöcke, Projekttage, -wochen oder -epochen. In ihrem Bezug zum Lehrplan lassen sich solche Unterrichtsgefässe auf zwei Arten nutzen:

Fächerergänzend: In diesem Fall werden fächerübergreifende Themen in einem eigenen Zeitgefäss, zusätzlich zu den Einzelfächern und diese ergänzend, unterrichtet, z. B. das Thema Energie im Rahmen eines Thementages, einer Blockwoche oder das Thema Ökologie in einem Jahreskurs ausserhalb des Chemie- und Biologieunterrichts.

Fächerintegrierend: Hier wird ein Zeitgefäss bereitgestellt, das eigens für die Integration mehrerer Fächer ausgewiesen ist wie etwa die integrierte Naturlehre in der Zentralschweiz, die Chemie, Physik und Biologie in der Sekundarstufe I integriert. Fächerübergreifende Inhalte werden ohne parallel laufenden Fachunterricht behandelt.

Modell: Interdisziplinarität im eigenen Unterrichtsgefäss fächerintegrierend oder -ergänzend

gemeinsame Eröffnung	Erabeitungsphase Fach 1 und Fach 2	gemeinsame Ergebnissicherung

Neben Zeit für Teamteaching gewährt das Modell «Interdisziplinarität im eigenen Unterrichtsgefäss» Raum für didaktische Variationen wie Exkursionen, den Besuch von Gastreferenten oder für Projektunterricht. Aus der Sicht der Lernenden hebt sich hier der als fächerübergreifend deklarierte Unterricht erkennbar vom Normalunterricht ab. Diese Auslagerung des fächerübergreifenden Unterrichts in ein separates Gefäss mag die beiläufige Vernetzung der Inhalte aus dem Fachunterricht heraus erschweren, macht den fächerübergreifenden Unterricht umgekehrt aber auch unabhängiger vom Fachlehrplan. Durch seine institutionelle Verankerung gewinnt das fächerübergreifende Lernen so einen eigenen Wert, der sich an dem des Fachunterrichts messen lässt. Das Unterrichtsgefäss bietet sich auch als Bemessungsgrundlage für die Lehrerbesoldung an. Obwohl der fächerübergreifende Unterricht im Normalunterricht klare Stärken zeigt, scheint dieses zweite Modell, «eigenes Unterrichtsgefäss», im Ganzen vorteilhafter für eine dauerhafte und verbindliche Verankerung des fächerübergreifenden Unterrichts im Schulalltag.[23]

10.4 Fächerübergreifende Inhalte verankern: Curriculumkoordination, Profilbildung, Fächerverbünde und thematische Akzente

Eine institutionelle Massnahme anderer Art ergibt sich, wenn eine Schule oder eine Schulbehörde beschliesst, Fächer und fachliche Inhalte untereinander zu koordinieren oder bestimmte fächerübergreifende Themen im Schulprogramm festzuschreiben. Eine derartige Verankerung fächerübergreifender Inhalte kann auf unterschiedliche Art geschehen:

23 In Liestal entstanden in den Jahren 2004 bis 2008 rund 60 % der fächerübergreifenden Unterrichtsvorhaben ohne eigenens Unterrichtsgefäss. Darunter waren solche von wenigen Lektionen Umfang bis hin zu anderen, die mehrere Monate umfassten und mit einer gemeinsamen Prüfung abschlossen. Obwohl der fächerübergreifende Unterricht aus dem Fachunterricht heraus klare Stärken zeigte, empfanden viele Lehrpersonen den beträchtlichen (unbesoldeten) Zeit- und Koordinationsaufwand, den dieses erste Modell mit sich bringt, als belastend und wünschten sich ein festes Zeitgefäss für den fächerübergreifenden Unterricht. Zur Analyse unterschiedlicher Organisationsformen siehe auch Vaterlaus 2010 und Huber 1997.

_ **Koordination von Lehrplaninhalten:** Auf der Ebene der ganzen Schule oder zwischen einzelnen Fachschaften werden Lehrplaninhalte festgelegt, die fächerübergreifend unterrichtet werden. Eine solche schulinterne schriftliche Vereinbarung kann in Bezug auf ein bestimmtes Semester oder eine Jahrgangsstufe geschehen. Beispiel: Auf der Ebene der Fachschaften wird vereinbart, dass im Semester x die Themen Energiegewinnungsarten in Wirtschaft und Geografie und Aufklärung in Geschichte und Deutsch fächerübergreifend behandelt werden. Die Verknüpfung geschieht nicht nur über die Vorgaben in den Lehrplänen, sondern aus einer gemeinsamen Unterrichtsplanung heraus, die in gemeinsame fächerübergreifende Lernziele münden. Anregung zu solchen Vereinbarungen können die in manchen Fachlehrplänen angegebenen «Querverweise und Möglichkeiten für fächerübergreifenden Unterricht» geben.

_ **Profilbildung:** Fächergruppen werden in thematischen «Profilen» gebündelt, zum Beispiel Biologie, Geografie, Physik, Chemie im Profil «Umwelt»; Deutsch, Bildende Kunst, Philosophie, Kunst-Mediengestaltung im Profil «Kommunikation». Profile bieten Möglichkeiten zur Verknüpfung der Fachcurricula, die in schuleigenen fächerübergreifenden Curricula konkretisiert werden können (Schnak/Menzel-Pracher 2008).

_ **Fächerverbünde:** Fächergruppen werden in Integrationsfächern mit eigenem Lehrplan zusammengeführt. Fächerverbünde sind vor allem in der Sekundarstufe I verbreitet. Beispiele sind die naturwissenschaftlichen Integrationsfächer Natur-Mensch-Mitwelt im Kanton Bern (Labudde 2004) und Materie-Natur-Technik in Baden-Württemberg (Maier/Rauin et al. 2007).

_ **Thematische Akzente:** Eine Schule setzt in ihrem Bildungsprogramm ein thematisches Profil, das durch Akzentuierung aus dem Fachunterricht heraus und in eigenen Zeitgefässen verwirklicht wird. Beispiele: Politische Bildung oder Ökologie und Ethik.

10.5 Beispiele

Die folgenden Beispiele illustrieren, dass die oben aufgeführten Grundformen in vielfältiger Art kombinierbar sind. Neben thematisch offenen Formen der Verankerung zeigen sich in der Praxis nicht wenige, die äussere Organisationsformen mit verbindlichen Inhalten koppeln.

Thematisch gebundene Formen

_ An der **Kantonsschule Alpenquai in Luzern** wurde 2007 das «virtuelle» **Fach Politische Bildung** geschaffen, das unterschiedliche Unterrichtsgefässe in Anspruch nimmt. In der 4. Klasse (10. Schuljahr) besuchen die Lernenden im Rahmen einer Studienwoche drei je halbtägige Pflichtmodule der Fächer Gs, Gg und WR, die in fachspezifischen «Pfeilern» Grundkenntnisse zum Thema aufbauen. In der 5. Klasse folgt ein Semesterkurs zu zwei Wochenstunden, der von den drei Lehrpersonen im Teamteaching unterrichtet wird. Der Kurs behandelt jeweils ein Jahresthema im Umfeld der Politischen Bildung wie zum Beispiel Menschenrechte. Praktische Umsetzungen zum Beispiel in der Form von Debattieranlässen oder Aula-Podien runden die Lehrgänge ab. Ein fächerübergreifender Lehrplan sichert die Grundinhalte des Faches Politische Bildung ab. Längerfristig ist ein Leistungsnachweis in der Form eines Führerausweises Politische Bildung geplant (vgl. Lehrpläne: www.kslu-zern.ch/index.php?id=145, [23.8 2010]).

_ An der **Kantonsschule Zürich Hottingen,** einem Gymnasium mit wirtschaftlich-rechtlichem Profil, wird seit 2004 pro Jahrgang eine **Akzentklasse Ethik/Ökologie** geführt. In sogenannten Quartalsakzenten sollen Ethik und Ökologie von verschiedenen Fächern aufgegriffen und so interdisziplinär beleuchtet werden. Insgesamt entstehen 16 Ethik- und 16 Ökologie-Akzente. In einem Lehrplan werden aus jedem Fach heraus Inhalte festgelegt und bestimmt, wann welches Fach welchen konkreten Beitrag zur Akzentsetzung, verteilt auf das ganze Jahr, übernimmt. Ziel ist aufzuzeigen, dass jede Wissenschaft, jeder Lebensbereich ethische und ökologische Fragen einschliesst. Weiter sind Arbeitswochen vorgesehen, die im konkreten praktischen Tun, z.B. in der Arbeit mit Behinderten oder auf einem ökologischen Bauernhof, eine Ergänzung zum kognitiven Lernen bilden (vgl. Lerchi/Kappeler 2008 oder Akzentklasse: www.ksh.ch/akzentklasse.html [23.8.2010]).

_ In der **Profiloberstufe der Hamburger Max-Brauer-Schule** werden die Fächer zu thematischen Profilen gebündelt. Diese sind «Umwelt» (Biologie, Geografie, Physik, Chemie), «Sprachen- und Kulturenvielfalt» (Englisch oder Spanisch, Geschichte, Religion und Musik) und «Kommunikation» (Deutsch, Bildende Kunst, Philosophie, Kunst-Mediengestaltung). Innerhalb dieser Fächerprofile werden die Curricula semesterweise zu bestimmten Themen verknüpft. So wird zum Beispiel im Profil «Sprachen und Kulturenvielfalt» ein Semester unter das Thema «Jugendwelten in verschiedenen Kulturen» gestellt, zu dem dann Geschichte, Englisch/Spanisch, Religion und Musik koordinierte Inhalte beitragen. Auf diese Weise entstehen **schuleigene fächerübergreifende**

Curricula (vgl. das Beispiel unten). Die thematisch gekoppelten Kurse werden im Stundenplan zu Blöcken zusammengefasst. Diese Organisationsform schafft Raum für Projekte, ausserschulische Erkundungen und vertieftes Arbeiten in Gruppen (Bastian/Combe et al. 2000; Schnack/Menzel-Pracher 2008).

Beispiel: Profil «Sprachen- und Kulturenvielfalt» (Max-Brauer-Schule Hamburg)

	Geschichte	Englisch/Spanisch	Religion	Musik
1. Semester Jugendwelten in verschiedenen Kulturen	Jugendwelten: _ Lebenswelt von Jugendlichen in Diktatur und Demokratie _ Jugendwelten in anderen Kulturen	Initiation: your culture oder jovenes de hoy Projektreise	Initiationsriten im Kulturvergleich, Entstehung und Bedeutung von Symbolen und Riten in der Lebenswelt der Jugendlichen heute	Rituelle Funktion von Musik, Jugendszenen und Musikgeschmack, ästhetische Praxis der Korrespondenz, Herstellen und Aufführen eines Profilsongs

Thematische offene Formen

_ Am **Gymnasium Neufeld in Bern** stehen für fächerübergreifenden Unterricht im ersten Sekundasemester (= 11. Schuljahr) eine und auf Stufe Prima zwei Semesterlektionen zur Verfügung. Zwei der drei Semesterlektionen werden in Besoldungsprozente für Lehrpersonen umgewandelt. In der gymnasialen Oberstufe (ab Tertia = 10. Schuljahr) können Lehrerinnen- und Lehrerteams im Rahmen des Normalunterrichts fächerübergreifende Projekte realisieren. Die fächerübergreifenden Projekte können durch einen Blocktag, eine Exkursion oder eine Projektwoche ergänzt werden. Im ersten Sekundasemester wird im Stundenplan ein Unterrichtsgefäss im Umfang einer Lektion für die Durchführung fächerübergreifender Projekte eingesetzt; das Unterrichtsgefäss kann für Einzel- oder für Doppellektionen (z.B. jede zweite Woche oder in einem Quartal) genutzt werden. Unter Leitung der Konrektorin bzw. des Konrektors entscheiden die Lehrerinnen und Lehrer der entsprechenden Klassen über die Fächerkombinationen bzw. die Zusammensetzung der Lehrpersonenteams, die ein fächerübergreifendes Projekt anbieten. Die an einem fächerübergreifenden Projekt beteiligten Lehrkräfte werden für ihren zusätzlichen Arbeitsaufwand mit Besoldungsprozenten entschädigt, die aus der Umwandlung einer der beiden für den fächerübergreifenden Unterricht vorgesehenen Semesterlektionen stammen. Fächerübergreifende Projekte sind für die Gymnasiastinnen und Gymnasiasten noten- und promotionswirksam. Für die Beurteilung werden Kriterien erstellt, die im Voraus zwischen den projektleitenden Lehrpersonen und den beteiligten Gymnasiastinnen und Gymnasiasten abgesprochen werden.

_ Im Abschlussjahr vor der Matur belegen im **Kanton Baselland** alle Lernenden zwei sogenannte **Wahl- und Ergänzungskurse** zu je drei Wochenstunden. Ab ca. 2013 soll in allen Gymnasien des Kantons die Hälfte dieser Kurse fächerübergreifend ausgeschrieben werden: Alle Lernenden werden dann verbindlich einen fächerübergreifenden und einen fachspezifischen Kurs besuchen. Die fächerübergreifenden Kurse werden im Teamteaching unterrichtet. Die Kursnoten fliessen in die Semesterzeugnisse unter der Rubrik «Wahl- und Ergänzungskurse» ein. Auch Maturprüfungen sind möglich, falls Prüfungsfächer betroffen sind. Beispiele von Kursthemen sind etwa: «Medikamente/Gifte/Drogen» (B, Ch), «Streifzüge durch die Welt der Genussmittel» (Gs, WR), «Faschismus» (D, Gs).

10.6 Verankerung in der Schulkultur: Schulinterne Kommunikation und Koordination, Formen der Arbeitszeitabgeltung

Fächerintegration geschieht weder allein «im Kopf» noch in Unterrichtsgefässen, sie setzt auch eine gute Teamarbeit und eine vertrauensvolle Beziehung unter den Lehrpersonen innerhalb einer Schule voraus. Wird die Zusammenarbeit auch vonseiten der Schulleitung gefördert, so kann langfristig eine Schulkultur des fächerübergreifenden Unterrichtens entstehen (Kyburz-Graber 1997). Folgende Faktoren tragen zur Ausbildung einer derartigen Schulkultur bei:

_ Verankerung der Zielsetzungen des fächerübergreifenden Unterrichts im Leitbild der Schule und in einer Wegleitung, die Richtlinien für die schulinterne Umsetzung festhält.
_ In der Praxis zeigt sich, dass es hilfreich ist, speziell ausgewiesene Zeitressourcen zur Verfügung zu stellen, welche die regelmässige Kommunikation unter den Lehrpersonen für die fächerübergreifende Teamarbeit sicherstellen (Stübig/Ludwig et al. 2006, 96). Solche Gefässe können etwa im Wochenstundenplan ausgesparte Freistunden sein bis hin zu semesterweise eingesetzten Planungs- und Auswertungshalbtagen.
_ Mit dem Faktor Zeit hängt auch die Frage einer angemessenen Arbeitszeitabgeltung zusammen. Wo für den fächerübergreifenden Unterricht keine besoldeten Zeitgefässe zur Verfügung stehen, ist es ratsam, dass die Schulleitung bzw. die Schulbehörden Formen der Arbeitszeitabgeltung einrichten, die dem-

Planungsaufwand für diese Unterrichtsform Rechnung tragen.[24] Geschieht dies nicht, wird fächerübergreifender Unterricht auf die Dauer als zusätzliche Belastung ohne institutionellen Wert verstanden und verliert an Qualität.

_ Zur schulinternen Umsetzung kann ferner eine interne Koordinationsperson oder -gruppe beitragen, deren Pflichtenheft folgende Aufgaben umfasst: fortlaufende Sammlung, Aufbereitung, Bereitstellung, Weitergabe und Koordination von Information im Sinne einer Drehscheibe ebenso wie die Organisation von Fortbildung.
_ Als Formen der Informationsweitergabe sind denkbar: Geplante und laufende fächerübergreifende Vorhaben werden im Lehrerzimmer in einer Planungsübersicht sichtbar gemacht, die Fächerkombinationen, Lehrpersonen, Themen und Lernziele festhält. Auch Auf- und Ausbau digitaler Plattformen (auch schulenübergreifend) im Sinne einer Ideenbörse ist denkbar.
_ Unterrichtsprodukte wie Theateraufführungen, Podiumsdiskussionen und Ausstellungen sind sichtbare Zeichen einer fächerübergreifenden Schulkultur.
_ Beiträge im Jahresbericht ebenso wie Hinweise auf der Homepage der Schule dokumentieren fächerübergreifendes Arbeiten nach innen und aussen.

Für die Sicherung der Qualität des fächerübergreifenden Unterrichts und seine Verankerung im Schulbetrieb erachten wir als unverzichtbar

_ eine Wegleitung, die Ziele dieses Unterrichts festhält und didaktische Minima einfordert,
_ ein Team für fächerübergreifenden Unterricht, in dem die Schulleitung und die Lehrerschaft vertreten sind, welches die Verbindlichkeiten bereitstellt und eine Qualitätskontrolle durchführt (u. U. identisch mit der oben erwähnten Koordinationsgruppe bzw. -person),
_ eine Form der Entschädigung der Lehrpersonen, sei dies durch die Schaffung von Unterrichtsgefässen (wie Projektwochen oder Kursen) oder durch andere Formen der Arbeitszeitabgeltung.[25]

24 Denkbar ist, dass die Schulleitung aus einem Stundenpool Besoldungsanteile an Lehrpersonen vergibt, die fächerübergreifend arbeiten. Ein solches Modell wird zum Beispiel am Gymnasium Neufeld, Bern, umgesetzt.

25 Diese Verbindlichkeiten sind vergleichbar mit denjenigen, welche die Verankerung der Maturitätsarbeiten verlangen (vgl. Bonati/Hadorn 2009, 16).

Literaturhinweise

_ Akzentklasse: www.ksh.ch/akzentklasse.html [23.08.2010]
_ Bastian/Combe et al. 2000
_ Bonati/Hadorn 2009
_ Fischer/Hahn 2001
_ Huber 1999
_ Huber 1997
_ Kyburz-Graber 1997
_ Labudde 2004
_ Lehrpläne: www.ksluzern.ch/index.php?id=145 [23.08.2010]
_ Lerchi/Kappeler 2008
_ Maier/Rauin et al. 2007
_ Schnack/Menzel-Pracher 2008
_ Stübig/Ludwig et al. 2006
_ Vaterlaus 2010

11 Planungshilfen und Unterrichtsmaterial

Im Folgenden stellen wir Materialien zusammen, die Lehrpersonen bei der gemeinsamen Unterrichtsplanung oder zum Einstieg in ein fächerübergreifendes Unterrichtsvorhaben dienen können.

11.1 Checkliste für die Planung des fächerübergreifenden Unterrichts

Die folgende Checkliste enthält einige Leitfragen, die bei der Planung eines fächerübergreifenden Vorhabens dienen können. Weiterführende Vertiefungen sind über Hinweise in die ↗ *Kapitel* angezeigt. Einen praxisnahen Leitfaden für die Planung und Durchführung bieten zudem Slovak/Labudde et al. 2004.

Wie intensiv wollen wir fächerübergreifend zusammenarbeiten?
Unverbindlicher Bezug auf den Unterricht im anderen Fach, Absprache, gemeinsame Vorbereitung, Teamteaching, gemeinsame Prüfung

Welches Thema wollen wir behandeln?
- Bezug zum Lehrplan klären
- Welches Vorwissen bringen die Lernenden mit?

↗ *Kapitel* 6.6

In welchem Zeitraum wollen wir das gemeinsame Vorhaben verwirklichen?
- Welche Zeitgefässe bieten sich an (Blockunterricht, Fachlektionen, Kurse, Projektwoche usw.)?
- Welches sind die Anteile der Lektionen bzw. Arbeitsstunden der Lernenden?

Welche Rolle sollen die Lernenden übernehmen?
Wollen wir die Lernenden an der Themenfindung und evtl. an der weiteren Planung teilhaben lassen?
↗ *Kapitel* 5.2.5 und *Kapitel* 8

Welche Beiträge leisten die Fächer, und zu welchem Lernziel bzw. welchen Lernzielen werden sie verbunden?

_ Integration: Erklärung bzw. Lösung eines überfachlichen Phänomens oder Problems bzw. Erarbeiten eines Produkts (Puzzle-Prinzip); Fächerkreuzung: Anwendung des einen Fachs auf den Gegenstand eines anderen Fachs
_ Reflexion: Fachperspektiven kontrastieren, um die Denkweisen der Fächer sichtbar zu machen (Prisma-Prinzip)
_ Wissenschaftliche Gemeinsamkeiten der Fächer sichtbar machen (Kongruenz-Prinzip)
_ Zuständigkeiten der Fächer bewusst machen und infrage stellen

↗ *Kapitel 7*

Welche Leitfrage bzw. Leitfragen (Ober- und Unterfragen) wollen wir formulieren und damit fächerübergreifende Lernziele umreissen?

↗ *Kapitel* 8.2 und 11.4

Wie können wir die Kooperation und Kommunikation im Lehrerteam sicherstellen?

_ Wie gelangen die Fachlehrpersonen an das Wissen aus dem andern Fach?
_ Kommunikationsform festlegen (Telefon, E-Mail, «Materialdossier, das wandert», usw.) Wie organisieren wir die Zusammenarbeit im Lehrerteam? (Treffen: Wo? Wann?)

Welche Unterrichtsmethoden legen wir fest?

_ Wie soll der methodische Ablauf des fächerübergreifenden Unterrichts aussehen?
_ Welche Methoden werden in welchen Phasen eingesetzt, z.B. Lehrervortrag oder
_ Projektunterricht?

↗ *Kapitel 8*

Welche Unterrichtsmaterialien werden verwendet?

Welche Lernzielkontrolle legen wir fest?

_ Welche Form der Lernzielkontrolle wollen wir wählen (z.B. mündliche Prüfung, Essay, Präsentation, Produkt mit Kommentar etc.)?
_ Wie gewichten wir die einzelnen fächerübergreifenden Kompetenzen Disziplinarität, Integration und Reflexion?

↗ *Kapitel 9*

Wie legen wir den zeitlichen Ablauf der Unterrichtseinheit fest?

Zeitplan evtl. mit Fixpunkten bestimmen: Zwischenziele, evtl. Schülervorträge, Prüfungen usw.

An welchen Orten finden welche Unterrichtsschritte statt?
Zimmer, evtl. ausserschulische Lernorte bestimmen

Literaturhinweis
Slovak/Labudde et al. 2004

11.2 Sonne fächerübergreifend

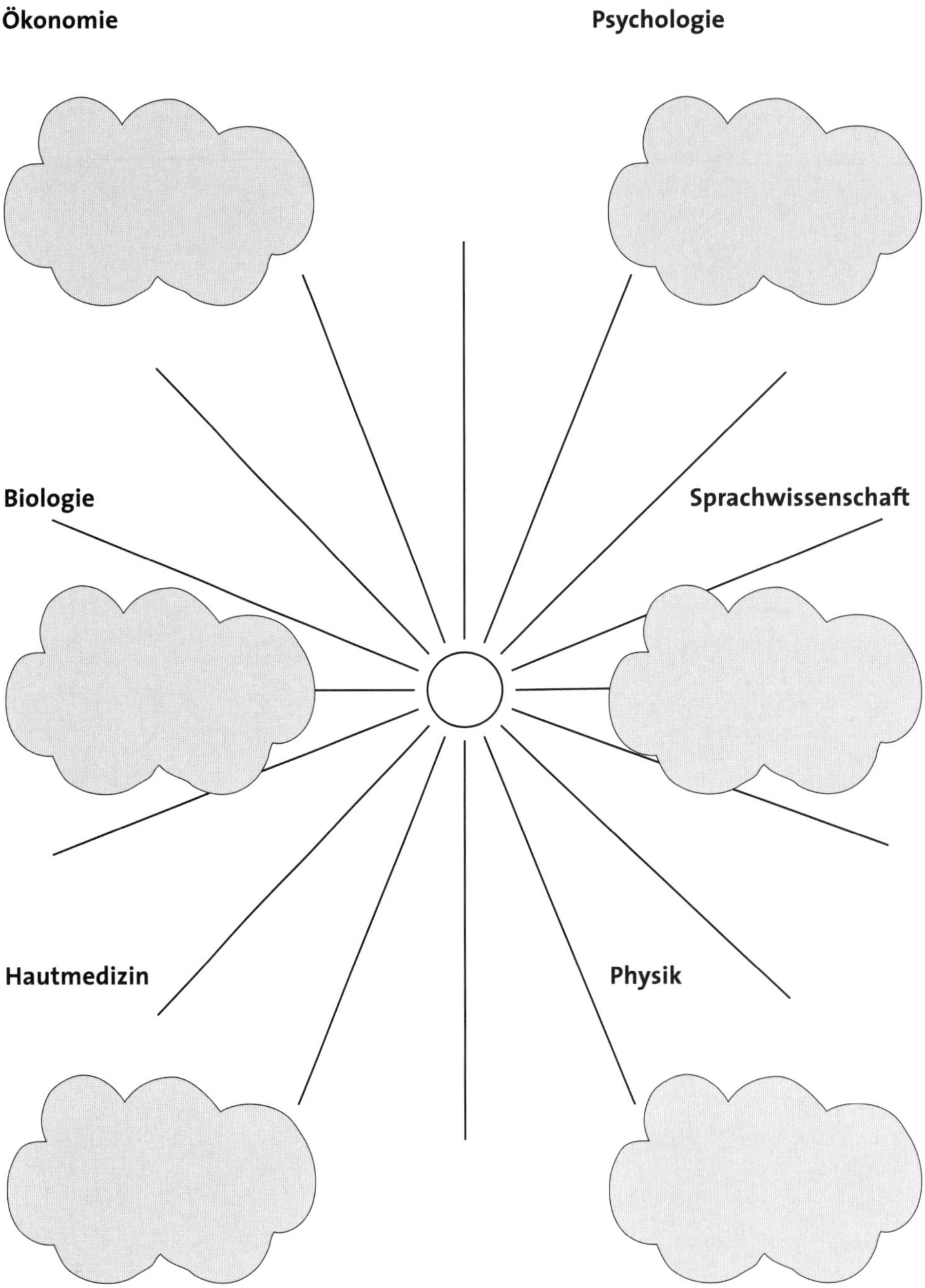

Didaktischer Hinweis

Diese «Sonnenübung» kann Lernende für die Reflexionslernziele sensibilisieren. Dazu gehören: Fachperspektiven kontrastieren (Modell 2.1 a), den Unterschied zwischen Alltagssicht und fachlichen Sichtweisen erkennen (Modell 2.1 b) und wissenschaftliche Gemeinsamkeiten wahrnehmen (Modell 2.3) (↗ *Kapitel 7*).
In einem ersten Schritt halten die Lernenden ihr Alltagsverständnis der Sonne fest. Die Ergebnisse werden an einer Stellwand oder an der Tafel visualisiert. Danach folgt die Arbeitsanregung 1 zur Kopiervorlage auf der vorangehenden Seite.

Arbeitsanregung 1

a. Notieren Sie in die Wolken, für welche Aspekte der Sonne sich die genannten Fächer interessieren.
b. Nennen Sie weitere Fächer, die etwas zur Sonne zu sagen hätten, und beschreiben Sie, was dies sein könnte.
c. Beschreiben Sie, wie die Unterschiede zwischen den verschiedenen «Fachsonnen» zustande kommen.
d. Gibt es Verwandtschaften unter den Fachsonnen? Wenn ja, zeigen Sie einige auf und beschreiben Sie ihre Gemeinsamkeiten.

Lösungsvorschlag zur Arbeitsanregung 1

Ökonomie
Sonnentage als Tourismusfaktor
Ertragsminderung oder -steigerung in der Landwirtschaft

Psychologie
Auswirkungen der Sonnenscheindauer auf die Psyche (Depression)

Biologie
Sonne ermöglicht Fotosynthese. Sonnenenergie wird über mehrere Stufen in verschiedene Energieformen umgewandelt.

Sprachwissenschaft
Die Sonne in unterschiedlichen Sprachen: *le soleil, the sun, il sole*
Auch metaphorische Verwendungen: sonniges Gemüt, Sonnenkönig

Hautmedizin
Krebserzeugende Wirkung
UV-Stahlung 100–80 Nanometer Wellenlänge

Physik
Sonne als Himmelskörper (Mechanik), Sonne als Energiequelle

a. Ziel dieser Übung ist es, Lernende für die Eigenarten und Unterschiede der wissenschaftlichen Fächer zu sensibilisieren *(↗ Kapitel 3)*. Beim Aufspüren der Erkenntnisinteressen der einzelnen Wissenschaften können Lernende unter Umständen zur Erkenntnis gelangen, dass Wissenschaften sich in spezialisierte Teilwissenschaften unterscheiden, die ihren Gegenstand auf unterschiedliche Weise erschliessen. Beispiele: Psychologie: klinische Psychologie, Sozialpsychologie; Linguistik: Lexikologie, Rhetorik usw.

b. Beispiele: Religionswissenschaft und Mythologie: Sonnengottheiten; Meteorologie: Sonne als Witterungs- und Klimafaktor usw.

c. Jedes Fach folgt seinen eigenen Erkenntnisinteressen und Methoden und bringt seine eigene Sonne hervor. Ein fachliches Verständnis kommt zustande, indem bestimmte Aspekte des Himmelskörpers Sonne hervorgehoben werden und gleichzeitig von anderen Aspekten abgesehen wird (so sieht zum Beispiel die «Sonne der Hautmedizin» ab von jenen Wellenlängen des Sonnenlichts, die für die Haut nicht gesundheitsrelevant sind). Die einzelnen «Fachsonnen» gehören unterschiedlichen Arten von Realitätsverständnissen an, sie sind untereinander nicht kompatibel und lassen sich – logisch gesehen – nicht addieren («Äpfel und Birnen»). Die unterschiedlichen fachlichen Verstehensweisen sind aber vereinbar, wenn sie in einem instrumentellen Sinn für eine gemeinsame Problemlösung in Anspruch genommen werden, z. B.: «Wie können wir eine Kampagne zur Hautkrebsprävention gestalten?» *(↗ Kapitel 7: Modell 1.2)*.

d. Ein Vergleich kann auch **Verwandtschaften** unter den Fächern herausschälen: die Sonne als Energiequelle in der Physik und der Biologie, die Sonne als Attraktion für Sonnenhungrige in der Sozialpsychologie und der Ökonomie usw.

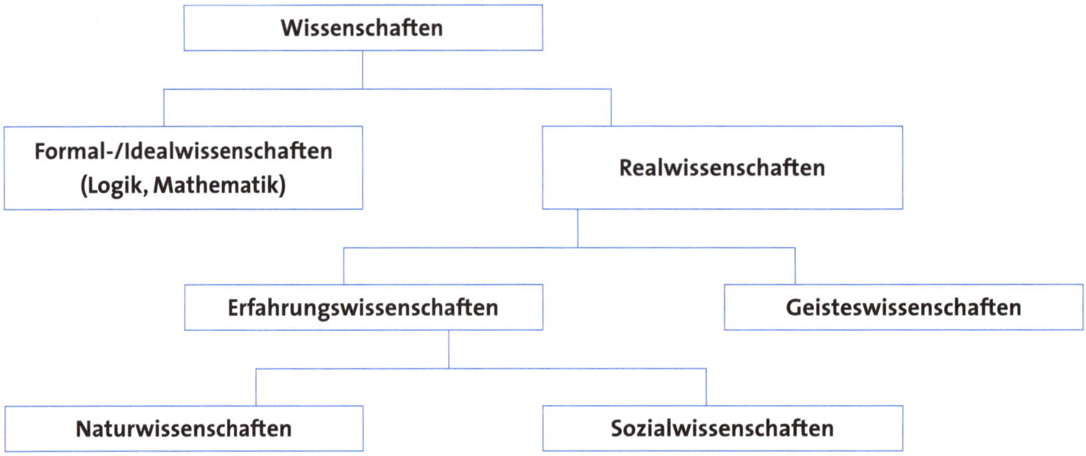

Arbeitsanregung 2

Halten Sie fest, worin sich das Alltagsverständnis der Sonne von den wissenschaftlichen Sichtweisen unterscheidet. Wie können sich alle hier versammelten Wissenschaftlerinnen und Wissenschaftler miteinander über die Sonne verständigen?

Lösungsvorschlag zur Arbeitsanregung 2

Das Alltagsverständnis ist subjektiv, von persönlichen Erfahrungen geprägt, nicht an definierte Fachbegriffe gebunden, Ausdruck des Common Sense. Fachliche Verständnisweisen bauen auf definierte Fachbegriffe (z. B. UV-Strahlung, Metapher, Depression), sie sind weiter in Modellen und Theorien abgestützt und enthalten von der subjektiven Wahrnehmung abgelöste und geprüfte Aussagen (↗ *Kapitel 7.2*).

Die Wissenschaften besitzen keine gemeinsame Sonne, über die sie sich in ihren Fachbegriffen verständigen können. Der einzige ihnen allen gemeinsame Nenner ist die Sonne im Alltagsverständnis. Streng genommen können die Wissenschaftlerinnen und Wissenschaftler sich nur als Privatpersonen über dieselbe Sonne verständigen. Denkbar ist aber auch, dass sie sich mit den Denkweisen anderer Fächer vertraut machen und so von einer fachlichen Sichtweise in eine andere wechseln können (↗ *Kapitel 7.1*).

11.3 Planungsformular

Lehrperson 1/Fach 1 ______________________________

Lehrperson 2/Fach 2 ______________________________

1) Thema/Unterthemen

____

____

____

2) Leitfragen: Formulieren Sie fächerübergreifende Leitfragen (Ober- und Unterfragen), die auf die Lernziele Ihres geplanten Vorhabens hinweisen.

____

____

____

____

3) Welche fachlichen Lernziele wollen Sie erreichen?

Fach 1 **Fach 2**

____

____

____

____

____

11.4 Leitfragen formulieren

_ Die Leitfrage bietet einen Kompass für den fächerübergreifenden Unterricht.
_ Sie schliesst die beteiligten Fachperspektiven ein und hilft, diese in ihrer Bedeutung zu werten.
_ Sie zeichnet den Weg zu Inhalten des Leistungsnachweises vor.

Beispiel: Welches sind Ursachen und Folgen der Brandrodungen auf Borneo?

Für grössere fächerübergreifende Vorhaben empfiehlt es sich, die Unterrichtsziele in mehrere Leitfragen zu fassen. Dabei geht man von einer umfassenden Leitfrage aus und differenziert diese in Unter- und Folgefragen. Im Folgenden haben wir die Leitfragen zusätzlich den Kategorien aus dem Kapitel 7 zugeordnet.

Weitere Hinweise finden Sie in ↗ *Kapitel 8.2*

Umfassende Leitfrage

Welches sind Ursachen und Folgen der Brandrodungen auf Borneo? (Bio, Gg, WR, Ch) (Vernetzungsmodell 1.1)

Unterfragen Stufe 1

Was schafft wirtschaftliche Anreize für den Anbau von Palmölplantagen auf Borneo? (Bio, WR) (Modell 1.1)

Welche anderen Fachperspektiven könnten uns weitere wichtige Erkenntnisse zum Thema liefern? (Modell 2.1)

Folgefragen Stufe 2

Wie können wir eine Ausstellung gestalten, die über die Bedeutung des Palmöls aus Borneo in unserem Alltag informiert? (BG, Bio, D) (Modell 1.2)

Wie können wir Geld für ein Tierschutzprojekt zur Rettung der Orang-Utans auf Borneo sammeln? (Bio, WR) (Modell 1.2)

12 Literaturverzeichnis

Hinweise

Vornamen sind nach Möglichkeit ausgeschrieben. Bei mehr als zwei Autoren sind die beiden ersten genannt, die weiteren unter et al. subsumiert.

Ausubel, David P. (1974). Psychologie des Unterrichts. Weinheim: Beltz.

Bastian, Johannes, **Combe,** Arno et al. (2000). Profile in der Oberstufe. Fächerübergreifender Projektunterricht in der Max-Brauer-Schule Hamburg. Hamburg: Bergmann + Helbig.

Beck, Ulrich (1986). Risikogesellschaft. Auf dem Weg in eine andere Moderne. Frankfurt am Main: Suhrkamp.

Boix Mansilla, Veronica (2010). Learning to synthesize: a cognitive-epistemological foundation for interdisciplinary learning. In: Frodeman, Robert, Klein, Julie Thompson et al. (Hrsg.). The Oxford handbook of interdisciplinarity. Oxford: Oxford University Press. 288–306.

Boix Mansilla, Veronica (2007). «Playing sound waves», quality interdisciplinary teaching in middle school classrooms and beyond.
Online: www.pz.harvard.edu/interdisciplinary/pubone.html [23.08.2010].

Boix Mansilla, Veronica (2005). Assessing student work at disciplinary crossroads. Change 37 (1), 14–21.

Boix Mansilla, Veronica, **Dawes Duraisingh,** Elizabeth (2007). Targeted assessment of students' interdisciplinary work: an empirically grounded framework proposed. The Journal of Higher Education, 78 (2), 215–237.
Online: www.pz.harvard.edu/interdisciplinary/pubthree.html [23.08.2010].

Boix Mansilla, Veronica, **Dawes Duraisingh,** Elisabeth et al. (2008). Targeted assessment of interdisciplinary writing: an empirically grounded rubric. The Journal of Higher Education, 80 (3), 334–353.
Online: www.pz.harvard.edu/interdisciplinary/pubthree.html [23.08.2010].

Boller, Sebastian, **Dietz,** Hans-Frieder et al. (2006). Kontrastierung von Fachperspektiven. Fallstudie zu fächerübergreifenden Kompetenzen. TriOs, Nr. 1, 57–81.

Bonati, Peter, **Hadorn,** Rudolf (2009). Maturaarbeiten und andere selbständige Arbeiten betreuen. Ein Handbuch für Lehrpersonen und Dozierende. Bern: hep.

Caviola, Hugo (2003). In Bildern sprechen. Wie Metaphern unser Denken leiten. Materialien für den fächerübergreifenden Unterricht. Bern: hep.

Caviola, Hugo (2000). Interdisziplinarität an Maturitätsschulen: ein Diskussionsbeitrag. Gymnasium Helveticum, 6, 35–37.

Caviola, Hugo, **Kyburz-Graber,** Regula (2006). Project i: interdisciplinary curriculum development in upper secondary schools. In: Kyburz-Graber, Regula, Hart, Paul et al. (Hrsg.). Reflective Practice in Teacher Education. Bern/Berlin: Peter Lang. 73–85.

Chase, Susan (2005). Narrative inquiry: multiple lenses, approaches, voices. In: Denzin, Norman K., Lincoln, Yvonna S. (Hrsg.) The SAGE handbook of qualitative research. 3., überarbeitete Auflage, London/New Delhi: Sage. 651–679.

Denzin, Norman K., **Lincoln,** Yvonna S. (Hrsg.) (2005). The SAGE handbook of qualitative reserarch. 3., überarbeitete Auflage. London/New Delhi: Sage.

Dewey, John (1993). Demokratie und Erziehung (deutsche Übersetzung der 3. Auflage von 1916). Weinheim: Beltz.

Diederich, Jürgen, **Tenorth,** Heinz-Elmar (1997). Theorie der Schule. Ein Studienbuch zu Geschichte, Funktionen und Gestaltung. Berlin: Cornelsen Scriptor.

Droysen, Johann Gustav (1971). Historik. 6., unveränderte Auflage. München: Oldenbourg.

Duncker, Ludwig (1997). Vom Sinn des Ordnens. Zur Rekonstruktion der Wirklichkeit in und zwischen den Schulfächern. In: Duncker, Ludwig, Popp, Walter (Hrsg.). Fächerübergreifender Unterricht in der Sekundarstufe I und II. Prinzipien, Perspektiven, Beispiele. Bad Heilbrunn: Klinkhardt. 119–134.

EuroComCenter (2010). Servicecenter zur Europäischen Mehrsprachigkeit. Online: www.eurocomcenter.com [10.09.2010].

Evaluation der Maturitätsreform 1995 (EVAMAR) (2005). Schlussbericht. Bern: Staatssekretariat für Bildung und Forschung.

Evaluation der Maturitätsreform 1995 (EVAMAR) (2004). Das Wichtigste in Kürze. Auszug aus dem Schlussbericht zur Phase 1. Bern: Staatssekretariat für Bildung und Forschung.

Eyer, Marc (2010). Ansätze zum fächerübergreifenden Unterrichten. Gymnasium Helveticum, 2, 14–17.

Fichten, Wolfgang (1993). Unterricht aus Schülersicht. Frankfurt am Main., Berlin, Bern: Peter Lang.

Fischer, Andreas, **Hahn,** Gabriela (Hrsg.) (2001). Interdisziplinarität fängt im Kopf an. Frankfurt am Main: Verlag für akademische Schriften.

Fischer, Wolfgang (1983). Wissensschaftspropädeutik. In: Blankertz, Derbolav et al. (Hrsg.). Enzyklopädie der Erziehungswissenschaften. Band 9. Sekundarstufe II – Jugendbildung zwischen Schule und Beruf. Teil 2: Lexikon Stuttgart: Klett-Cotta. 703–706.

Flick, Uwe (2004). Qualitative Sozialforschung: Eine Einführung. 2. Auflage Reinbek bei Hamburg: Rowohlt.

Foucault, Michel (1977). Die Ordnung des Diskurses. Frankfurt am Main.: Ullstein.

Frey, Karl (1998). Die Projektmethode. Der Weg zum bildenden Tun. 8. Auflage. Weinheim: Beltz.

Gerling, Martin, **Gierlich,** Heinz (2000). Abakadabra der Fachsprachen. Wissenschaft und Medienöffentlichkeit. Berlin: Cornelsen.

Giel, Klaus (1997). Zur Philosophie der Schulfächer. In: Duncker, Ludwig, Popp, Walter (Hrsg.). Über Fachgrenzen hinaus. Chancen und Schwierigkeiten des fächerübergreifenden Lehrens und Lernens I. Grundlagen und Begründungen. Heinsberg: Agentur Dieck. 33–71.

Golecki, Reinhard (1999). Ziele und Formen fächerübergreifenden Unterrichts auf der gymnasialen Oberstufe. In: ders. (Hrsg.). Fächerverbindender Unterricht auf der gymnasialen Oberstufe. Bad Heilbrunn: Klinkhardt. 19–40.

Goodman, Nelson, **Elgin,** Catherine (1988). Reconceptions in philosophy and other arts and sciences. Indianapolis: Hackett Pub. Co.

Gudjons, Herbert (1997). Verbinden – Koordinieren – Übergreifen: Qualifizierender Fachunterricht oder fächerübergreifendes Dilettieren? Pädagogik, 9, 40–43.

Guery, Michael (2009). Geschichte der Künste: 3000 Jahre Literatur, Musik und bildende Kunst im Überblick. Berlin: Reimer.

Hahn, Stefan (2008). Wissenschaftspropädeutik: Der «kompetente» Umgang mit Fachperspektiven. In: Keuffer, Josef, Kublitz-Kramer, Maria (Hrsg.). Was braucht die Oberstufe? Diagnose, Förderung und selbstständiges Lernen. Weinheim: Beltz. 157–168.

Häsing, Petra (2009). Fächerübergreifender Unterricht aus Lehrersicht. Eine qualitative Studie. Kassel: Kassel University Press.

Häussler, Peter et al. (1998). Naturwissenschaftsdidaktische Forschung: Perspektiven für die Unterrichtspraxis. Kiel: Institut für die Pädagogik der Naturwissenschaften.

Heiniger, Peter, **Widmer,** Isabelle et al. (2006). Beurteilungsformen in fächerübergreifenden Unterrichtsminiaturen. Resultate aus der Intervention des Projektes BEFUN. In: Höttecke, Dietmar (Hrsg.). Naturwissenschaftlicher Unterricht im internationalen Vergleich. Berlin/Münster: Lit. 497–499.

Huber, Ludwig (2001). Stichwort: Fachliches Lernen. Das Fachprinzip in der Kritik. Zeitschrift für Erziehungswissenschaft, 3, 307–331.

Huber, Ludwig (1999). Vereint, aber nicht eins: Fächerübergreifender Unterricht und Projektunterricht. In: Hänsel, Dagmar (Hrsg.). Projektunterricht. 2. Auflage, Weinheim: Beltz. 31–53.

Huber, Ludwig (1998). Fächerübergreifender Unterricht – auch auf der Sekundarstufe II? In: Duncker, Ludwig, Popp, Walter (Hrsg.). Fächerübergreifender Unterricht in der Sekundarstufe I und II. Prinzipien, Perspektiven, Beispiele. Bad Heilbrunn: Klinkhardt. 18–33.

Huber, Ludwig (1997). Organisationsformen des fächerübergreifenden Unterrichts. In: Elmer, Werner, Schülert, J. et al. (Hrsg.). Ansätze zum fächerübergreifenden Unterricht in der gymnasialen Oberstufe: Lernen über Differenzen. Bönen: Kettler. 53–75.

Huber, Ludwig (1994). «Wissenschaftspropädeutik» – Eine unerledigte Hausaufgabe der Allgemeinen Didaktik. In: Meyer, Meinert A., Plöger, Wilfried (Hrsg.). Allgemeine Didaktik, Fachdidaktik und Fachunterricht. Weinheim: Beltz. 243–253.

Huber, Ludwig, **Effe-Stumpf,** Gertrud (1994). Der fächerübergreifende Unterricht am Oberstufenkolleg. In: Krause-Isermann, Ursula, Kupsch, Joachim et al. (Hrsg.). Perspektivenwechsel. Beiträge zum fächerübergreifenden Unterricht für junge Erwachsene. Bielefeld: Abmos. 63–86.

Hügli, Anton (2003). Die Frage der Interdisziplinarität. In: Caviola 2003. 5–7.

Janich, Peter (1997). Kleine Philosophie der Naturwissenschaften. München: Beck.

Kantonsschule Alpenquai Luzern (2010). Online: www.ksluzern.ch/index.php?id?=145 [23.08.2010].

Kantonsschule Hottingen (2010). Online: www.ksh.ch/akzentklasse.html [23.08.2010].

Kettenbach, Hans Werner (2001). Glatteis. Zürich: Diogenes.

Klafki, Wolfgang (1995). «Schlüsselprobleme» als thematische Dimensionen einer zukunftsbezogenen «Allgemeinbildung» – zwölf Thesen. In: Münzinger, W., Klafki, W. (Hrsg.). Schlüsselprobleme im Unterricht: thematische Dimensionen einer zukunftsorientierten Allgemeinbildung. Weinheim: Juventa. 9–14 (Die Deutsche Schule, 3. Beiheft).

Klafki, Wolfgang (1991). Grundzüge eines neuen Allgemeinbildungskonzepts. Im Zentrum: Epochaltypische Schlüsselprobleme. In: ders. Neue Studien zur Bildungstheorie und Didaktik. 2. Auflage. Weinheim: Beltz. 43–81.

Klein, Julie Thompson (2010). A taxonomy of interdisciplinarity. In: Frodeman, Robert et al. (Hrsg.). The Oxford handbook of interdisciplinarity. Oxford University Press: Oxford. 15–30.

Klein, Julie Thompson (2002). Assessing interdisciplinary learning K-16. In: Klein, Julie Thompson (Hrsg.). Interdisciplinary education in K-12 and college. New York: College Board Publications.

Klein, Julie Thompson (1996). Crossing boundaries. Knowledge, disciplinarities, interdisciplinarities. Charlottesville: University Press of Virginia.

Klein, Julie Thompson, **Grossenbacher-Mansury,** Walter et al. (Hrsg.) (2001). Transdisciplinarity: joint problem solving among science, technology, and society. An effective way of managing complexity. Basel: Birkhäuser.

KMK (2007). Ergebnisse der 319. Plenarsitzung der Kultusministerkonferenz. Online: www.kmk.org/presse-und-aktuelles/pm2007/ergebnisse-der-319plenarsitzung.html [26.08.2010].

KMK-Expertenkommission (1995). Weiterentwicklung der Prinzipien der gymnasialen Oberstufe und des Abiturs. Abschlussbericht der von der Kultusministerkonferenz eingesetzten Expertenkommission, hrsg. vom Sekretariat der Ständigen Konferenz der Kultusminister der Länder der Bundesrepublik Deutschland. Bonn: KMK.

KMK (1977). Empfehlungen zur Arbeit in der gymnasialen Oberstufe gemäss Vereinbarung zur Neugestaltung der gymnasialen Oberstufe in der Sekundarstufe II (Beschluss der Kultusministerkonferenz vom 2. Dezember 1977). Bonn: KMK.

Koselleck, Reinhart (Hrsg.) (1979). Historische Semantik und Begriffsgeschichte. Bd. 1, Stuttgart: Klett-Cotta.

Künzli, Rudolf (2001). Schule als Ort des Wissens und seiner Bewertung. Zeitschrift für Erziehungswissenschaften, 4. Jahrgang, 3, 405–414.

Kyburz-Graber, Regula (1997). Formen der Institutionalisierung von fächerübergreifendem Unterricht auf der Sekundarstufe II. Gymnasium Helveticum, 3, 178–183.

Kyburz-Graber, Regula, **Caviola,** Hugo et al. (2010). Fächerübergreifender Unterricht: Formen der Umsetzung an Schweizer Mittelschulen. Übersicht auf der Basis von zwei Weiterbildungskursen im September 2009 und Januar 2010. Zürich: Institut für Berufs- und Gymnasialpädagogik der Universität Zürich (IGB).

Kyburz-Graber, Regula, **Caviola,** Hugo et al. (2009). Guter fächerübergreifender Unterricht. Gymnasium Helveticum, 4, 10–15.

Labanauskaite, Renata, **Fehlmann,** Beatrice (2006). Interdisziplinäre Sprachwerkstatt als eine Methode im Fremdsprachenunterricht. Pedagogika. 81, 58–63.

Labudde, Peter (2009). Fachunterricht und fächerübergreifender Unterricht: Grundlagen. In: Arnold, K.-H., Sandfuchs, Uwe et al. (Hrsg.). Handbuch Unterricht. Bad Heilbrunn: Klinkhardt. 331–336.

Labudde, Peter (Hrsg.) (2007). Bildungsstandards am Gymnasium. Korsett oder Katalysator? Bern: hep.

Labudde, Peter (2005). Forschungsagenda fächerübergreifender Unterricht. In: Schweizerisches Institut für Berufsbildung (SIBP): Fächerübergreifender Unterricht in der Berufsbildung: Ergebnisse, Positionen, Perspektiven (SIBP-Schriftenreihe, Nr. 28). Zollikofen: Schweizerisches Institut für Berufsbildung. 59–76.

Labudde, Peter (2004). Fächerübergreifender Unterricht in den Naturwissenschaften: «Bausteine» für die Aus- und Weiterbildung von Lehrpersonen. In: Beiträge zur Lehrerbildung, 22 (1), 54–68.

Labudde, Peter (2003). Fächerübergreifender Unterricht in und mit Physik. PhyDi, 48–66.

Labudde, Peter, **Heitzmann,** Anni et al. (2005). Dimensionen und Facetten des fächerübergreifenden naturwissenschaftlichen Unterrichts: ein Modell. Zeitschrift für die Didaktik des naturwissenschaftlichen Unterrichts. ZfDN, 103–115.

Lagemaat, Richard van de (2005). Theory of Knowledge for IB Diploma. Cambridge: Cambridge University Press.

Lamnek, Siegfried (1995). Qualitative Sozialforschung: Band 2: Methoden und Techniken. 3., korrigierte Auflage Weinheim: PsychologieVerlagsUnion.

Lerchi, Markus, **Kappeler,** Sabine (2008). Akzentklasse Ethik/Ökologie – seit 2004 an der Kantonsschule Zürich Hottingen. Gymnasium Helveticum, 6, 19–23.

Luhmann, Niklas (1980). Gesellschaftliche Struktur und semantische Tradition. In: ders. Gesellschaftsstruktur und Semantik. Studien zur Wissenssoziologie der modernen Gesellschaft. Band 1. Frankfurt am Main: Suhrkamp.

Maasen, Sabine, **Weingart,** Peter (2000). Metaphors and the dynamics of knowledge. London: Routledge.

Maier, Uwe, **Rauin,** Udo et al. (2007). Fächerverbünde in der Sekundarstufe. Wie beurteilen Lehrkräfte neue curriculare Vernetzungen? In: Die Deutsche Schule, 99. Jg., 3, 316–329.

Mannheim, Karl (1970). Wissenssoziologie. Neuwied: Luchterhand.

MAR (1995). Verordnung des Bundesrates/Reglement der EDK über die Anerkennung von gymnasialen Maturitätsausweisen (MAR) vom 16. Januar/15. Februar 1995. Online: www.edk.ch/dyn/11670.php [15.09.2010].

Mittelstrass, Jürgen (1987). Die Stunde der Interdisziplinarität. In: Kocka, Jürgen (Hrsg.). Interdisziplinarität. Praxis – Herausforderung – Ideologie. Frankfurt am Main: Suhrkamp. 152–158.

Nückles, Matthias, **Pabst,** T. et al. (2004). Mind Maps und Concept Maps. Visualisieren – Organisieren – Kommunizieren. München: dtv.

Oelkers, Jürgen (2008). Die künftige Gestaltung der gymnasialen Oberstufe – Erfahrungen aus der Schweiz. In: Keuffer, Josef et al. (Hrsg.). Was braucht die Oberstufe? Weinheim: Beltz. 83–99.

Oelkers, Jürgen (2007). Bildungsstandards im Gymnasium – ein neues Problem? In: Labudde, Peter (Hrsg.). Bildungsstandards am Gymnasium. Korsett oder Katalysator? Bern: hep. 27–36.

Oelkers, Jürgen (2004). Fachunterricht in historischer Sicht. Beiträge zur Lehrerbildung, 22 (2), 201–217.

Paczian, Werner (2007). Orang-Utans sterben für Treibhausgemüse. Regenwald Report 3, 12. Online: www.regenwald.org/pdf.rdr-report0703.pdf [23.08.2010].

Pahde, Martina (2002). Aussagen zum fächerübergreifenden Unterricht in den Richtlinien und Lehrplänen der Sekundarstufe II in den einzelnen Bundesländern. Online: http://oberstufe.bildung.hessen.de/uebergreifend/mat_fv/Pahde.pdf/details/ [23.08.2010].

Pandel, Hans-Jürgen (2001). Fachübergreifendes Lernen: Artefakt oder Notwendigkeit? Online: www.jsse.org/2001/2001-1/pandel.htm [23.08.2010].

Popp, Walter (1997). Die Spezialisierung auf Zusammenhänge als regulatives Prinzip der Didaktik. In: Duncker, Ludwig, Popp, Walter (Hrsg.). Über Fachgrenzen hinaus. Chancen und Schwierigkeiten des fächerübergreifenden Lehrens und Lernens I. Grundlagen und Begründungen. Heinsberg: Agentur Dieck. 135–154.

Projekt Passepartout: www.passepartout-sprachen.ch/de.html [23.08.2010].

Rabenstein, Kerstin (2007). Unterrichtsentwicklung in der gymnasialen Oberstufe durch fächerübergreifenden Unterricht. In: TriOS, 5/2, 5–13.

Schnack, Jochen, **Menzel-Pracher,** Christl (2008). Schuleigene Curricula für fächerübergreifendes Lernen. In: Pädagogik, 4, 38–41.

Schütze, Fritz (1973). Alltagswissen, Interaktion und gesellschaftliche Wirklichkeit. Reinbek bei Hamburg: Rowohlt.

Slovak, Barbara, **Labudde,** Peter et al. (2004). Fächerübergreifenden Unterricht planen und durchführen. Ein Leitfaden für Lehrpersonen. Bern und Zollikofen: Abteilung für das Höhere Lehramt AHL und Schweizerisches Institut für Berufspädagogik SIBP. Online: www.scfv.ch/de/Faecheruebergreifender_Unterrich_Publikation_Leitfaden_24_03_2006.pdf [22.11.2010].

Stübig, Frauke, **Bosse,** Dorit et al. (2003). Über das Fach hinaus. Fächerübergreifender Unterricht im Urteil von Schülerinnen und Schülern. In: Deutsche Schule, 95/2, 206–219.

Stübig, Frauke, **Bosse,** Dorit et al. (2002). Zur Wirksamkeit von fächerübergreifendem Unterricht: Eine empirische Untersuchung der Sicht von Schülerinnen und Schülern. Kassel: Kassel University Press.

Stübig, Frauke, **Ludwig,** Peter et al. (2006). Bestandsaufnahme zur Praxis fächerübergreifenden Unterrichts in der gymnasialen Oberstufe im Bundesland Hessen. Kassel: Kassel University Press.

Tenorth, Heinz-Elmar (1999). Das Schulfach als Handlungsrahmen. Unterrichtsfächer – Möglichkeiten, Rahmen und Grenze. In: Goodson, Ivor, Hopmann, Stefan, et al. (Hrsg.). Das Schulfach als Handlungsrahmen. Köln: Böhlau. 191–207.

Vaterlaus, Rahel (2010). Fächerübergreifender Unterricht. Die Umsetzung der Interdisziplinarität an den stadtbernischen Gymnasien. Vertiefungsarbeit am Institut der Sekundarstufe II der PhBern. Online: http://campus.phbern.ch/index.php?id=7319 [30.09.2010].

Vollmer, Gerhard (1986). Was können wir wissen? Band 2. Die Erkenntnis der Natur. Stuttgart: Hirzel.

Weingart, Peter (2010). A short history of knowledge formations. In: Frodeman, Robert (Hrsg.). The Oxford handbook of interdisciplinarity. Oxford: Oxford University Press. 3–14.

Weingart, Peter (Hrsg.) (1995). Grenzüberschreitungen in der Wissenschaft. Baden-Baden: Nomos.

Wesemann, Matthias (2009). Das Verhältnis von Didaktik und Methodik. In: Arnold, Karl-Heinz, Sandfuchs, Uwe et al. (Hrsg.). Handbuch Unterricht. Bad Heilbrunn: Klinkhardt. 183–188.

Wetlands International: www.wetlands.org [23.8.2010].

Wiater, Werner (2006). Didaktik der Mehrsprachigkeit. In: Wiater, Werner (Hrsg.). Didaktik der Mehrsprachigkeit. Theoriegrundlagen und Praxismodelle. München: Ernst Vogel.

Zeyer, Albert (2006). Medizin – Fundgrube für integrierte Themen. In: Zeyer, Albert, Wyss, Monika (Hrsg.). Interdisziplinarität auf der Sekundarstufe II. Bern: hep. 65–85.

Bildnachweis

S. 45	Aspirin: Comstock Kegelschnecke: Focus Online
S. 59	Boden: Hugo Caviola Pool: iStockphoto Wiese: iStockphoto Holzpellets: iStockphoto Energie: Hemera Biber: iStockphoto Solarenergie: iStockphoto
S. 79	Brandrodung: Stockbyte
S. 80	Ölpalmsetzlinge: iStockphoto Orang-Utans: Hemera
S. 81	Palmöl: Hemera
S. 85	UMN-Generalversammlung 2007: Barbara Hediger
S. 91	Eistreppe: Fredi Meury
S. 106	Wein: iStockphoto Café: iStockphoto